苍白的骑士

西班牙流感如何改变了世界

PALE RIDER

The Spanish Flu of 1918
and How It Changed the World

作者 〔英〕劳拉·斯宾尼
Laura Spinney

译者 祁长保

社会科学文献出版社
SOCIAL SCIENCES ACADEMIC PRESS (CHINA)

作者简介

劳拉·斯宾尼（Laura Spinney），生于英国，曾在法国和瑞士居住，是一名科学记者。她的文章经常发表在《国家地理》（*National Geographic*）、《自然》（*Nature*）、《经济学人》（*The Economist*）和《每日电讯报》（*Daily Telegraph*）等刊物上。此外，她还著有两部小说《医生》（*The Doctor*）和《痛点》（*The Quick*），以及《中央大街：欧洲城市的肖像》（*Rue Centrale: Portrait of European City*）。

译者简介

祁长保，自由译者，毕业于国际关系学院，曾长年从事医药贸易工作，爱好阅读原版社科、历史、文学类图书。

致 RSJF 和失去的一代

中文版序

本书第 4 章讲述了一幕发生在 1918 年流感全球大流行背景下的爱情故事。巴西里约热内卢，一个闷热的夜晚，一位名叫佩德罗·纳瓦（Pedro Nava）的年轻人向心上人道了晚安。他和这位漂亮的奈尔·卡多索·萨奥斯·罗德里格斯（Nair Cardoso Sales Rodrigues）一起居住在伯母家。纳瓦的伯母当时也和他们住在一起，多年以后，纳瓦回忆道:“我们站在那里，就我们三个人，那条走廊里装饰着威尼斯镜子，我们的身影重叠映射在一面面镜子中，像是消失在两条无尽的隧道里。”

当时是 1918 年 9 月，他们刚刚得知了一场可怕的疾病正在世界各地蔓延，但是尚未传播到里约。奈尔询问他们是否应该担心这种“西班牙病”，伯母回答说没什么可担心的，他们便分别回房就寝了。仅仅过了不到两个月，美艳照人的奈尔便死于“西班牙流感（Spanish flu）”，而正从流感中康复过来的纳瓦则陷入了巨大的悲痛。在他的记忆里，另外一个形象却无限地折射在那座房子的镜廊中:“如大理石一般美丽的新娘”，身着白裙，躺在白色的灵柩里，微启的双唇露出悲伤的笑容。

本书的中文译者祁长保先生使我再次注意到这个故事。对于人类目前的处境，它恰是一种贴切的隐喻。距《苍白的骑士》英文第一版付梓仅仅过去三年，又一场呼吸系统疾病横扫全球。“恍惚之中，”译者写道，“我仿佛也同主人公一起站在那条装饰着威尼斯镜子的走廊里，但是在那些镜子中我看到的不是自我身影的重叠反射，而是千百年来发生在传染病大流行中的一幕幕反复上演的悲剧……”

显然，在写作《苍白的骑士》时，我并不知道另一场全球大流行会如此快地到来。我怎么可能知道呢？科学尚未提供给我们任何工具来预测大流行在何时何地暴发，而只是告诉我们它会周期性地到来：21 世纪之内，将会暴发一次新的大流行，甚至还不止一次。我只是吃惊于“2019 新型冠状病毒（2019-nCoV）”全球大流行所发生的时机，但是大流行本身却并不令我感到惊讶。在读过下述内容后，相信想要阅读本书的您也就不会那么惊讶了。

几乎就在“2019年冠状病毒病（COVID-2019）”①刚被命名之时，世界各地的人们就开始像奈尔一样发问：他们是否需要担心它，它能否被遏制在最早现身的东亚地区，它还会进一步向远方蔓延吗？而大多数人也会像奈尔的姑姑那样回答：没什么可担心的。但这个回答也同样是错误的。当我写下这篇序言时，全球范

① 国际病毒分类委员会（International Committee on Taxonomy of Viruses，ICTV）曾表示，其所关注的是“病毒门类（virus taxa）”，即种、属、科等的命名，而不是病毒常用名或疾病名的命名。该机构还提到当一种新的病毒性疾病暴发时，有三个名字尚待决定：疾病（disease）、病毒（virus）和生物分类单位中的种（species）。其中，世界卫生组织（World Health Organization，WHO）负责其一，病毒学家负责其二，国际病毒分类委员会负责其三。基于此，针对“新型冠状病毒肺炎（Novel Coronavirus Pneumonia，NCP）”，世界卫生组织将病毒和由其引发的疾病分别命名为“2019 新型冠状病毒（2019-nCoV）”和“2019 年冠状病毒病（Coronavirus Disease 2019，COVID-2019）”，而国际病毒分类委员会则从生物分类的角度将病毒命名为“严重急性呼吸综合征冠状病毒 2（Severe Acute Respiratory Syndrome Coronavirus 2，SARS-CoV-2）”。（本书脚注分两种，* 为原书页下注，①等圈码为译者注或编者注。除特殊情况外，后不再说明。）

围内死于新冠病毒的人数刚刚超过了 200 万。这块冷酷无情的里程碑并非终点，大流行还远远没有结束。

2020 年初，人们也开始重新检视历史上的先例，以帮助理解现实的状况。或许毫不奇怪，人们会想起现代暴发的最为严重的，即本书所描绘的那场刚刚过去 100 周年的全球大流行。那场灾难杀死了 5000 万 ~ 1 亿人，而当时的全球人口大致相当于今天的四分之一。即使现在这场大流行在退却之前还要夺去更多的生命，即使我们在那之前还没有关于它的致死率的可靠数据（可能到它结束时也依然没有），这两场大流行的死亡数字也不可同日而语。可能更合适的比较对象应该是发生在 1957 年的，据估计造成 200 万人死亡的所谓“亚洲流感（Asian flu）”，或是发生在 1968 年的，可能导致 400 万人死亡的“香港流感（Hong Kong flu）”。

在今天和 1918 年的大流行之间，还有两个重要的区别。首先，虽然和所有的流感一样，小孩子和老年人在 1918 年的大流行中也属于易感人群，但西班牙流感仍以处在生命黄金阶段的成年人为主要攻击目标，而 2019 年冠状病毒病却主要是攻击老年人的。其次，这两场大流行在地理上似乎也存在着不同的偏好——尽管在撰写本文时，得出这一印象可能还为时尚早。但总体来看，1918 年流感的死亡率在非洲和亚洲最高，在欧洲和北美洲则最低。虽然我们还没有掌握故事的全貌，但本次大流行的模式截至目前似乎是相反的。

区别还不止于此。1918 年流感和 2019 年冠状病毒病虽都属于由病毒引起的呼吸系统疾病，但造成这两种疾病的病毒却属于不同的“科（family）”。导致 2019 年冠状病毒病的是“严重急性呼吸综合征冠状病毒 2（SARS-CoV-2）”，其与 2002~2004 年造成东亚地区疫情的“重症急性呼吸综合征冠状病毒（SARS-CoV）”，还有导致“中东呼吸综合征（Middle East Respiratory Syndrome，MERS）”的病毒，都属于“冠状病毒（coronavirus）”。

虽然非典型肺炎和中东呼吸综合征看起来都要比 2019 年冠状病毒病更加致命，但这三种病毒的传播方式却比较类似。至于“流行性感冒病毒（influenza virus）”，其在人群中传播得更迅捷，同时也相对比较平稳，而冠状病毒则不然，它更倾向于造成群体感染。在理论上，这就使得冠状病毒的疫情比较容易被遏制；而实际上，非典型肺炎和中东呼吸综合征的疫情也的确是在蔓延全球以前就得到了遏制。在 2019 年冠状病毒病全球大流行刚刚暴发的那几个月，有些专家担心，过多地将它与流感进行比较，会阻止很多西方国家的政府采取更积极的遏制疾病传播所必需的措施，而当时实行这些措施尚属可能。

然而，历史的比较也可能是无益的，此处仅举一例说明。2020 年 3 月，同样是那些专家，他们当时确信，在 2021 年下半年之前是不可能针对“2019 新型冠状病毒”制造出可靠而有效的疫苗，而到了那时，这场全球大流行很可能已经结束了。显然，他们错了。但这只是因为科学本身已经为大流行所改变，使得研究人员无需走捷径便能以史无前例的速度制造出所需的疫苗——这一点很重要。到目前为止，有多种疫苗已被授权紧急使用，并以前所未有的规模在全球范围内投入物流运作环节。这与略超过一个世纪之前的情况截然不同。当时，为应对 1918 年流感所生产的疫苗以错误的致病微生物为目标，因而在很大程度上是无效的。直到 1936 年，第一种真正对流感病毒有效的疫苗才被制造出来。

此外，历史的比较还是有所裨益的。直到第一种 2019 年冠状病毒病疫苗得到有条件的批准，危机已经持续了将近一年，我们手中所掌握的用以遏制“严重急性呼吸综合征冠状病毒 2”的方法仍是延续多年的老一套。检疫、隔离、戴口罩和勤洗手，它们都是由来已久的分隔病人和健康人，进而以最小的代价阻断疾病传播的方法。1918 年，当时的公共卫生部门也采用了这些方法。与现在一样，关于它们是否以及在多大程度上有效的争论一直存在。心理上的疲劳随着时间的推移而滋生，对这些措施的遵守逐渐懈怠，这种情况不论一个世纪以前还是现在都是同样。因此，在 1918 年及其之后的历次全球大流行中，政府得到的教训是，强制性的公共卫生措施有产生反效果的倾向和可能。如果人们愿意选择遵从，遏制措施会非常有效，但要达到效果，就需要让人们正确了解所面临的威胁，并且相信官方是出于他们的共同利益而行事。如果缺失了哪怕其中一项，遏制措施就不能很好地发挥作用。这就是说，防疫的效果高度依赖于某地的社会和政治环境，于是就意味着，它在不同的社会中会产生不同的效果。从前我们已经见证过这种情况，现在再一次看到了它。

2020 年的世界与 1918 年在很多方面已大不相同，但是二者依然存有很多关联。不实信息便是其中之一——而互联网和社交媒体大幅提高了它的体量和传播速度。关于大流行的更加生动逼真的想象，也可以在历史中找到类似的回响。佩德罗·纳瓦描述了 1918 年的足球运动员在空空的体育场里比赛，虽然球迷们现在可以通过电视转播观看，但这种情形也同样发生在 2020 年。这两场灾难还有一个共同的特点，就是从它们刚开始席卷世界时，仇外心理的盛行就与疾病的蔓延如影随形。

1918 年，在西班牙之前，流感已经到访了多个国家，但西班牙却受到了不公正的指责。在写作本文时，世界卫生组织对“2019 新型冠状病毒”的起源尚在调查中，但同样已经有人在进行指责了。事实上，如果说有一件事能让我们聊以自慰，那就是我们已经设法避免给这场最新的大流行起一个侮辱性的名字，这样的污名一旦固化将永远无法洗去，绝对是弊大于利。所以，我们在 2020 年所遭遇的，进而在 2021 年还要继续面对的这场疫情，既不是某国病，也不是某动物病，它就是一场普通的 2019 年冠状病毒病——在一长串周期性暴发的全球大流行中，它只是最新的一次而已。这一次次的暴发迫使人类评价和理解其种群在整体上的脆弱，并承认其尚未战胜所有的外部威胁。

人类似乎不可能一劳永逸地战胜所有外部威胁，但是我们可以减轻它们的影响——理解是一种可被采取的方式，即在直面曾经发生的威胁时，搞清楚哪些措施发挥了作用，而哪些措施却没有效果。公共卫生专家会说，如果你看到了一场大流行，那你就是看到了一场大流行。但是其中也有反复出现的主调，你越是研究表象，其主调就越发明显。因此，我认为，对这些大流行进行研究是一种有价值的实践，从这里着手，你就可以取得更佳的效果。

劳拉·斯宾尼

2021 年 1 月 17 日于巴黎

目　录

Contents

前言　房间里的大象

1920 年大流行期间，日本女学生戴着防疫口罩。

1918年，西班牙流感的急遽暴发给当时的医生带来了极大的挑战……它给后世的历史学家也同样造成了巨大的困扰。

——特伦斯·伦格（Terence Ranger），《1918~1919年的西班牙流感全球大流行》（*The Spanish Influenza Pandemic 1918–19*，2003）[1]

1918年11月9日，德皇威廉二世（Kaiser Wilhelm II of Germany）宣布退位。巴黎街头一片欢腾，人们高呼着，“去死吧，威廉！（À mort Guillaume！）”，“打倒威廉！（À bas Guillaume！）”①。与此同时，远在这座城市的7区，诗人纪尧姆·阿波利奈尔（Guillaume Apollinaire）正在垂死之中。作为法国先锋运动的重要人物，他创造了“超现实主义艺术家（surrealist）”一词，激励了巴勃罗·毕加索（Pablo Picasso）和马塞尔·杜尚（Marcel Duchamp）等人。阿波利奈尔于1914年入伍参战，曾被一块弹片击中头部，头盖骨被打穿了一个洞。虽然挺过了那次负伤，他却

① 威廉二世的名字“Wilhelm”在法语里对应的是“Guillaume”，与诗人阿波利奈尔的名字相同，但法语名一般通译为“纪尧姆”。在法语中，“Guillaume”还有“刨刀”或“刮刀”之意，所以此处民众相当于在用贬义指代威廉二世。

在 38 岁时死于“西班牙流感（Spanish flu）”[①]。人们称颂他是“为法兰西而死”。

葬礼在四天后举行，即 11 月 11 日停战协定签署之后的两天。离开圣托马斯阿奎纳教堂（Church of St Thomas Aquinas），哀悼者们朝着西边的拉雪兹神父公墓（Père Lachaise Cemetery）走去，“但是正当走到圣日耳曼大道（Boulevard Saint-Germain）的拐角，”阿波利奈尔的朋友，同代诗人布莱斯·桑德拉尔（Blaise Cendrars）回忆说，“送葬队伍被庆祝停战协定的喧闹人群包围。男男女女挥舞着双手，又唱又跳，拥抱亲吻，发狂地高唱着战争结束时那句
004 有名的叠句：‘不，威廉，你不必走！不，你不必走……’”这句话本意是嘲讽战败的威廉二世，但在此时，对于阿波利奈尔的朋友们来说却充满了辛酸。[2]

这是一场 20 世纪最大规模的屠杀，在它给我们留下的集体记忆中，诗人之死恰如一个隐喻。西班牙流感共造成 5 亿人感染，相当于当时全世界人口的三分之一。从 1918 年 3 月 4 日记录下第

---

① “西班牙流感”的名称由来是因大流行于 1918 年 11 月从法国散播到西班牙——历史跟流行病学上的资料并不足以确定此次大流行的发源地，学界至今仍存有多种不同观点——当时第一次世界大战的主要参战国如德、英、法、美等为了避免影响士气，由检查员严格管制媒体报道疫情的数量。但那时因保持中立而未参战的西班牙王国并未实施战时审查制度，所以国内的媒体可以自由地报道流感在本地的传播情况。例如，西班牙国王阿方索十三世（Alfonso XIII）被感染成重症病例的情况就被报道出来，这令时人产生了西班牙疫情特别严重的错觉，也导致该流行病被命名为“西班牙流感”。在此次流感暴发后近一个世纪，世界卫生组织（World Health Organization）已不再按照地理位置命名流行病，“西班牙流感”的现代称谓由此更名为“1918 年流行性感冒大流行”或“1918 年流感大流行”等相似的名称。

一个病例，截止到 1920 年 3 月，共有 5000 万到 1 亿人死亡，占当时世界总人口的 2.5%~5%。而正是这个数据上的巨大不确定性折射出我们至今对这场“全球大流行（pandemic）”的认识还存有诸多未知。作为一场造成大规模人员死亡的单项事件，西班牙流感不仅分别超过了第一次世界大战（1700 万人死亡）和第二次世界大战（6000 万人死亡），甚至可能已经超过了二者的总和。它是自“黑死病（Black Death）”以来，甚至可能是人类有史以来最大的一波死亡浪潮。

徐徐掀开 20 世纪的历史画卷，我们会看到什么呢？两次世界大战，共产主义起起落落，或许还穿插着一些殖民地争取独立的壮观场面，但我们已看不到那个最令人印象深刻的事件，即使它就在我们眼前。当被问到 20 世纪最大的灾难是什么时，几乎没有人会提起西班牙流感。与它有关的数据让人们惊异不已，有些人会陷入思索。片刻之后，他们或许会想起死于这场流感的某个叔祖父，也许是失去踪影的某个表亲，抑或是家族里一条支脉的所有人。世界上的很多墓园，凡是历史超过 100 年的，都会有一些坟墓建于 1918 年秋。在人们的记忆中，那正是最严重的第二波次疫情袭来之时。可是，无论在伦敦、莫斯科，还是在华盛顿都找不到任何有关西班牙流感的纪念馆或纪念碑。在历史记忆中，它是个体的，却不是集体的；在历史叙事中，留下的不是一场灾难，而是千千万万个孤立的个人悲剧。

这或许与它本身的形态有关。第一次世界大战持续了四年，虽然名为“世界大战”，但大规模的战事其实只集中于欧洲和中东战场，余下的世界虽感觉到热浪扑面，却尚能置身事外，在某些地方，战争似乎仍远在天边。换言之，战争爆发在有限的地域，其情形也得到了及时的记述。相反，西班牙流感在眨眼之间就席卷全球——大多数死亡病例都集中在 1918 年 9 月中旬到 12 月中旬的 13 个星期里。相对于战争的有限空间和漫长时间，它则发生于广阔的空间和短暂的时间中。

21 世纪初，非洲历史学家特伦斯·伦格（Terence Ranger）指出，如此复杂的事件需要以一种另类的叙事来讲述。然而，线性叙事是不可取的，我们需要一种类似于非洲南部的妇女们讲述社区生活琐事的方法。“他们先将事件描述出来，之后围绕着它反反复复地打转，”伦格写道，“再一次次地回到事件本身，使其逐渐扩展，同时加入对过去的回忆和对未来的期许。”[3] 犹太典籍《塔木德》（Talmud）就是以这种方式建构的。在每一页上，评注簇拥着一段段古老的文本，然后这些对原文的评注又被对其自身的评注所包围，形成一个一圈圈向外扩散的同心圆，直到核心理念历经时空变得条分缕析后，才编织成人们的集体记忆。（伦格之所以写出一部关于西班牙流感的女性历史，可能还有另一个原因：通常情况下都是女性负责护理病人，是她们耳闻目睹了病房中的情形，是她们在送别逝者和抚慰遗孤。因此，她们是联结个人与集体的纽带。）

从根本上讲，每次疫病的全球大流行都是致病微生物与人类的一场对决。但是，除了起因和结果，还有大量同时发生的其他事件也在产生影响，诸如天气、面包的价格、对病菌的认识以及白人殖民者与巨灵（Jinn，也译“精灵”或“镇尼”）①。同时，疫情也会反过来影响面包的价格、对病菌的认识以及白人殖民者与巨灵，有时甚至还会影响天气。它不只是一种生物现象，同时也是一

① 系伊斯兰教对超自然存在的统称，相传是真主安拉用无烟之火创造，有善恶之分——《一千零一夜》的《阿拉丁神灯》中的灯神即是此灵。

种社会现象；它不能够脱离历史、地理和文化的背景。非洲的母亲和祖母们详述一件事情的那种方式，丰富并扩充了这类事件所拥有 006
的庞杂背景，哪怕这些背景对事件本身的影响短暂得只如历史脉搏的一次跳动。因而，本书的目的亦在作出这样的丰富与扩充。

时机现在已经恰到好处。这次全球性传染病结束后的几十年间，除了保险公司雇用的精算师，研究它的就只有流行病学家、病毒学家和医学历史学家了。而从 1990 年代起，有关西班牙流感的历史叙事呈爆发态势，又因其所具有的多学科特性，这些新近迸发出来的关注格外引人瞩目。除了“主流”历史学家，目前，经济学家、社会学家和心理学家都对它兴趣盎然。每个人都聚焦于不同的侧面，共同改变了我们对该事件的理解。而他们的结论却往往隐没于繁杂的专业刊物中。因此，本书试图将这些线索汇流一处，以其壮观或恐怖的种种场面，为这头瘟疫怪兽描绘出一幅更为清晰的影像。

我们今日获得的这些信息不仅源自不同的学科领域，在地理上也是多种多样，呈现了疫情的全球蔓延之势。迄今对西班牙流感的描述大多集中于欧洲和北美。实际上也只能如此，因为长期以来只有这些地方进行过系统性的数据采集。1998 年，全球的有关专家齐聚南非开普敦，纪念西班牙流感暴发 80 周年。他们承认，在地球上尚有大片区域，包括南美、中东、俄罗斯、东南亚和中国内地，几乎无人知晓这些地区在当年疫情中的经历。以欧洲—北美为中心的描述扭曲了实际的情况，原因有二：其一，这两个地区报告的平均“死亡率（mortality rate / death rate）”[1]最低，

① 指一定时期内人口死亡的频率，即因病死亡人数占同期平均人口数的比例。

因此他们的体验并不典型；其二，他们都已深陷一场即将毁灭欧洲的战事中。在这片大陆上，战争无疑才是最大的事情：法国死于战争的人数是死于流感人数的 6 倍，德国则是 4 倍，英国是 3
007 倍，意大利是 2 倍。而在其余的大陆上，可能除了未被灾难波及的南极洲，相对于战争，流感造成了更多的死亡。当我在撰写本书时，开普敦峰会已经过去将近 20 年，我们即将迎来这场浩劫暴发的 100 周年。此时，我们也许可以重现在欧洲和北美之外的地方都发生了些什么。

本书将从一个不同的视角讲述流感，从史前讲到 1918 年，从地球讲到人类，从病毒讲到观念，再从观念返回病毒本身。其核心是西班牙流感如何浮出身影并横扫全球，继而又倏忽而去，以及它对人类造成了怎样的改变。但是故事有时也需要暂停下来，以便我们仔细审视是什么样的经历将一个个群体撕裂，又是什么让他们重新凝聚。在 1918 年，纽约的意大利裔美国人、阿拉斯加的尤皮克人（Yupik），以及波斯圣城马什哈德（Mashed）的居民，他们之间除了感染的病毒相同，再没有其他共同之处。在每一个地方，文化等因素决定了人们与病毒抗衡的不同方式。于是，跟随着疫情降临到世界各地的脚步，一幅幅画面揭示了大流行的深刻社会属性。

这些描述如一束束微光照亮了地图上那些曾经的盲点，展露了西班牙流感如何在各处肆虐。对于那里的人们，1918 年只是流感之年而非战争结束之年。尚有千百万的故事不为人知，因而这些描述难以做到全面，只是提供了些许线索。可以确信的是，有些事情并不仅仅发生在一个地方。譬如，流感过后的狂欢节将人口出生率的高峰带给了里约热内卢；在苏维埃俄国的敖德萨（Odessa），人们举行古老的宗教仪式以抵御灾祸；印度人暂时抛开了种姓制度的界限而互相帮助；南非的某一肤色人种却在指责另一肤色的人种。或许真的是天主教的那位主教大人在西班牙挫败了遏制这场疾病的努力，但是在中国的广大偏远地区，往往只有传教士在从事救济工作。需要再次提醒一下，这些讲述者都来自欧洲。

本书的第二到第六部分讲述了西班牙流感的历史。但是这段历史只是一部更宏大历史篇章的一部分，那是有关 12000 年以 008
来人类与流感如何相伴生存并共同进化的历史。所以，第一部分“不设防的城市”讲的是 1918 年之前的事情，而第七部分“流感之后的世界”则探讨了西班牙流感残存在我们当下生活中的痕迹。鉴于人类与流感还在共同进化，第八部分“罗斯科的遗赠”展望了未来的斗争，在下次疫情中，设想我们会利用什么样的武器，又有什么因素会成为我们的“阿喀琉斯之踵（Achilles heel）”。所有这些部分共同组成了一部流感的传记，同时它也是一部以流感为“导线（fil conducteur）”的人类历史。后记“关于记忆”则涉及记忆的问题，试图探寻既然西班牙流感造成了如此深远的影响，为何我们还将其称为“被遗忘的”流感。

人们常说第一次世界大战毁灭了浪漫主义和对进步的信心。但是，如果说科学促成了以战争为表现形式的大规模屠杀，与此同时它却没能阻止以西班牙流感为表现形式的另一场屠戮。自黑死病以来，流感比其他任何方式都更决绝地削减了人口。它影响了第一次世界大战的进程，虽尚存争议，但也有观点认为它部分导致了第二次世界大战的爆发。它推动了印度的独立，让南非趋向种族隔离，也让瑞士濒临内战。它带来了医疗保健的普及和药品的升级换代；让人们热爱新鲜空气，热衷体育运动；正是凭借它那无数种摧残人类肉体的方式，西班牙流感，至少在某种程度上也让 20 世纪的艺术家深陷迷惘。在讨论它的时候，“可争辩（arguably）”和“可能（probably）”是不可或缺的修饰语。这是因为在 1918 年，我们只知道是“腺鼠疫（bubonic plague）”或它的一种变体“肺鼠疫（pneumonic plague）”导致了 14 世纪的黑死病，却还没有办法对流感进行诊断，也就无法明确地知道这种疾病究竟为何物。不存在争议的是，1918 年的全球大流行加快了 20 世纪上半叶的变革步伐，并有助于缔造我们的现代世界。

如果这些都是真实的，为什么我们只将西班牙流感当作第一次世界大战的一个注脚呢？我们是否真的将它遗忘了？特伦斯·伦格曾认为就是如此。但是如果他今天还活着，在重复这一观点之前可能就要犹豫一下了。人们果真不再遗忘它的话，那就
009 要归功于这场大规模的协同努力。离开了历史学家、科学家，包括社会科学家在内的共同奉献，我们就无法再讲述这场西班牙流感。科学告诉我们历史范畴之外的事情：史前的广袤大地看似空无一物，实则被一团未知的迷雾所笼罩，1918 年及其之后所发生的事皆拜其所赐。当现代科学之光照亮了这团迷雾，历史研究便再次登场。再过 100 年，科学和历史学都将发生改变，甚至可能会出现一门关于历史学的科学——历史学中有关过往的推测要通过计算机化的历史数据进行检验。[4] 尚在孕育之中的新方法将彻底改变我们对全球性传染病这种复杂现象的理解方式。有一件事情我们已然可以确定，在西班牙流感暴发 200 周年时，历史学家将为其补上更多的空白，而科学的光芒亦将愈加闪亮。

第一部分　不设防的城市

1920 年前后，孟买的街道上人头攒动。

第 1 章　咳嗽与喷嚏

公元前 412 年，冬至前后，在当时的希腊北部，临近马尔马拉海（Sea of Marmara）的港口城市佩林苏斯（Perinthus），人们正受到咳嗽的困扰。除此之外，佩林苏斯人还出现了其他症状：喉咙疼、全身痛、吞咽困难、双腿麻痹以及夜盲症。一位名叫希波克拉底（Hippocrates）的医生草草记下了这些症状。这很可能就是流形性感冒，同时，“佩林苏斯咳嗽”也就成为对流感的最早记述。

之所以说它“可能”是一场流感，是因为其中某些症状，如夜间视力受损和四肢麻痹与流感并不完全相符。医学历史学家一直受到这种判断的困扰，直到他们意识到希波克拉底对流行病的定义与我们并不相同。他是最先在医学范畴内使用“流行性疾病（epidemic）”这个称谓的，其字面意思是“关于人的（on the people）”。在那之前，这个称谓指代任何一种在一个国家中扩散的事物，不论是雾、谣言，还是战争。希波克拉底用这个词来特指疾病，相当于对疾病进行了重新定义。

古希腊人认为疾病来自于神灵，是神灵对一切罪恶行为所降下的惩罚。医生同时又是祭司和巫师，这些角色要以祷告、施符和献祭的方式安抚暴怒的神灵。希波克拉底则认为疾病是有关身体的，可以通过观察一个病人的症状来进行揣度。他和追随者们一道建立起了一套对疾病作出界定的体系，所以他被认作“西医之父”。[他在诊断和治疗方面所创立的理念奠定了现代医学的基础，同时也为后世留下了有关医学伦理的准则，即《希波克拉底誓言》（Hippocratic Oath）。据此，每一位新医生在取得行医资格前都要作出宣誓："首要之物系不损害病人。"]

014 希波克拉底认为，在人体内部流动着四种"体液（humours）"，即黑胆汁（black bile）、黄胆汁（yellow bile）、黏液（phlegm）和血液（blood），是它们之间的不平衡导致了疾病的发生。[①] 如果你感觉昏沉慵懒，那就是黏液太多，要用吃柑橘类水果的方法来治疗。500 年后的另一位希腊医师盖伦（Galen）则详细阐述了这种模式，认为可以依据身体内部占主导地位的体液所决定的性格对人进行划分。黑胆汁与悲伤有关，黄胆汁与暴躁易怒有关，而一个黏液质型的人则悠闲乐观、满怀希望。我们记住了这些形容词，却无法理解形成它们的解剖结构和生理机能。盖伦的医学理念在欧洲统治了 1500 年，即便到了 20 世纪，他所认为的"瘴气（miasma）"，即有毒空气能够引发体液失衡的说法在世界上的一些地方依然还很流行。

希波克拉底对流行病的定义并未能延续下去。对他来说，一场流行病就是在特定时间段内，在特定地方，陷入疾病的人们所出现的所有症状。但是他并没有对当时所发生的不同疾病作出区分。尔后，"流行病"这个术语开始与某一种疾病相关联，继而与某一种微生物，然后又与微生物的某一个种类联系在一起。但是直到中世纪发生的"鼠疫大流行"引起了人们的反思，这个逐步完善的过程才得以实现。于是，在现代意义上，佩林苏斯人可能是同时感染了流感、白喉和百日咳——其原因可能是维生素 A 的摄入量不充足。

为什么我们要关注 2400 年之前暴发在希腊的一场流感呢？因

---

① 希波克拉底认为这四种体液在人体中的比例并不相同，"黑胆汁"占优属于"抑郁质（melancholic）"，"黄胆汁"占优属于"胆汁质（choleric）"，"黏液"占优属于"黏液质（phlegmatic）"，而"血液"占优则属于"多血质（sanguine）"。

为我们想知道流感成为人类的疾病有多久了，最初又是什么导致它成了一种人类的疾病。对流感起源的更多了解有助于我们搞清楚是哪些因素决定了一次流感暴发的时机、规模和严重程度。它将帮助我们解释 1918 年所发生的事情，并对未来的流行病作出预测。

“佩林苏斯咳嗽”或许并不是第一次流感。虽然没有早于公 015
元前 412 年的历史记录，却并不意味着就从未有人在此前提起过流感。同人类一样，流感本身也携带着有关自己的起源信息，二者都是自身进化过程的活记录。人类的尾骨就是一个例子，它是我们的祖先曾在树上生活而遗留下来的已退化的器官。当尾巴变得没有什么用处了，那些被自然选择所偏爱的个体，在胚胎发育阶段，于尾巴长成之前，在体内出现某种化学信号，使得脊椎停止继续延伸。在非常罕见的情况下，一个小差错会使这个停止信号未能及时产生作用。医学文献记载了 50 例左右长着尾巴的新生儿，从中可以瞥见我们共有的树栖祖先之影。

病毒没有尾巴，但它含有其他有关自身起源的线索。它是一种寄生物，这意味着它只能存活在另一个生命体，即“宿主”的体内。它不能靠自身进行复制，而必须感染宿主的细胞，并劫持这些细胞的“生殖器官（reproductive apparatus）”[①]。之后，病毒的后代必须离开原来的宿主去感染一个新的宿主。如果不这么做，病毒就会随着原来的宿主一起死亡，而那也就是流感的结束。如同人类祖先的生存依赖于他们在树木间游荡的能力，病毒的存活也依赖于它们从一个宿主跳到另一个宿主的能力。然而，从这里开始，病毒的故事就变得有趣了。作为一种寄生物，它的生存既

① “生殖器官”在此处指细胞生产并复制脱氧核糖核酸（DNA）的分子机制，以及转录基因和生产蛋白的分子机制。

取决于自身的行为，也离不开宿主的行为。虽然科学家长期以来对流感的过去知之甚少，但是他们知道人类在公元前 412 年之前所做过的几件事。

咳嗽和打喷嚏将黏液散播到空气中，形成微小的液滴，流感病毒便藏在其中，从一个人转移到另一个人。鼻涕是一种相当有效的运载工具，好似风洞中设计出来的导弹，只不过它只能飞行短短的几米。所以，病毒要扩散，就需要人类紧密地生活在一起。这种直觉十分关键，因为人类并不总是一直紧密地生活在一起。在人类历史的大部分时间里，人是作为“狩猎—采集者”而相互疏远的。但
016 这种情况在 12000 年前发生了根本的转变。当时，在广袤的欧亚大陆的某个地方，有个狩猎者围着两只野生绵羊竖起了一道围栏，畜牧出现了。植物也被驯化成作物。这两种新情况使得同一块土地可以供养更多的人口，人们由此可以聚到一处，进行竞争、展开协作，进而全面展示人类社会的各种精妙的特质。这个狩猎者的发明被称作“农业革命”，它预示了一个新纪元的到来。

这种由农业支撑起来的新集体也带来了新的疾病，即所谓的“人群疾病（Crowd Diseases）”，如麻疹（measles）、天花（smallpox）、肺结核（tuberculosis）和流行性感冒（influenza）。一直以来，人类都很容易受到传染性疾病的感染，譬如麻风病（leprosy）和疟疾（malaria）在农业革命之前很久就已给人类带来了痛苦，但是这类疾病适应了在分散的小规模人群中传播。为了达到这一目的，它们掌握了一种花招，即不让那些已经康复的宿主获得完全的免疫，如此一来他或者她就会再次被感染。另一个花招是，如果人口数量减少了，它们会撤退到另一类，即所谓的“动物宿主（animal reservoir）”身上。这两个招数可以确保它们始终拥有足够数量的易感宿主。

“人群疾病”却不同，它们在农业人口中快速蔓延，要么杀死感染者，要么就让感染者获得免疫。它们也会感染其他动物，但和感染人类有所不同，并且其中的一部分已经很好地适应了人类，以至于只会寄生在人类身上。它们需要数量多达几千甚至几万的一大群人作为潜在目标来维持自己的存续，所以才被称为“人群疾病”。在农业革命之前，这类疾病不可能存在，而农业革命之后，它们的成功进化以指数级别的差距超越了人口的增长。

可是，如果它们在农业产生之前不能存活，这些疾病又是从哪里来的呢？线索就是那些“动物宿主”。我们知道有一些致病微生物只感染动物，例如有几种类型的疟疾可以感染鸟类和爬行动物却无法传播到人类身上；我们也知道有些微生物可以同时感染动物和人类，流感恰好属于其中；我们还知道有些微生物只能感 017
染人类，例如麻疹、流行性腮腺炎和风疹。按照当今的观点，这些不同类别的传染病代表了一种进化路径，即疾病如何从只限于感染动物发展到只限于感染人。科学家更准确地将致病微生物的这一转变过程划分为五个步骤。[1] 有些疾病，像麻疹，已经全部完成了这些步骤；其他一些疾病则尚处于中间环节。但是我们不能认为这一过程是一成不变的，因为它是高度动态的，就像埃博拉病毒所表现的那样。

“埃博拉出血热（Ebola Hemorrhagic Fever）”起初只是一种动物疾病。它的“自然宿主（natural reservoir）”[①] 据信是栖息在非洲森林中的果蝠，它可能也感染了森林中其他一些被人当作野味的动物，同时人们也食用这种蝙蝠。直到最近，埃博拉出血热还被

---

① “自然宿主”又有“存储宿主”和“保虫宿主”等名目，可进一步细分为“人类宿主”、“动物宿主”和“环境宿主”三大类。

认为是一种不太容易感染人类的疾病：比如说，它是从人类接触野味而开始传染的，但是一个通过这种途径被传染的病人只能再继续感染很少几个人，然后这种“暴发”就偃旗息鼓了。这种情况到了 2014 年已截然不同，它在西非的蔓延表明埃博拉病毒已经获得了在人与人之间轻松传播的能力。

说起来，病毒跨越物种障碍并不容易。其实用“跨越（jump）”这个词完全是错误的，虽然把它作为一个比喻尚有助于理解病毒的“渗透（oozing）”过程。不同的宿主具有不同的细胞结构，感染这些细胞就需要不同的武器。在变成一种人类疾病的过程中，每一个步骤都伴随着一系列特定的分子层面的变化，但实现这些变化却是要碰运气的。病毒不得不经过很多很多轮复制才能获得一次有用的突变。不过，如果这种变化使得病毒能更好地感染人类，它就会想方设法进行更多的复制，于是病毒的进化适应能力因此而改善，那么自然选择就会支持这种变化。反之，自然选择就将不予支持，而更多的变化一样会随之而来，它们的累积效果同样会使病毒在这条进化之路上向前迈进。

018 流感的自然宿主通常被认为是禽类，特别是水禽。当某一物种为某一种“病原体（pathogen）”充当了宿主的角色时，它本身就不会因感染这种病原体而生病，这看起来似乎就像那种买一赠一的促销活动。只要病毒成功地完成自己的生命周期而不对宿主造成显著的伤害，也不激起免疫反应，它和宿主就均能一直共同进化。例如，鸭子可以严重地感染流感病毒而不呈现丝毫生病的迹象。在农业革命以后，鸭子也作为一种被驯化的动物进入人类聚落，一同而来的还有猪，在一种禽类疾病演变成人类疾病的过程中，猪被认为是中间宿主，因为猪的细胞同时具有人类和鸟类的特点。几千年来，这二者与人类朝夕相处，为流感病毒提供了一个理想的跨物种转移的实验室。在感染人类的最初阶段，流感的传染性可能并不强。然而经过一段时间，它就积攒了一些必要的分子工具从而拥有了强烈的传染性，直到有一天暴发出一场“流行性疾病”。

就流行病的现代意义来讲，此处所说的“流行性”指的是在一定的人口规模中，某种疾病的发病人数往往是在突然之间出现增长。相反，“地方性疾病（endemic）”总是在同一人群中出现。一种“人群疾病”如果总是出现在一个地区并造成偶然的暴发，它就既是地方性的，也是流行性的。在这种情况下，两个术语的定义会变得模糊不清，只能随着相关的疾病而有所不同。举例来说，我们可以说季节性流感的轻度暴发是疾病的地方性形式，而当一种新型病毒带来一场更为严重的流感，我们则会称其为流行病——当然，并不是每个人都认同其中的区别。

我们没有关于最早的“人群疾病”第一次流行的文献记录，但它很可能是一场非常严重的疫情。（参见 2014 年的埃博拉疫情，它可能还将继续发展以摘取“人群疾病”的称号。）例如，我
们知道，天花作为最致命的一种“人群疾病”，至少在 3000 年前 019
的古埃及即已出现，因为考古学家在木乃伊中发现了留有痘痕的面孔。但是直到公元前 430 年，与希波克拉底同时代的修昔底德（Thucydides）形容那些在雅典神庙里堆积如山的死尸，这才出现了第一次有关（可能是）天花疫情的文献记录。

那么，第一次流感疫情是何时发生的呢？几乎可以肯定是在过去的 12000 年间，而且很可能是在距今 5000 年之时，也就是城市的雏形开始出现，为疾病创造出理想的传播条件之后。当时的情况一定非常恐怖，以至于令我们难以理解，因为流感在今天总的来讲并不是很致命。当然，即便如此，现在也依然会有少部分

人死于每年的流感季节。这些不幸的病例会发展成“急性呼吸窘迫综合征（Acute Respiratory Distress Syndrome，ARDS）”，其症状包括气短和血压降低，面孔也会发紫，如果不能紧急收治，个别病例很可能会死亡。病人的肺部甚至会大量出血，从口鼻中流出。凭借这些症状，我们大致可以想象第一次流感暴发时大量人口死亡的情景。

人类文明最早且已然完备的“书写系统（Writing System）”大概在 4500 年前才出现，所以并不存在对上述情况的记载，我们也就不知道首次流感疫情是在什么时候，发生在什么地方。但是，它很有可能发生于今伊拉克境内的乌鲁克（Uruk）[①]。这座被认为是 5000 年前世界上最大的城市，大约有 80000 居民生活在城墙环绕的 6 平方公里区域内，相当于伦敦金融城面积的 2 倍。没有一个人拥有免疫力，也没有一个人能够帮助别人，很多人都会死去。后来一定还发生过几次温和一些的流感，而每一次的类型和第一次都不一样，彼此之间也不完全相同，可它们依然还是具有足够的相似性使幸存者逐渐获得了一定的免疫力。慢慢的，这种疾病逐渐变得更像我们今天所认知的流感，而其代价则是诸多生命的逝去。

“城市或许可以抵挡其他事物，”公元前 3 世纪，希腊哲学家伊
020 壁鸠鲁（Epicurus）写道，“但是当死亡来临，我们人类就如同活在
一座不设防的城市里。”[2] 从流感变成一种人类疾病的那一刻起，它便开始影响人类历史的发展——虽然我们还要等待希波克拉底写下他（可能是）对首次流感的描述。可即便在希波克拉底之后，也很

① 系美索不达米亚西南部苏美尔人的古城，位于幼发拉底河下游右岸。

难说他所描述的就一定是我们今天所知的流感。不仅是流行性和疾病的定义都发生了变化，而且这一疾病本身也被赋予了不同的名称，这反映了人们对于流感起源的看法一直处于不断的变化中。除此之外，流感也很容易与其他呼吸系统疾病相混淆，最经常的就是普通感冒，还有一些更严重的疾病，如斑疹伤寒（typhus）和登革热（dengue fever），这些疾病都是以流感样症状开始的。

漫长的岁月在文字记载中设置了很多陷阱，历史学家们小心翼翼地穿行其中，终于推测出在公元前 212 年的西西里，将罗马和锡拉库萨（Syracuse）① 的军队击垮的就是一场流感。“死亡和葬礼成为每日的必修课，”提图斯·李维（Titus Livius）在《罗马史》（*History of Rome*）中写道，“哀悼亡者的嚎啕哭声从四面八方传来，日夜不绝于耳。”[3] 公元 9 世纪，席卷了查理曼（Charlemagne，也称“查理大帝”）的大军而被他当作“意大利热病（febris Italica / Italian fever）”的应该也是一场呼吸系统疾病。12 世纪时的欧洲，有记录的几次流行病也可能是流感，但是直到 16 世纪才出现第一次真正可靠的描述。1557 年，正值英格兰女王玛丽一世（Mary I）统治时期，一场流行性传染病杀死了她治下 6% 的臣民，而其中的“新教徒”比她得名“血腥玛丽（Bloody Mary）”② 时想要烧死在火刑柱上的还要多。

16 世纪时，地理大发现方兴未艾，欧洲人乘船来到新大陆（New World），各种新奇的疾病被一同携来。而本地人对这些疾病毫无免疫力，因为他们还没有经历过那些源自动物的流行病的

① 由希腊城邦科林斯移民所建，位于西西里岛东岸。

② 玛丽一世是极其虔诚的天主教徒，即位后在英格兰复辟罗马天主教以取代父王亨利八世所提倡的新教。为此，她下令烧死了约 300 名反对人士。

一轮轮痛苦的磨炼。新大陆的动物们并不像旧大陆（Old World）那样容易驯化，许多居民依然还是狩猎—采集者。1493 年，当克里斯托夫·哥伦布（Christopher Columbus）第二次航行到新大陆时，流感病毒可能也就随之而来。当地大批的美洲印第安人死
021 于流感，即发生在他于安的列斯群岛（Antilles）停靠以后。那一年，加勒比地区所经历的事情，与几千年前欧亚大陆上乌鲁克这样的城市所经历的非常相似。只是，这一次还有一群来自西班牙的“征服者（Conquistador）”在袖手旁观。

长期以来，历史学家都没有把传染病当作历史的参与者，也没有怀疑过传染病对不同族群造成的影响并不均衡。直到 20 世纪，当欧洲历史学家讲述西班牙人埃尔南·科尔特斯（Hernán Cortés）[①] 以弱胜强征服阿兹特克帝国（Aztec Empire，位于今墨西哥境内）的惊人故事时，他们一般都没有提起其间的大部分功绩其实应归功于一场天花的流行。[4] 对他们来说，流感只是一种温和的刺激，是他们在更黑暗的岁月中背负的十字架。欧洲历史学家体会不到流感在美洲原住民、澳大利亚原住民或太平洋岛原住民[②] 心中留下的恐惧，也不了解在他们心目中流感与白人的到来是多么紧密地联系在一起的。“所有上岁数的人都坚信，自从白人到访之后，他们那里暴发的流感疫情就比以前更加频繁，也更加严重，”一位曾在 19 世纪访问过瓦努阿图群岛（Vanuatu Archipelago）中的坦纳岛（Tanna）的人说道，“这种印象不仅局限

① 16 世纪活跃在中南美洲的西班牙征服者，以摧毁阿兹特克古文明和在墨西哥建立西班牙殖民地而闻名。

② 指流散或定居在密克罗尼西亚（Micronesia）、美拉尼西亚（Melanesia）和波利尼西亚（Polynesia）这三大太平洋岛群上的原住民。

于坦纳岛，如果我没搞错的话，整个太平洋地区都是如此。”一旦认识到他们的错误，这些历史学家就开始用另一个名字，即“帝国疾病（Imperial Diseases）”来称呼“人群疾病”。[5]

古气候学家的工作让历史学家明白了他们的错误。通过研究沉积物、化石和树的年轮等，古气候学家试图了解地球的气候在古时的状况及成因。例如，他们发现世界在罗马时代晚期变得更加凉爽了，便认为这是“查士丁尼瘟疫（Plague of Justinian）”造成的结果，作为一次发生在公元前 6 世纪的腺鼠疫大流行，它在欧洲和亚洲夺去了约 2500 万人的生命，并由此导致大面积的耕地抛荒并复归森林。因为树木能从大气中吸收二氧化碳，而重新造林的过程使得大量的气体被锁闭在树木中，地球的温度也就由此降低了。（这与我们现在所面临的温室效应正好相反。）

与此类似，科尔特斯和占领了印加帝国（Inca Empire，帝国 022
主体位于今秘鲁境内）的弗朗西斯科·皮萨罗（Francisco Pizarro），以及领导了欧洲人第一次远征当今美国的埃尔南多·德·索托（Hernando de Soto），他们于 16 世纪在美洲掀起的那波死亡浪潮使得当地的人口急剧减少，进而引发了“小冰期（Little Ice Age）”①，[6]直到 19 世纪，更多欧洲人抵达并重新开垦了这片土地，这种情况才得以反转。这大概是人类疾病最后一次影响全球气候。虽然还会出现其他的大流行病，但是随着农业生产的逐步机械化以及全球人口的迅猛增长，千百万农民的死亡再也不会对大气层造成什么损害了——即便有损害也不再是古气候学家可以察觉到的了。

第一次流感的大流行被认为是 1580 年从亚洲开始，之后传播

---

① 全球气候在 15 世纪初至 20 世纪初进入了一个相对寒冷的时期，在中国则被称为“明清小冰期”。

到非洲、欧洲，可能还有美洲的。专家们一致认为这就是所谓的“全球大流行”，即波及几个国家或几块大陆的流行病。但是我们必须在此提醒一句，就像下面将要看到的，确定一场流感全球大流行的源头和传播方向并不容易，对历史上的流感疫情的各类记载均不能完全相信。这一点对于一些欧洲人尤其如此，他们的同胞此前就曾到新大陆去追查各种致命性疾病，而至少从 19 世纪开始，每次新的疫病又都被他们看作来自中国或欧亚大陆腹地的广袤荒原。

据当时的报告，第一次流感大流行用了六个月的时间从北到南席卷了整个欧洲。罗马有 8000 人病死，死亡率约为 10%，恰似“逢十抽一”[①]这个词的字面含义，而一些西班牙城市也经历了类似的命运。[7] 从 1700~1800 年，流感大流行又出现了两次。第二次的高潮出现在 1781 年，当时圣彼得堡在一天内就有 30000 人病倒。到那时为止，大多数人已经开始称呼这种病为“流行性感冒”。“influenza”这个词最早由 14 世纪的意大利人发明，因为他
023 们把这种疾病归因于恒星的吸引或“影响（influence）”，但这个名字是在几个世纪以后才时兴起来。虽然我们如今依然在使用它，但这个名字所倚靠的概念早已不存，就像“抑郁质”和“黏液质”这些描述词一样。

在 19 世纪，“人群疾病”达到了其进化过程的顶点并统治了全世界。这是“工业革命”的世纪，在世界各地，与这场革命相伴而来的是城市的快速扩张。现在，这些城市变成了“人群疾病”的滋生皿，因为城市里的人口不能自行维持不变，需要持续不断地从周边的农村吸收健康的农民来弥补传染病造成的减员。战争

---

① 原文为“decimated”，这个词的本义指的是从十个人里随机选出一人予以处决的屠杀方式，在此处引申用来形容大规模的死亡。

也会带来传染病，因为冲突使人们饥饿和恐慌，并把他们赶出家园，塞进脏乱的难民营，并夺走他们的医生。冲突也使人们更容易被疾病传染，与此同时，大量的人口迁移还会将传染病带往其他地区。在 18 和 19 世纪发生的每一场军事冲突中，死于疾病的人数都要高于战场上的伤亡。

19 世纪发生过两次流感全球大流行。第一次暴发于 1830 年，据说在严重性上可与西班牙流感比肩，但在规模上则差得多。第二次就是所谓的“俄国流感（Russian flu）”，它是从 1889 年开始的，据说起源于乌兹别克斯坦的布哈拉（Bokhara）。那时的科学家已经认识到统计学是一种与疾病作斗争的有力武器，于是这次流感疫情首次得到了至少是一定程度上的评估考量。通过这些早期流行病学家的努力，我们了解到俄国流感在某些地区夺去了 100 万人的生命。它在全球的流行共分三个波次，第一波次相对温和，第二波次很严重，第三波次则比第一波次更温和一些。很多病例都发展成了肺炎，这往往是导致死亡的原因。与普通的流感季不同，被它夺去生命的不仅有老人和青少年，而且还有很多三四十岁的人。医生们迷惑地看到，很多人挺过了第一次打击，却又陷入了抑郁症等神经系统并发症。挪威画家爱德华·蒙 024
克（Edvard Munch）就是其中之一，一些人认为他的著名作品《呐喊》（*The Scream*）就源于其在流感压抑之下的思绪。“一天晚上，我走在一条小路上，一边是城市，另一边是峡湾，”他后来写道，“病中的我感到虚弱无力。停下脚步，我向峡湾望去，太阳正在落山，云层一片血红。我感觉到有一声呐喊冲破了自然，就仿佛真的听到了尖叫。”[8] 在蒙克写下这些语句之时，那次疫情已经结束了，同样结束的还有人类与流感之间的千年抗争。在下个世纪，即 20 世纪，科学将一劳永逸地战胜这个“人群疾病”。

第2章　莱布尼茨的“单子”

025 100年过去了，在这个艾滋病蔓延的世界上，一种观点，即科学将会永久地战胜传染病，对于我们来讲似乎已属荒谬。但在19、20世纪之交，很多人，至少是西方人，都是相信这一点的。他们之所以如此乐观，主要缘于微生物理论的创建，人们从中洞悉了疾病的根源在于微生物。几个世纪以前，尼德兰的一位透镜研磨师安东尼·范·列文虎克（Antony van Leeuwenhoek）用放大镜观察一滴池水，看到其中充满了生物，从此人们就知道了细菌的存在。但是当时的人们只把它当作一种无害的细胞外质，还没有人怀疑这种生物会使人生病。从1850年代开始，德国的罗伯特·科赫（Robert Koch）和法国的路易·巴斯德（Louis Pasteur）建立了二者之间的联系。他们俩的发现多得不计其数，其中包括：科赫证明了肺结核，即这种所谓诗人和画家们的“罗曼蒂克病”并非如人们普遍相信的那样源于遗传，而是由一种细菌造成的；同时，巴斯德也反证了生物活体可以从无机质中自然产生的观点。

通过与旧式的医疗卫生观念相结合，微生物理论开始扭转“人群疾病”的发展趋势。人们发起了一场净化饮用水和推动清洁的运动，疫苗接种项目也得以实施，尽管遇到了阻力——这并不奇怪，人们对于打上一针就可以不生病尚心存疑虑——但这些努力都产生了实际效果。如果是在之前的几个世纪，战争中死于疾病的人会超过死于战斗的，这一形势终于被反转了。虽然武器已
026 变得愈发具有杀伤力，但军医们也变得愈发有能力控制传染病。

这看起来并非吹嘘成功的正当理由，但军队的医生的确首先将微生物理论应用于实践，而后，他们的专业技能又随之被传授给民间的同行。到了 20 世纪初，城市终于可以自我维系了。

于是，在 20 世纪头二三十年，人们对科学和理性的信心逐渐高涨起来。由于发现了细菌和疾病之间的关联，人们兴奋不已，这也诱使人们把所有的顽固疾病都归咎于细菌。埃黎耶·埃黎赫·梅契尼可夫（Ilya Ilyich Mechnikov），这位无法无天的沙俄“科学恶魔”曾应巴斯德之邀访问其位于巴黎的研究所，可是他竟然当面批评对方太过时了。梅契尼可夫在 1908 年获得诺贝尔奖生理学和医学奖是因为发现了“吞噬作用（phagocytosis）”，即人体血液中的免疫细胞将有害细菌吞噬并破坏的机制。但是他也曾怀疑人体消化道中的细菌会释放出增加动脉负担的毒素而造成身体的老化，这种想法让他颇受嘲笑。他沉迷于保加利亚的一些村庄，因为众所周知那里的人能活到 100 多岁。梅契尼可夫把这些人的长寿归因于他们喝的一种酸牛奶，尤其是其中使牛奶变酸的那种“好”细菌。在生命的最后几年，梅契尼可夫喝掉了大量的酸奶，后于 1916 年逝世，享年 71 岁。[1]（近年来，人们普遍认为人类肠道里的细菌是无害的，甚至是有益的。）

然而，病毒依然是一个谜团。在拉丁语中，“virus”的意思近似于毒药或效力强劲的汁液，这也就是 19、20 世纪之交时人们对它的普遍理解。巴西作家阿卢希欧·阿泽维多（Aluísio Azevedo）曾在自己 1890 年的小说《贫民窟》（*O Cortiço*）中写道：“巴西就像地狱一样，每一朵含苞待放的花蕾和每一只嗡嗡作响的绿头蝇都沾染着淫荡的病毒。”那时他心里想的可能就是一种有毒的分泌物。科学家却已经开始质疑这一定义了。它是毒素还是微生物？是液体还是微粒？是死的还是活的？病毒是在 1892 年第一次

被发现的，当时沙俄植物学家德米特里·伊万诺夫斯基（Dmitri
027 Ivanovsky）发现了一种能够引起烟叶患病的病毒。他并没有真正看到这种病毒，而只是发现引起这种疾病的是一种非常小的传染源，比所有的细菌都要小，几乎小到看不见。

1892年，俄国流感正在欧洲肆虐，在伊万诺夫斯基取得这一成果的同一年，科赫的一个学生，即理查德·费佛（Richard Pfeiffer）发现了导致流感的细菌。对，就是**细菌**引起了流感。“费佛氏杆菌（Pfeiffer's bacillus）”的确存在，又被称作“流感嗜血杆菌（Haemophilus influenzae）”，它的确能导致人类患病，但并不是它引发了流感。（费佛在命名上犯下的错误恰似对科学家们的一个警告，或者说是一个历史的玩笑。）没有人怀疑过流感是病毒造成的，那个无法归类的东西躲藏在人们观察能力之外的某个角落。到了1918年，依然还是没有人怀疑它。实际上，病毒在当时只占据了人类精神世界的小小一隅。它们没有被观察到，也没有针对它们的检测。这两个事实是理解西班牙流感的关键。正如本书要揭示的，正是这次大流行才让事情有所改变，但是这种改变需要时间。詹姆斯·乔伊斯（James Joyce）在他那本极富现代性的小说《尤利西斯》（*Ulysses*，1922）中写道：“手足口病。被称为科赫的制剂。血清和病毒。”当时，他对病毒的看法很可能与阿泽维多相类似。[2]

巴斯德和科赫的追随者将微生物理论广为传播，使它逐渐取代了盖伦的疾病观念。与2000多年以前希波克拉底所引发的心理转变一样，这次的转变也不是一件容易的事，人们只能慢慢地接受它。在19世纪中叶，当两次霍乱疫情横扫伦敦之时，这里的居民把它归咎于从肮脏的泰晤士河（River Thames）升起的污浊难闻的空气。经过一番出色的调查工作，致死病例都被标识在一幅地图上，一位名叫约翰·斯诺（John Snow）的医生为了查找一次疫情暴发的源头而追踪到了城里的一个水泵，并推理出正确的结论——传播霍乱（cholera）的是水，而不是空气。他在 1854 年发表了自己的结论，但是直到 1858 年的“大恶臭（Great Stink）”——一阵炎热的天气使泰晤士河沿岸未经处理的污水变得臭不可闻——之后，官方才委派了一位名叫约瑟夫·巴泽尔盖 028
特（Joseph Bazalgette）的工程师为这座城市设计了一套有效的排水系统。其理由是什么呢？他们以为消灭了“瘴气”就能够消除霍乱。

对于在疾病面前的个体责任，微生物理论也对人们的观念产生了深刻的影响。令人吃惊的是，希波克拉底对此竟有一些相当现代的观点。他相信，那些没有选择健康的生活方式的人，对自己的患病负有责任，但是不应该因得自遗传的疾病而责难一个人。只是即便在后一种情况下，每个个体也还是可以有所选择。希氏以奶酪为例，认为一个人应当据自己所遗传的体质来决定是否吃奶酪。他说：“奶酪，并不是对所有人都同样有害；有的人可以大吃特吃却安然无恙，不仅如此，这样的人还能因此而身强体壮。而其他一些人吃了奶酪以后则会出现非常糟糕的状况。”[3]

到了中世纪，人们又转而把疾病的责任推给神或者上帝，虽然科学已经兴起，这种宿命论的观念却还要再盘踞几个世纪。1838 年，法国作家乔治·桑（George Sand）带着她那患有肺结核的情人弗里德里克·肖邦（Frédéric Chopin）来到西班牙的马略卡岛（Island of Majorca），希望这里的地中海气候可以让她“可怜的忧郁天使”的症状能够得到些许缓解。她并未奢望肖邦能够痊愈，因为她知道肺结核是不治之症，但她也并不认为自己会被对方传染。然而，到那时为止，对于肺结核病因的认识已经开始发生变化。当这对情侣抵达岛上的港城帕尔马（Palma）时，发现本地居民根本不想搭理他们。愤怒的桑在给一位朋友的信中说，人们要求他们离开。在那种纬度地区，肺结核是一种非常罕见的疾病，而且被认为具有传染性。[4]

在19世纪，传染病依然和地震一样被视作天降的灾祸。微生物理论促使人们开始思考对传染病进行控制的可能性，这一启示将一套全新的理念付诸实践：查尔斯·达尔文（Charles Darwin）
029 通过《物种起源》（*On the Origin of Species*，1859）介绍了进化论。当他谈论“自然选择（natural selection）”时，并未想到这个理论可以应用于人类社会，而他的同时代人却恰恰如此行事，创造了所谓的科学“优生学（eugenics）”。优生学家认为人类由不同“种族（race）”组成，各种族为了生存而相互竞争。适者生存，顾名思义，意味着“劣等种族”会因为缺乏内驱力和自律而最终堕入贫穷与卑贱。这一思路很微妙地恰好与微生物理论相契合：如果穷人和工人阶级更容易受到斑疹伤寒、霍乱和其他致命疾病的伤害，那是他们咎由自取，因为巴斯德说过，这些疾病都是可以预防的。

19世纪末，优生学为世界各地的移民和公共卫生政策提供了依据。德国人类学家忙着在非洲殖民地划分人的“类型”，而在美国的一些州，确诊患有精神疾病的人要被强制绝育。具有讽刺意味的是，虽然美国的优生学家认为日本人是低等种族而要把他们赶走，优生学在日本却同样很流行——当然，在那边日本人自然就属于“优等种族”了。[5] 优生学在今天已成为禁忌，但在1918年却是主流，它在很大程度上影响了应对流感的措施。

法国传记作家安德烈·莫洛亚（André Maurois）曾说过：“不同世代的人类心灵是难以相互理解的，就像莱布尼茨的‘单子’*，一个紧挨一个却又互不相干。”对比 1918 年与现在，我们至少可以强调几点明显的区别。当时，爆发于 1914 年的第一次世界大战尚未结束，战争的发端主要缘于欧洲大陆上几大列强之间的紧张关系。而地理大发现的结果在 1914 年已充分显现，世界上更多的地方被欧洲殖民者瓜分。殖民浪潮已达至顶点，而从那时开始的长期去殖民化进程将会瓦解这种帝国统治，并给殖民地带来解放。但是在 1918 年，最后的殖民战争，即北美印第安战争 030
（Ameircan Indian Wars）——由北美洲的欧洲殖民者对阵印第安原住民，并将后者击败——的最后一场会战还是发生了。

罗马尼亚和南非日后的领导人尼古拉·齐奥塞斯库（Nicolae Ceausescu）和纳尔逊·曼德拉（Nelson Mandela），以及后来的异见作家亚历山大·索尔仁尼琴（Aleksandr Solzhenitsyn）与电影导演英格玛·伯格曼（Ingmar Bergman），还有女影星丽塔·海华丝（Rita Hayworth），他们都出生于 1918 年。马克斯·普朗克（Max Planck）以其在量子理论上的成就获得了 1918 年的诺贝尔奖物理学奖，而弗里茨·哈伯（Fritz Haber）因发明了一种制造合成氨的方法而赢得了当年的诺贝尔奖化学奖，他的这一方法对制造化肥和炸药都至关重要。（根据诺贝尔奖委员会的决定，那一年的医学奖、文学奖和和平奖均空缺。）古斯塔夫·霍尔斯特（Gustav Holst）的组曲《行星》（*The Planets*）在伦敦的首演大获赞誉，而与此同时，胡安·米罗（Joan Miró）的作品在巴塞罗那（Barcelona）举办的首次个展上却遭到了冷嘲热讽。

---

* 在德意志哲学家戈特弗里德·威廉·莱布尼茨（Gottfried Wilhelm Leibniz，1646~1716）的著作《单子论》（*Monadology*）中，莱氏认为“单子（monad）”是能动的、不能分割的精神实体，是构成事物的基础和最后单位。

电影尚处在默片时代，电话也尚未普及。远距离通讯主要依靠电报，而在中国的部分地区，还要使用信鸽。当时，还没有商业飞行的航班，但是已经有了潜艇，蒸汽轮船则以接近12节①的速度在大洋上定期往来。[6]许多国家拥有了相当发达的铁路网，也有许多国家还根本没有铁路。波斯的国土面积是法国的3倍，却只有12公里的铁路，公路也仅有区区300公里，而且只有一辆属于国王的汽车。虽然亨利·福特（Henry Ford）已经推出了他的舒适型T型车，但即便在美国，汽车也还属于奢侈品，最普遍的交通工具仍是骡子。

对于我们来说，那时的世界既熟悉又陌生。譬如说，尽管有了微生物理论的发展，但那时的世界人口远不如现在这么健康。即使在工业化后的当今世界，影响健康状况的最主要因素仍然是传染性疾病。与慢性病或退行性疾病相比，传染病才是今天致人死亡的最主要原因。美国在1917年参战以后，开始实施对应征入伍者的大规模体检，这是美国历史上第一次全国范围的身体检查。其结果被当作“可怕的例子”而为人熟知：在全部受检的370万
031 人中，有约55万人被认定为不合格，而余下的人中几近一半被发现存在身体缺陷——它们通常是可以预防或治愈的。

于我们而言，“鼠疫（plague）”②一词的含义被明确指向“腺鼠疫”以及它的不同变体，如“肺鼠疫”和“败血症型鼠疫（septicaemic）”。所有这些都源于一种被称作“鼠疫杆菌（Yersinia

① 1节的速度是1海里每小时，此处约22公里每小时。

② “plague”在英语里本指高死亡率的传染病及各种灾祸，可以对应中文语境里的“瘟疫”或“祸患”。后来，随着历史的发展，这个词逐渐变成特指“鼠疫”，如欧洲中世纪暴发的“黑死病”。而在本书的大部分内容中，作者所指均为“鼠疫”。

pestis)”的细菌。但是在 1918 年，这一称谓指向的是任何具有暴发性的危险疾病。同时，“真正的”鼠疫，又被称为“黑死病（Black Death)”，指的是那种曾经蹂躏了中世纪的欧洲，并且至今尚未绝迹的疾病。异乎寻常的是，英格兰遭到了鼠疫和流感的同步袭击。[7]“中年人”在当年的含义也与现在不同：欧洲人和美国人出生时的预期寿命不超过 50 岁，世界上的大部分地区则比 50 岁还要低。比如印度人和波斯人能活到 30 岁就属万幸了。

当时，即使是富裕的国家，绝大多数的分娩也是在家中进行，浴缸是给富人用的，总人口中也还存有相当比例的文盲。普通人知道传染的概念，但是不明白传染的方式。鉴于微生物理论已经有了半个世纪的积累，如果这种情况令人惊讶，那不妨看看现代的类似情况。1953 年，“脱氧核糖核酸（DNA)”结构的发现催生了分子遗传学的研究领域，进而再一次彻底转变了我们对于健康和疾病的理解。但在半个世纪后的 2004 年，就“基因到底是什么？”这个问题，对普通美国人进行的一项调查显示，依然有很多人感到迷惑。[8]

1910 年，亚伯拉罕·弗莱克斯纳（Abraham Flexner）发动了一场运动，旨在建设富有活力的、标准化的医学教育。可即便如此，到了 1918 年，对于医生的培训依然难以让人满意。医疗保险几乎是闻所未闻的，一般的医疗保健都是由个人付费或是由慈善机构提供。抗生素还没有被发明出来，人一旦生病几乎没有什么办法。即使在巴黎和柏林，疾病也充斥着人们生活的空隙。对于它的报道只隐藏在报纸上大量战争版面的后面。疾病如同宇宙中的暗物质，那么亲切和熟悉，却根本不值一提。它先是引发恐慌，
随后是无可奈何。宗教给人们提供了主要的慰藉，而父母们已经 032
习惯自己的孩子中怎样也能有几个活下来。人们对死亡持有不同

的态度：它是个常客；人们不用过于担心。

这就是当年西班牙流感暴发时的世界：一个已经见识过汽车却还是觉得骑骡子更舒服的世界；一个同时相信量子理论和巫师的世界；一个横跨在现代和前现代之间的世界。有些人居住在摩天大楼里使用着电话，另一些人依然像他们的祖先一样过着中世纪的生活。然而，就要降临到人们头上的完全是一种古老的瘟疫，没有任何现代性可言。当第一个死亡病例出现时，世界上的 18 亿人口好似都被送回了几千年前像乌鲁克一样的城市里。

第一部分　对全球大流行的解析

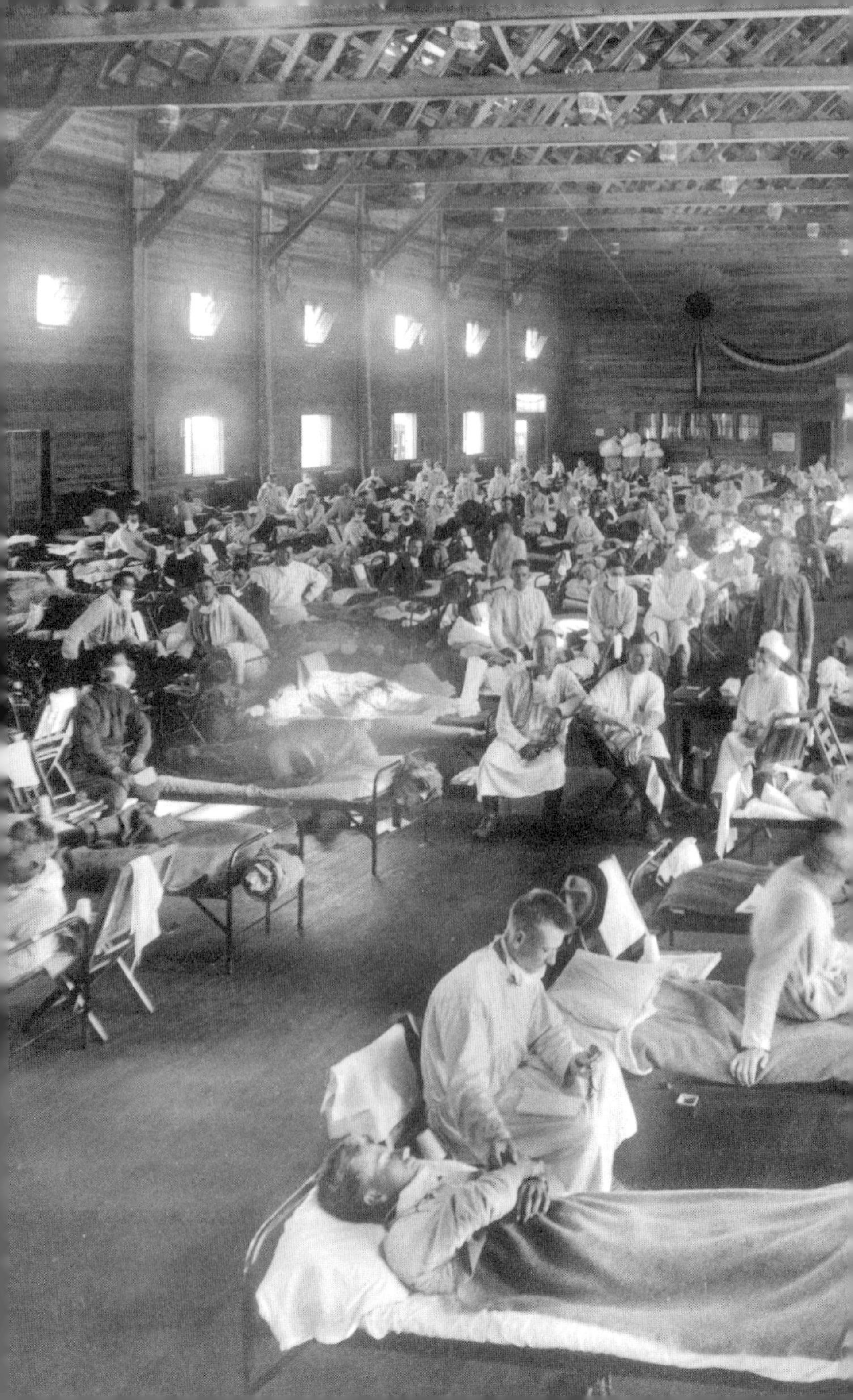

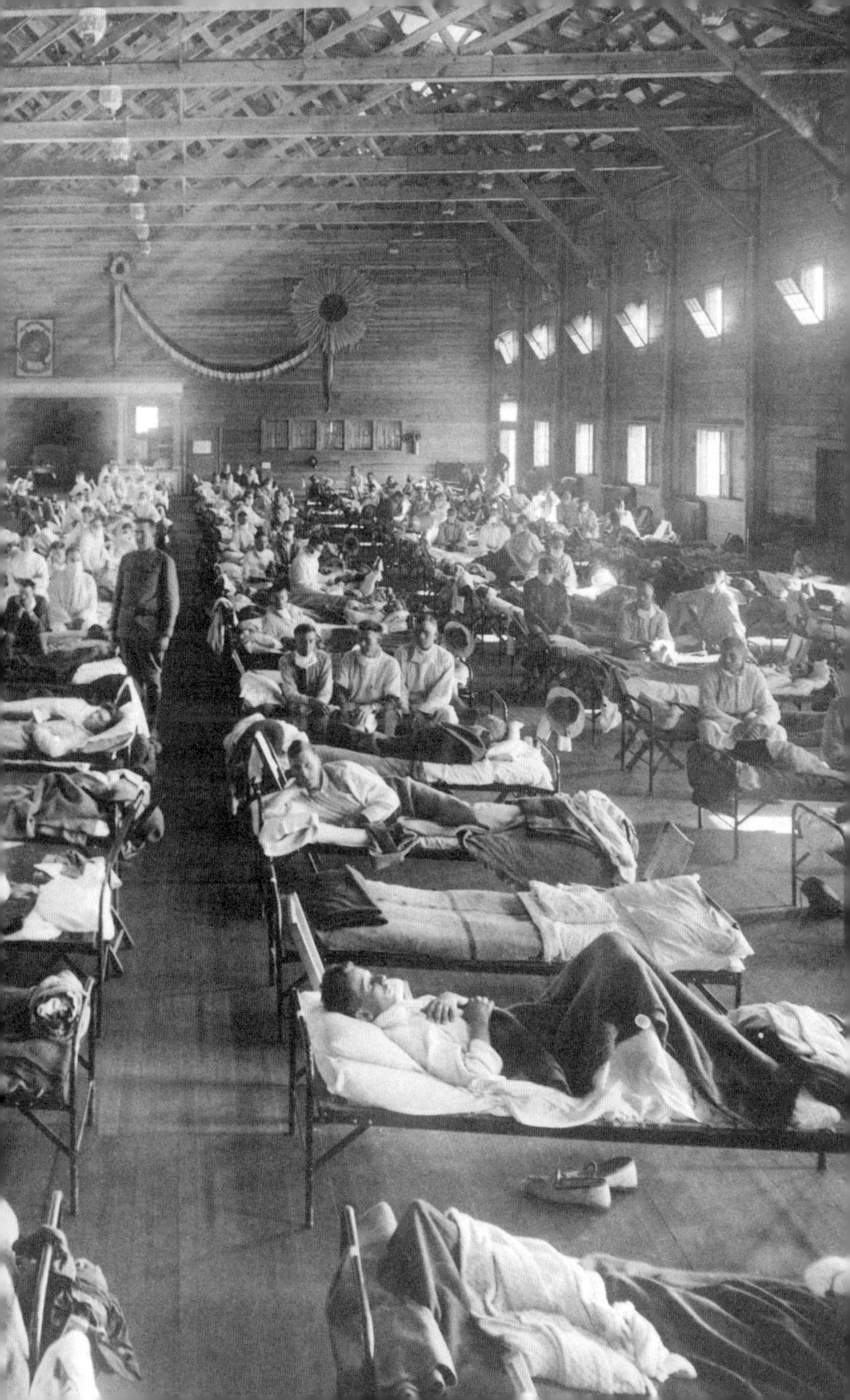

1918 年，堪萨斯州，美国陆军芬斯顿兵营为收治西班牙流感患者而建立的应急医院。

第 3 章　池水微澜

1918 年 3 月 4 日上午，堪萨斯州芬斯顿兵营（Camp Funston）的一名食堂厨师阿尔伯特·吉切尔（Albert Gitchell）向医务室报告，他感觉嗓子痛、发烧和头疼。到了午餐时间，医务室正处理着 100 多个类似的病例。之后的几周时间里，病人多得让营地的总医务官不得不申请一个飞机机库来进行收治。

吉切尔可能并不是第一个感染“西班牙”流感的人。从 1918 年开始一直到今天，人们不停地思索此次全球大流行到底是从什么地方开始的。据我们现在所知，吉切尔确实属于第一批被正式记录下来的病例。于是，为了方便起见，人们就一致地把这个病例视作此次大流行开始的标志。打个比方，这就好像是吉切尔率领着身后的 5 亿人走进了医院。

美国于 1917 年 4 月被卷入了第一次世界大战。当年秋季，来自广大农村地区的青年开始纷纷涌入各地军营，接受选拔和训练，然后加入美国远征军（American Expeditionary Forces，AEF）——这支部队将在约翰·“黑杰克”·潘兴将军（General John “Black Jack” Pershing）的率领下开赴欧洲。芬斯顿兵营就是其中之一，它既向其他美国军营输送士兵，也会将部分士兵直接运往法国。截至 1918 年 4 月，这次流感还只是作为流行性疾病被局限在美国的中西部、士兵们登船的东部沿海城市和下船的法国港口等地区。到了 4 月中旬，它就已经被传播到达西线的战壕里。当月，西欧的天气正值反季节的炎热，但是德军很快就对这道“感冒闪

038 击（Blitzkatarrh）”① 怨声载道，这件事当即引起了德国第二集团军卫生总监理查德·费佛的注意——此人的名字被用来命名了“费佛氏杆菌”，即“流感嗜血杆菌”。随后，流感从前线迅捷地传遍了整个法国，进而又传到英国、意大利和西班牙。将近 5 月底的时候，在马德里，西班牙国王阿方索十三世（Alfonso XIII）和他的首相及内阁成员也一起病倒了。[1]

同样是在 5 月，流感也出现在德国的布雷斯劳（Breslau），即今波兰的弗罗茨瓦夫（Wroclaw，费佛在和平时期曾担任那里的卫生局局长），以及再向东 1300 公里之外的苏俄港城敖德萨。苏俄的布尔什维克新政权于当年 3 月与“同盟国（Central Powers）”签订了《布列斯特－立托夫斯克和约》（Treaty of Brest-Litovsk），并退出了战争，德军随后开始释放战俘营中关押的俄国战俘。因为本国人力非常紧缺，德国起初扣留了一部分体格健壮者，后来经过几个红十字会组织的干预，他们才以每日几千名的速度释放了一些病弱的战俘。很可能就是这些“名副其实的行尸走肉”将流感带回了苏维埃俄国。[2]

5 月，流感登陆北非，继而好像在非洲绕了一圈之后，于月底前直抵孟买。从印度，它又继续东移，而后似乎在某些地方与相对方向的疫情迎头相会，因为据报东南亚早在 4 月就已出现流感疫情。[3] 很快，下一个就轮到中国。《纽约时报》（*New York Times*）在 6 月 1 日报道称：“古怪的流行病席卷了中国华北。”纽约人一边啜着早晨的咖啡一边继续读到中国的北方城市天津已经报告了 20000 宗病例，同时北京也有“数千宗”。在作为首都的北

---

① 当时，这场流感在英国被称为“佛兰德流行性感冒（Flanders Grippe）”，而德国人最初怀疑它是一种武器，因而将其称为“Blitzkatarrh”。

京城里，“数日来，大部分钱庄和绸布庄都已关门歇业，警察也不能上岗执勤”。5 月底，流感在日本暴发，7 月又是澳大利亚。然后疫情似乎开始退去。

这是此次大流行中相对温和的第一波次。它与季节性流感一样，造成了一些破坏却并未引起大范围的恐慌。然而它的确给欧洲战场带来一片混乱，对军事行动造成了极大的干扰。《布列斯特－立托夫斯克和约》签订后，鉴于东线战场已不复存在，埃里希·冯·鲁登道夫将军（General Erich von Ludendorff）作为德军 039
的战争设计师，企图抢在美军到来之前在仅剩的西线战场上率先发起进攻。鲁登道夫将这场“皇帝会战（Kaiserschlacht / Kaiser's Battle）”视作德国赢得战争胜利的最后一次机会，同时，他手里握有刚从东线腾出来的部队可供随时调遣。虽然开局不错，但这场进攻最后还是失败了。双方都为流感所削弱。那一年的春季，法军里有四分之三的人患病，英军的患病人数也在一半以上。所有作战单位都瘫痪了，临时战地医院里人满为患。前线的局势非常可怕。一名幸存的英军士兵唐纳德·霍奇（Donald Hodge）回忆说：“我们都躺在露天里，只有一片防水布，还发着高烧。”在德国一方，有 90 万人失去了战斗力。

“协约国（Entente Powers）”的宣传人员竭力想把这种局面转变成己方的优势，便向德军阵地投放了传单，即如果德国没有能力减轻自己人的病痛，英国人可以替他们做到。这些传单也飘到了德国城市的上空。在 1970 年代初，当英国记者理查德·科利尔（Richard Collier）收集有关这次大流行的亲历者证言时，他收到一名德国人弗里茨·罗特（Fritz Roth）的来信，此人记得自己当时还是个学生，曾在科隆捡到过这种传单。在德国，一季土豆的歉收加剧了协约国海军封锁造成的潜在困难，并直接导致了 1916

和 1917 年之交的“芜菁之冬”，尔后，德国的平民便陷入饥饿之中。罗特记得传单上的内容大致可被译作：“好好祈求你们的天父吧，再过两个月，你们就要落进我们的手中；然后你们就会有好吃的肉和培根了，流感也会远离你们。”

那年夏天，大体来讲，流感确实没有再打扰他们，但是它并没有从欧洲销声匿迹。7 月底，一位名叫穆斯塔法·凯末尔（Mustafa Kemal）的奥斯曼帝国军官在回伊斯坦布尔［Istanbul，旧称“君士坦丁堡（Constantinople）”］的路上因患流感而滞留在维也纳。他对西线战场上的德军防线进行了考察，所见所闻并没给他留下什么印象。在觐见盟友德皇威廉二世时，他对皇帝直言同
040 盟国将输掉这场战争。［这位奥斯曼帝国军官康复以后，经过一番努力，最终成为土耳其共和国（Republic of Turkey）的第一任总统，被国会授予“阿塔图尔克（Atatürk）”作为姓氏，意为“土耳其人之父”。］

到了 8 月，改头换面的流感卷土重来。这就是此次大流行的第二波次，也是最严重的一波疫情。还是为了表述方便，它被人们描述为在 8 月下半从大西洋两岸的三个地方同时暴发——塞拉利昂的弗里敦（Freetown）、美国的波士顿（Boston）和法国的布雷斯特（Brest）。它就好像是从大海里酝酿出来的——可能就是在百慕大三角——但这当然是不可能的。把流感带到弗里敦的是一艘英国军舰，波士顿的流感可能源于一艘来自欧洲的轮船，而布雷斯特的流感要么是来自源源不断涌入的美国远征军，要么就是来自那些到这座城市参加海军训练的法国新兵。实际上，当时很多法国人认为它是从瑞士传来的。而瑞士人则认为它是从相邻的德国和奥地利传来的，为此他们尽了最大努力在边境采取隔离措施。瑞士尽管是中立国，但是根据一项与交战国的协议，还是在

持续接收患病和负伤的战俘，并将他们安置在阿尔卑斯山区的收容所里。

在风景如画的厄堡（Château d'Œx）山村，时年 43 岁的精神分析学家卡尔·古斯塔夫·荣格（Carl Gustav Jung）领导着一座拘押英国军官的兵营。在战争快结束的那几个月里，营地放松了管制，被拘押者可以接受探访。荣格的一位传记作家记述了此后发生的一个半真半假的故事：有一天，荣格与一位英国军官的妻子进行了交谈。其间，她告诉荣格自己梦中的蛇总是代表着疾病，而她刚才正好梦见了一条巨大的海蛇。恰逢营地里这时暴发了流感，于是荣格认为这证实了梦是有预见性的。[4] 到了 8 月 2 日，从瑞士兵营返乡的法军士兵中出现了死于流感的病例。[5]

第二波次疫情从波士顿、弗里敦和布雷斯特向外扩散，军队 041
的调动为其提供了助力。9 月初，它又随着从法国返回的运兵船**利维坦号**（Leviathan）重返纽约。当时还是海军部助理部长的年轻的富兰克林·德拉诺·罗斯福（Franklin Delano Roosevelt）因在船上出现了症状而被人用担架抬上了岸。之后的两个月里，流感从美国东北部沿海地区传遍整个北美，然后又波及中美洲和南美洲。后两者同时也从海上受到了传染。[加勒比地区也如是，其中的马提尼克岛（Martinique）终于在 11 月底未能幸免，那里的流感疫情是随着邮船而来的，这种情况非常普遍。] 南美洲并没有受到第一波疫情的影响，当一艘英国邮船**德默拉拉号**（Demerara）于 9 月 16 日到达巴西北部的港城累西腓（Recife）时，那里随之出现了最早的一批感染病例。

流感疫情从弗里敦开始沿着西非海岸线散播，并通过河道网和殖民者的铁路网向内陆延伸，继而在内陆那一端的铁路终点，被感染者蹬着自行车、驾着独木舟、骑着骆驼或通过步行，将病毒携往最偏僻的村落。拥有众多港口和发达铁路网的南非对疾病则是大开门户。9 月，曾经停靠弗里敦的两艘运兵船将流感病毒带到了开普敦。当时，南非原住民劳工团（South African Native Labour Contingent）共有 21000 人在法国工作，而这两艘船，**雅罗斯拉夫号**（Jaroslav）和**沃罗涅日号**（Veronej）则将其中的约 1300 人运回。当船只到港时，官方虽然采取了基础措施以隔离感染者，但是并未确认全部病例，而是错误地将一些人放行，任由他们登上火车回家。流感由此从南非迅速扫荡了整个非洲南部，直达赞比西河（Zambezi River）对岸。"非洲之角（Horn of Africa）"① 是在 11 月被侵袭的，据阿比西尼亚（Abyssinia）② 的摄政王，即日后的海尔·塞拉西一世（Haile Selassie I）所说，首都亚的斯亚贝巴（Addis Ababa）有 10000 人丧生，"虽然病得非常严重，但是在上帝的恩典下，我最终还是死里逃生"。[6]

9 月 5 日，谢尔盖·达基列夫（Sergei Diaghilev）的"俄罗斯芭蕾舞团（Ballets Russes）"③ 在伦敦的科利瑟姆剧院（Coliseum Theatre）表演了一场《埃及艳后》（*Cleopatra*）。杰出的舞蹈演员和编舞家列昂尼德·马西涅（Léonide Massine）对流感非常害怕。
042 他后来回忆说："'死了的'我，身上只围着一块缠腰布，不得不在冰冷的舞台上躺了好几分钟，我感觉到寒气刺骨……后来却安

① 位于非洲东北部，是东非的一个半岛，在亚丁湾南岸向东伸入阿拉伯海数百公里，包括今吉布提、埃塞俄比亚、厄立特里亚和索马里等国。

② 1941 年，英军在第二次世界大战期间进攻意属东非，迫使其投降，并推翻了意大利的统治，阿比西尼亚再次独立，海尔·塞拉西一世更国号为"埃塞俄比亚（Ethiopia）"。

③ 20 世纪最有影响力的芭蕾舞团之一，成立于法国巴黎，虽以"俄罗斯"为名，却并未在苏俄演出过。

然无恙。但是，我在第二天听说，总是站在剧院前门外面的那位身材魁梧的警察已经在疫情中过世了。”[7]

截至 9 月底，流感已经席卷了欧洲的大部分地区，并造成军事行动的再一次停止。10 月 14 日，患有肺结核的弗兰兹·卡夫卡（Franz Kafka）在布拉格因染上流感而卧床不起。病中的他透过窗户见证了奥匈帝国的崩溃。“在卡夫卡刚刚得病的那天清晨，”他的一位传记作家写道，“全家人被一阵不寻常的声音吵醒，有武器相碰的叮当声，也有高声喊叫下达命令的声音。当他们打开窗户，看到了令人惊恐的一幕：一排排士兵出现在黑暗的街道上，疾速行进，开始在老城区里有条不紊地布下警戒线。”[8] 军队被动员起来抵挡一场革命所带来的实实在在的威胁。在极端匮乏的物资供应下，革命运动在逐渐积蓄力量，即将宣布捷克的独立。

对于波兰，西班牙流感中的经历则是其现代历史中的一段悲伤回响。1918 年之前，这个国家已经被几个强邻完全从地图上抹去——德意志帝国、奥匈帝国和沙皇俄国将它瓜分。当波兰即将于 1918 年底复国之时，在今波兰共和国的领土上，第二波流感正从三国占领区的方向分别涌进波兰的地理中心，即华沙的维斯瓦河（River Vistula）。[9] 与此同时，在德奥两国的许可下，波兰临时政府于被占领土上被建立起来，但其领导人扬·斯特茨科夫斯基（Jan Steczkowski）却在华沙城中病倒了。

这波秋季疫情从西南到东北如一条长长的折线划过了苏维埃俄国的领土——这同样表明归国的战俘就是传染源——但是流感很可能是在几天或几周的时间内，从边境上的不同地点侵入了苏俄 043
的辽阔国土。据伦敦《泰晤士报》（*The Times*）报道，早在 8 月，流感和斑疹伤寒、天花、脑膜炎（meningitis），连同“精神错乱

（insanity）”一起出现在彼得格勒（Petrograd）①。美国历史学家阿尔弗雷德·克罗斯比（Alfred Crosby）曾指出，为了支持反布尔什维克势力，美国远征军于9月4日抵达阿尔汉格尔斯克（Archangelsk），将流感带到了这座白海（White Sea）港城。[10] 至9月底以前，新近于莫斯科成立的“卫生人民委员会（People's Commissariat for Health）”已经收到了来自全国各地的有关流感疫情的报告。

苏俄内战、西伯利亚大铁路以及英俄之间为争夺对波斯的主导权而爆发的冲突，即所谓的“大博弈（The Great Game）”②，都使得流感在亚洲北部蔓延。它通过几条不同的路径进入了不幸的波斯。从病毒的传播上来讲，最有效的是从东北方向经过圣城马什哈德的那条路线。9月，流感到达印度，10月又返回中国。当月月底，一场流感使日本首相原敬取消了觐见大正天皇。（原敬从流感中康复，却在三年后遭到了暗杀。）

11月15日，纽约宣告疫情结束。但是在饱受战争摧残的欧洲，食物短缺、燃料不足，流感继续徘徊不去。当天气转冷，法国驻米兰领事留意到家庭主妇们被迫在冰雾中排着长队买牛奶，成了最易受疾病攻击的对象。[11] 当爱尔兰爱国者和妇女参政论者茅德·冈（Maud Gonne）③从一座英国监狱里获释后，她回到了都柏林向诗人W. B. 叶芝（W. B. Yeats）讨回自己借出的房子。叶

① 1914年第一次世界大战爆发，因圣彼得堡（St Petersburg）的“堡（burg）”字源自德语，所以在“去日耳曼化”的风潮下，城市被更名为“彼得格勒”。而后，列宁于1924年逝世，城市又被更名为“列宁格勒”，直到1991年才恢复原名。

② 意为“影子竞赛”，指的是从19世纪中叶到20世纪初大英帝国与沙皇俄国为了争夺中亚控制权而展开的战略冲突。

③ 茅德·冈系爱尔兰演员、女权运动家和爱尔兰独立人士，她以拒绝诗人叶芝的追求而出名。

芝的妻子已怀孕多时，当时又得了流感，所以他一口回绝了冈。这个女人曾是叶芝的女神，叶芝还为她写下过这样的诗句：“轻点，因为你踏着我的梦。（Tread softly，because you tread on my dreams.）”① 现在，她却用怨恨的信件对诗人狂轰滥炸。冈的女儿回忆两人有一次在公园圣斯蒂芬绿地（St Stephen's Green）“当着一群推着婴儿车的保姆”发生了可怕的冲突。[12]

令人奇怪的是，这一年秋天，流感至少还救了一个人的命——匈牙利物理学家利奥·西拉德（Leo Szilard）。他病倒时，
正随自己的团在奥地利的库夫施泰因（Kufstein）进行训练。因 044
为生病，他被允许返回布达佩斯的家。在那里，他坐在轮椅上被推进了一间“像洗衣房一样”的病房，里面的病床之间挂着湿漉漉的布单。[13] 这种潮湿疗法对他的最终康复似乎也没起什么作用，但是他一直住在医院里，直到收到自己的上尉写来的一封信，得知团里其余的人都在意大利前线的维托里奥维内托会战（Battle of Vittorio Veneto）② 中阵亡了。后来，西拉德移居美国并从事核裂变问题的研究工作，并作为原子弹的研制者之一为世人所知。

11 月 9 日，德皇威廉二世退位。11 日，停战协定签字生效。庆祝活动随即在世界各地展开，却为“人群疾病”的传播创造了理想的条件。在秘鲁，成千上万的人涌上利马（Lima）街头，促使流感在随后的几天里暴发。在肯尼亚，红十字会举行的一场停

---

① 出自叶芝的诗作《他冀求天国的锦缎》（*He Wishes for the Cloth of Heaven*，傅浩译）。

② 第一次世界大战中的一次决定性会战，于 1918 年 10 月 24 日至 11 月 3 日在维托里奥维内托打响。意大利军最终获得了胜利，意大利战线的战事由此终结，奥匈帝国随之崩溃。两周后，第一次世界大战宣告结束。

战舞会也发挥了类似的作用。在伦敦，诗人埃兹拉·庞德（Ezra Pound）漫步于雨中的街头，“观察停战协定对平民阶层产生了哪些影响”，可紧随他思绪而来的首先是一场感冒。[14]

截止到 1918 年 12 月，世界上大部分地区的流感疫情都已平息。全球范围内绝少有什么地方幸免于这波致命的秋季疫情，只有个别的例外：南极大陆、南大西洋的圣赫勒拿岛（St Helena）和亚马孙河入海口处的马拉若岛（Majaró）；还有一个就是澳大利亚这座大岛，其凭借严格的海事检疫措施将流感拒之门外，由此成为一个惊人的特例打破了人类在疫情面前无力自保的局面。

澳大利亚官方在 1919 年初就解除了检疫措施，结果证明检疫被解除得太早了，因为第三波次疫情恰好在那时到来。在致命性上，这一波次居于前两个波次的中间。当流感最终在那里取得立足点之后，有 12000 名澳大利亚人死于 1918 和 1919 年之交的南半球夏季。这并不是唯一一个放松了警惕的地方。当第三波次到来时，全球各地的人们尚处在第二波次所造成的惊恐中。在纽约，
045 高峰出现在 1 月的最后一周。而当它抵达巴黎时，和会还在进行。多个国家的代表团成员都病倒了，这很好地证明病毒超越了地缘政治的界限——如果这一点还需要证明的话。

有些人假定还有第四波次疫情在 1919 和 1920 年之交的冬天袭击了北半球，可能夺去了德国政治学家马克斯·韦伯（Max Weber）以及待在英国的加拿大医师威廉·奥斯勒（William Osler）的生命。奥斯勒曾为肺炎起过一个“老人之友”的绰号，但是这次大流行却并非如此。多数人认为，第三波次疫情的结束，也即这次全球大流行作为一个整体在北半球结束于 1919 年 5 月。然而，南半球还要再多经受几个月的折磨，因为那边的情况与北半球的相应阶段在时间上并不同步。

巴西只在 1918 年秋经历了一波疫情，但智利的第二波疫情却在整整一年后方才到来，而洗劫了智利首都的最严重疫情则是 1920 年初的第三波次。即使是今天，位于秘鲁亚马孙丛林深处的伊基托斯（Iquitos）也只能通过水路或空路才能到达。地理位置上的隔绝状态使这里只受到了一个波次的流感袭击，但也正是这种隔绝状态，外加医疗保健的匮乏，这一波次必然带来灾难性的打击。作为当时亚马孙丛林地区橡胶贸易的中心，伊基托斯的死亡率相当于利马的 2 倍。[15]

最后波次死亡率的激增同样出现在太平洋的另一边：日本。相对于“早期流行（Early Epidemic）”所指的 1918 年秋季，日本人所谓的“后期流行（Late Epidemic）”开始于 1919 年底，并一直延续到 1920 年。3 月 18 日，位于东京以北 500 公里处的庄内町，一个日本农民在日记里写道：“京四郎①得了感冒，还咳嗽，所以就去参拜了观音寺村南面的‘止咳法师’神像。”[16] 从这一记载的上下文可以断定，作为这个家庭的一员，京四郎患上的是西班牙流感。果真如此的话，他应是最后一批的病例，因为大流行到那时已经结束了。

---

① 日本人名系罗马字母音译。

第 4 章　夜盗来袭

046 绝大多数感染了西班牙流感的患者所呈现的症状与普通流感没什么区别：喉咙疼、头痛和发烧。1918 年春季患病的大多数人都康复了，这也和普通流感的情况一样。只有在很少数的情况下病情才会变得非常严重，其中的一些人不幸死亡了。虽然很不幸，但这并不在意料之外，因为每年冬季都是如此。

可是，当流感在 8 月份再次袭来，情况却发展得异乎寻常了。这次，起初像是普通流感的疫情很快就呈现了一副凶恶的嘴脸。不仅流感病情愈加严重，尤为可怕的是伴随而来的肺炎——实际上大多数死亡病例是由细菌性肺炎所致。病人很快就发展到呼吸困难。红褐色的斑点出现在两侧颧骨处，几个小时内就布满两耳之间的整个面颊。一位美国军医称："一直发展到难以区分有色人种和白人。"[1]

医生将这种骇人的现象称为"紫绀（heliotrope cyanosis）"。如同波尔多产区（Bordeaux）的红酒商人，他们试图尽可能准确地对颜色进行描述，深信任何细微的变化都能为病人的预后诊断提供信息。按照某个医生的说法，"它是一种很暗的、偏红的绛紫色"。只要红色依然是主色调，就还有一丝乐观。而一旦"混合了薰衣草样的淡紫色或是偏红的蓝紫色"，那就前景不妙了。[2]

蓝色还会再加深为黑色。发黑的首先是肢体的末端：手和脚，
047 包括指甲，然后悄悄地沿着四肢上行，最后遍布躯干和腹部。只要你还神志清醒，你就能亲眼看着死亡从手指渗入自己的身体，然后逐渐充满全身。当布莱斯・桑德拉尔于 11 月 8 日拜访圣日耳

曼大道 202 号时，门房告诉他，阿波利奈尔夫妇都生病了。据桑德拉尔回忆，他几步跃上楼梯敲响房门，然后有人为他开了门，他看到“阿波利奈尔仰面躺着，全身发黑”。[3]

阿波利奈尔于次日去世。一旦呈现黑色，几天甚至几小时之内病人就会死亡。刚刚失去亲人的家属看到这样的遗体会更加伤心欲绝，因为不只是脸和手发黑，连肿胀得骇人的胸口都是黑色的。“尸体腐烂得很快，胸部竟然会自行翘起，我只好把我那可怜的兄弟重新推倒两次，”一名幸存者称，“棺材的盖子必须立即盖上。”[4] 在解剖尸体时，病理学家在胸腔内发现红肿的肺脏有大量出血，表面还覆盖着一层水样的粉色泡沫。死于流感的人是淹没在自己的体液里被溺死的。

在感染流感的怀孕妇女中，流产和早产的发生率高得惊人。病人还会口鼻流血。作为当时最大的船舶之一，名实相符的**利维坦号**①于 1918 年 9 月 29 日从新泽西州的霍博肯（Hoboken）起航驶往法国，船上载有 9000 名军人和船员。一俟离港，疾病就在船上暴发了。一周后，当它在布雷斯特靠岸时，已经有 2000 人患病，其中 90 人死亡。这艘船上的乘客在航程中目睹的景象就如同但丁笔下的地狱一般恐怖。在士兵的舱房里，铺位之间的空隙非常狭窄，照顾病人的护士很难不踩到地上的血迹。因为半昏迷的病人不能睡在上铺，他们只好被安排躺在外面的甲板上。很快，甲板就滑溜溜地沾满了血迹和呕吐物。“晚间的情况，除非亲眼所
见，谁都无法想象，”一个经历了这次跨海之行的美军士兵写道， 048
“在恐惧的呻吟和哭泣声中混杂着祈求治疗的哀嚎。”[5]

---

① “Leviathan”是《圣经》中的一头海怪，因而在英语语境里也指“庞然大物”。

身体的各个方面都受到了影响。人们说西班牙流感是有味道的，有如发霉的稻草。“我之前从来没有闻到过，后来也没有，”一个护士回忆道，“那种味道太可怕了，因为病毒里含有毒素。”牙齿掉了，头发也掉了。有的人本来站得好好的，没有任何先兆就一下子扑倒在地。胡言乱语也很常见。“他们变得非常兴奋和激动，”柏林的一位医生说，“必须将他们绑在床上，以防他们到处乱撞而伤到自己。”另一位巴黎的医生观察到违反常理的现象，一旦开始高烧，谵妄就自行发作。他描述了自己的病人所表现的那种临近世界末日的引发焦虑的感觉，以及间歇性的嚎啕大哭。[6]有病人从医院的窗户跳楼自杀，如此悲惨地死去的甚至还包括孩子，区别只是成人被说成“跳下”，而孩子是“落下”。在瑞士的卢加诺（Lugano）附近，一个名叫“拉吉（Laghi）”的律师用剃刀割断了自己的喉咙。在伦敦城里工作的一名职员有一天没来上班，而是登上一列火车去了英格兰南部海岸的韦茅斯（Weymouth），将自己投入大海。[7]

人们的症状还包括：头晕眼花、失眠、失去听觉和嗅觉，以及视力模糊。流感可以造成视神经发炎，其中显而易见的影响就是视力受损。在恢复神智以后，许多病人都称他们眼前的世界看起来苍白混沌，就好像他们发绀的面孔已经耗尽了所有的颜色。“我还能坐在靠近窗子的一架长椅上，看着失去了蓝色的天空下惨白的阳光斜洒在积雪上，这真是个奇迹。”幸存下来的凯瑟琳·安·波特（Katherine Anne Porter）①在她的自传体短篇小说

① 波特是那个时代美国颇负盛名的女作家，尤擅短篇小说。她于1918年10月染上西班牙流感，甚至一度病危，家人已开始准备后事，但她竟然奇迹般地康复过来。根据这段经历，波特创作了带有自传性质的短篇小说《灰色马，灰色的骑手》。

《灰色马，灰色的骑手》（*Pale Horse，Pale Rider*，1939）中这样写道。[8]

然而，所有的事情中，最恐怖的是流感到来的方式：悄无
声息、毫无预兆。这种流感的特别之处在于，其传染性的高峰
期比出现症状要来得早。至少是一天的时间，有时候还要更长， 049
一个人已经感染了，而且已经拥有了感染他人的能力，但他本
人看上去却没有任何异常。在 1918 年，如果你听见一个邻居或
亲属在咳嗽，或者看到他们在你面前倒下，你就知道自己有很
大的概率其实也已经生病了。引用孟买一位卫生官员的话讲，
西班牙流感的到来“犹如暗夜中的盗贼，倏忽间现身，狡猾又
阴险”。[9]

流感时期的爱情

1918 年 8 月，15 岁的佩德罗·纳瓦（Pedro Nava）来到里约热内卢，投奔他的伯父安东尼奥·恩内斯·德·索萨（Antonio Ennes de Souza）。住在城市北边的摩登街区蒂茹卡（Tijuca）的恩内斯·德·索萨是纳瓦父亲何塞（José）的大表兄。何塞早在 1911 年即已去世，家庭因而陷入困窘，不得已之下便搬离了城市。等到纳瓦应该好好上学的时候，母亲将他送回了里约，交给恩内斯·德·索萨照看。

纳瓦立刻就被里约亲戚的优雅活泼迷住了，特别是来到这家的一位造访者——“伯母”尤金妮亚（Eugenia）的侄女，名叫奈尔·卡多索·萨奥斯·罗德里格斯（Nair Cardoso Sales Rodrigues）。五十年后，他在回忆录里将美艳动人的奈尔比作断臂的“米洛斯的维纳斯（Venus of Milo）”——她那“有光泽的皮

肤，花瓣一样的双唇，完美的秀发”——纳瓦清楚地记得有一天晚上，他们两人都听说了那种被称作“西班牙的（espanhola）”流行病。[10]

9 月底的一天，在恩内斯·德·索萨的家里，人们像往常一样坐在餐桌边大声读着报纸。报纸上提到，一艘名为**拉普拉塔号**（La Plata）的船上有 156 人死亡。这艘船是从里约出发驶往欧洲的，船上有一支巴西医疗队。疾病是两天前从非洲西海岸的达喀尔（Dakar）开始暴发的。但是非洲很遥远，何况这艘船也是渐行渐远。他们有什么好担心的呢？可能是因为新闻审查，或者是媒
050 体根本就不感兴趣，那天晚上并没有报道另一艘英国邮船的行程，就是那艘中途停靠了达喀尔后又驶往巴西的**德默拉拉号**。9 月 16 日，这艘船已经抵达了巴西北部的累西腓，现在，它载着船上的流感病毒正向南面的里约驶来。

晚饭以后，纳瓦陪着伯母走到敞开的窗子前坐下，他为伯母挠着后背。和他们坐在一起的奈尔凝望着热带的夜晚，而纳瓦凝视着她。时钟敲响午夜 12 点时，他们关上窗子离开了房间，中途，奈尔停了下来，询问他们是否应该担心这种“西班牙病”。多年之后，纳瓦回忆起这个场景，“我们站在那里，就我们三个人，那条走廊里装饰着威尼斯镜子，我们的身影重叠映射在一面面镜子中，像是消失在两条无尽的隧道中”。尤金妮亚告诉奈尔没什么可担心的，他们便分别回房睡觉去了。

10 月的第一周，**德默拉拉号**毫无阻碍地驶入里约港。这或许并不是第一艘带着传染病来到巴西首都①的船只，但至少在它到来之后，流感才在这座城市的穷人社区里开始传播。10 月 12

---

① 巴西在 1960 年将首都迁至新建的巴西利亚。

日星期六，大河俱乐部（Club dos Diàrios）举办了一场舞会。这里是本地咖啡大亨和权力掮客喜欢出没的地方。接下来的一个星期，许多有钱的客人都卧床不起了。纳瓦的大多数同学也病倒了。当他周一早上走进大学，发现本年级的 46 名学生中只来了 11 人。当天晚些时候，校方宣布无限期关闭校园。纳瓦被要求直接回家不许在街上闲逛，他回到了位于阿维拉大街（Rua Major Ávila）16 号的伯父家里，发现从早上开始家中已有三个人病倒了。

对于突然降临的疾病大潮，这座城市毫无防备。医生们忙得焦头烂额，好不容易回到家里，却发现还有更多的病人在等着他们。“阿热诺尔·波尔图（Agenor Porto）告诉我，为了能休息一会儿，他只能偷偷躺在自己那辆单排座的小汽车里，身上盖着麻布袋子。”食品开始短缺，尤其是牛奶和鸡蛋。被称作“卡里奥卡（Carioca）”的里约居民开始恐慌，报纸上也说城里的情况在恶化。 051
“有传言说，饥饿的盗贼和咳嗽着的病人攻击了面包房、仓库和酒吧……塞满鸡肉的菠萝蜜是留给那些拥有特权的上层人士和政府官员享用的，由警卫守护着，就在垂涎欲滴的人们的眼皮底下被送走。”

也有饥民闯进了阿维拉大街上的住宅。“我懂得了与匮乏相伴的日子是种什么情况。”纳瓦说，“有一天，我们去了一个拥挤的鱼市，第二天又去了一个卖啤酒、烈酒和橄榄油渣的市场。我还能清楚地记起第三天的早上，没有早饭，什么吃的喝的都没有了。”71 岁的恩内斯·德·索萨戴上宽檐帽，拿起防身的拐杖和一只柳条篮子，出去看看能为饥饿的家人搞些什么东西回来。陪着一起出去的是他因大病未愈而“脸色苍白、胡须蓬乱”的侄子埃内斯托（Ernesto）。“过了好几个小时，他们才回来。埃内斯托提着一个袋子，里面有玛丽饼干（Marie biscuit）、一点儿培根和一罐鱼子酱，伯父手里抱着 10 罐炼乳。”这些宝贵的储备物资由尤金妮亚伯母严格分配，“阿维拉大街上的这座房子就好像变成了西奥多·杰利柯（Théodore Géricault）所绘的《美杜莎之筏》（*The Raft of the Medusa*）中三桅战舰**美杜莎号**沉船后的救生筏。

家里来了一位不速之客：纳瓦的外公从临近的米纳斯吉拉斯州（State of Minas Gerais）路过这里。他说他们那里几乎还没有发生疫情。他首先要求的是带他去看看红海滩（Praia Vermelha）和糖面包山（Sugarloaf Mountain），他的外孙便带他出去了。站在共和广场（Praca da República）前，纳瓦迷惑不解，这个位于城市中心的偌大空间竟然这么空荡，有如荒凉的月球。“46 年之后的 1964 年 4 月 1 日，我再次目睹了相同的景象，那时正值剧变时期[1]。”

他回忆起抬头望见的灰蒙蒙的天空和挂在那里好像一块黄色污渍的太阳。“阳光照进眼里像沙子一样，很疼。呼吸的空气是干涩的。”他的肚子咕噜噜地叫着，头也很疼。回家的路上，他在电车上睡着了，做了一个噩梦，梦见自己所站的楼梯崩塌在脚下。火烧火燎的一阵头疼把他惊醒。被外公送回家以后，纳瓦就陷入
052 了疾病的魔爪。“我在那道楼梯上滚来滚去……每天都是幻觉不断、大汗淋漓、胡言乱语。”

在纳瓦患病的那个时代，里约热内卢是一个年轻共和国的首都。1889 年，一场军事政变结束了皇帝佩德罗二世（Emperor

---

① 指巴西 1964 年 3 月发生的军事政变，若昂·古拉特（João Goulart）政府被推翻，政变军人建立了巴西历史上第一个军事独裁政权。

Pedro II）的统治，加上此前一年奴隶制度刚被废除，带来了大批得到解放的黑人和所谓“穆拉托（mulatto）”的黑白混血奴隶。当中最穷的一部分人搬进了位于城市中心的“贫民窟（cortiço / slum）”——“cortiço”在葡萄牙语里原指“蜂巢”——该地区不仅通风不畅，而且经常缺乏流动的水源，排水系统也不健全。这里的生活条件比从城市周边伸展出去的“棚户区（subúrbio / shanty town）”还是要好一些的，只是这里更加引人注目。里约的白人中产阶级认为贫民窟里的人才是这座城市名副其实的寄生虫。阿卢希欧·阿泽维多在他的小说《贫民窟》中表达了这些人所引发的恐惧。

> 两年来，贫民窟一天天地扩展，愈发强大，不断吸收着新鲜血液。隔壁的米兰达（Miranda）对这个野蛮粗鲁而生机勃勃的世界日渐警觉和惊骇。难解的愤恨像丛林一样在他的窗户下面生长，根系粗大如巨蟒，却又比毒蛇还要阴险。它大肆破坏，就要在他的院子里破土而出，撼动房屋的根基。

巴西总统弗朗西斯科·德·保拉·罗德里格斯·阿尔维斯（Francisco de Paula Rodrigues Alves）于1902年开始执政，而后开展了一个雄心勃勃的城市改造项目，旨在将里约打造成一个展示现代与共和文明的窗口。他眼中的“美丽之城”不能包含贫民窟。瘟疫滋生之处的居民于生物学层面已被宣判：“注定陷入营养不良和疾病肆虐的残酷处境而不能自拔。”[11] 这些贫民窟被夷为平地，居民也被赶走。为了修建里约布兰科大道（Avenida Rio Branco），600户家庭的房屋遭到毁坏。于是，当美国旅

053 行作家哈丽特·查默斯·亚当斯（Harriet Chalmers Adams）在1920年描写这座城市时，她可以这样写道："城市的这个部分从此变得凉爽怡人，习习的海风吹拂着两端都与滨水区相连的宽阔大道。"[12] 作为里约的一个特色，不同阶层的人可以轻松地聚在一起进行娱乐——特别是有音乐和舞蹈相伴——这一特色现在已一去不返。里约人的生活中再也没有机会令富人和穷人跨过不可逾越的鸿沟。

总统也致力于采取措施使城市摆脱传染性疾病，并为此得到了一位医生的帮助。奥斯瓦尔多·克鲁兹（Oswaldo Cruz）在1904年就任公共卫生总局局长，并发布指令实施一场针对天花病毒的强制免疫行动。当时，绝大多数巴西人还不懂得微生物理论。对许多人来说，这是第一次体验到一种非同寻常的由国家对公共卫生进行的干预。里约的穷人中爆发了骚乱。在这场"疫苗叛乱（Vaccine Revolt）"中，暴力事件多次发生。它所反映的是更广泛意义上的阶级斗争，关乎城市应当为什么人服务——是巴西的普罗大众，还是那些来自欧洲的精英。[13]

十年之后，疫苗已经为多数巴西人所接受，但是直到克鲁兹于1917年去世以后，对他的反感依然存在。这一后遗症对里约人应对1918年的新疾病的方式也产生了影响。10月12日，当流感随着大河俱乐部的高雅客人开始蔓延时，讽刺杂志《鬼脸》（*Careta*）表示非常担心，对于这种仅仅"针对老年人的疾病"，政府可能会将危险性夸大，并以此为由实行"科学独裁（Scientific Dictatorship）"，进而侵犯人民的公民权。这篇报道将公共卫生总局局长卡洛斯·塞德尔（Carlos Seidl）刻画为一个惊慌失措的官僚，政客们轻视他有关微生物通过空气传播的讲话，也不认可他所坚称的"达喀尔的尘埃可以飘到这么远"的说辞。这场流行病甚至被别称为“塞德尔的瘰疬（Seidl’s evil）”。到了 10 月底，有 50 万里约人，即超过总人口的一半已经患病，里约的舆论引导者中仍有人怀疑这并非流感。[14]

当时，城里已经积蓄了大量来不及掩埋的尸体，以至于有人开始担心这会给公共卫生带来隐患。“在我们那条街上，”一个里约人回忆，“从窗子望出去，你就能看到大片的尸体。人们把尸体的双脚撑住，使其靠在窗台上。这样，公共援助机构就会来把尸体运走。但是，这项服务不够及时，最后空气中开始弥漫臭味，尸体开始膨胀腐烂。很多人就把尸体直接扔到了街上。”[15] 054

“警察局局长几乎就要急疯了。正当此时，著名的狂欢节浪荡客若曼塔（Jamanta）提出了一个方案”，纳瓦写道。白天，若曼塔是何塞·路易斯·科代罗（José Luís Cordeiro）颇具影响力的《早报》（*Correio de Manhã*）的一名记者。这是一份倾向于反对临近的狂欢节照常举行的报纸。到了晚上，他则变成了另外一个人，一个恶搞者。他“学会了开有轨电车，却只是因为好玩，这绝对是像他这样一个波西米亚式的夜猫子能干得出来的事情”。

当《早报》得知，由于内部员工也纷纷患病，公共援助机构已无力按照通常的时限来完成任务时，若曼塔决定自己来干。“他向老板要了一节行李车厢和两节二等车厢，开着它们从北到南一路扫过整个城市。”载着这些可怕的货物，他独自穿行黑暗空旷的街道，驶向位于里约北面的卡茹（Cajú）的圣方济各沙勿略公墓（São Francisco Xavier Cemetery）。到了那里，他卸空这辆不祥的，“如同幽灵列车（Ghost Train）或德古拉之船（Dracula's Ship）① 的”拖车，然后掉转车头再跑一趟，“即使太阳已经升起”。

在卡茹的公墓门口，丧钟被一刻不停地敲响着，住在附近的人几乎要被逼疯了。掘墓人根本忙不过来，有 1000 具尸体等着下葬。为了节约时间，他们只挖出浅浅的墓穴。“有时候挖得太浅，地上会突然冒出一只脚”，一位作家，纳尔逊·罗德里格斯（Nelson Rodrigues）如此回忆。[16] 临时掘墓人都是出大价钱雇来的，“后来罪犯也来了，”纳瓦写道，“一片混乱。”犯人们被派来清理积压。流传着许多可怕的说法：戴着珠宝的手指和耳垂被切下来；年轻姑娘的裙子被撩开；恋尸癖；有人被活埋。据说，每
055 天夜里的同一时间，医院会给救治无望的病人端来“子夜茶”，让他们加快脚步走向“圣屋”——这是卖棺材的人对墓地的委婉说法。

这些谣言要么是真的，要么就是某种集体的幻觉，是一座城市出于害怕而释放出来的想象。就像纳瓦最后总结的，这无关紧要，因为效果是一样的。恐惧改变了一座城市，使其现出“终灭（post-apocalyptic）”的一面。足球运动员在空空的体育场里踢球，里约布兰科大道人影荒芜，所有夜生活全已消失。如果你在街上看到一个人，他一定是匆忙而过。人们总是在奔跑，是血红色的天空下一道黑色的剪影，面孔扭曲如蒙克的《呐喊》。“熬过那段日子的人，他们的记忆总是失去了色彩”，纳瓦如此写道。也许和很多病人一样，他也亲身体验过那种怪异的对色彩认知的扭曲。

---

① 这个典故出自爱尔兰作家布莱姆·斯托克（Bram Stoker）1897 年出版的小说《德古拉》（*Dracula*）。在小说中，德古拉伯爵离开自己的城堡后登上了一艘俄国船。在前往英格兰的航程中，他靠船上的船员维持生活。最后，只有船长的尸体在船头被找到。

“没有一丝色彩的晨曦，没有天空中蓝色的荫翳，也没有薄暮的晕影或银色的月光。每一件东西都蒙上了烟灰或锈红，让人回想起阴雨和葬礼，烂泥和黏痰。”

从病床上爬起来的时候，消瘦虚弱的纳瓦又坐在了临街的窗边。“短短一个小时里，我看到了三拨人数不多的去参加葬礼的队列走过梅斯基塔男爵大街（Rua Barão de Mesquita）。”一个佣人告诉他，他所倾慕的那个女孩已经病得非常严重了。纳瓦挣扎着爬上楼梯，从奈尔的房门望进去，马上被眼前的景象惊呆了。她再也不是美艳照人，肤色失去了光泽，双唇乌青皲裂，头发黯然无光，双颊瘦削凹陷。“她的变化如此之大，如同换了一个人，仿佛已被邪灵缠住。”

奈尔死于 11 月 1 日万圣节（All Saints’ Day）[1]。那时疫情已经开始消退，里约的生活逐渐恢复正常。天上下着瓢泼大雨，挂着白色遮帘的灵车由埃内斯托陪护，好像消失在“一个水族馆里”。晚上回来以后，埃内斯托告诉其他人，棺材被放进了一个浸满水的墓穴。五年以后，当尤金妮亚伯母取回奈尔的遗骸时，发现她 056
竟然还没有完全腐烂，只是已经黑得像一具木乃伊。掘墓人解释说，这是因为她的遗体被保存在潮湿无氧的环境中。

奈尔被重新下葬。两年以后，她的清洁骨殖被移往家族墓穴。她给纳瓦留下的永不褪色的记忆是一位身着白裙的“如大理石一般美丽的新娘”，微启的双唇露出悲伤的笑容。她所栖身的白色棺柩映照在无限的阿维拉大街 16 号的威尼斯镜廊中。“现在，她

---

① 西方的传统节日，系每年的 11 月 1 日；而在中文语境里，人们常把“Halloween”（万圣节前夜）讹译为“All Saints’ Day”（万圣节）。

已经属于那遥远的过去，如同布匿战争（Punic Wars）[①]、古埃及各王朝、米诺斯王（King Minos）[②]或者那个行为不端而又可怜的第一个男人[③]。”跨越漫长的五十年时间，这位退休的医生向她道别：“愿你安息！甜美的姑娘。”

---

① 指古罗马与迦太基在公元前264~前146年为争夺地中海沿岸统治权而进行的三次战争。

② 希腊神话中的人物，克里特之王，宙斯和欧罗巴的儿子。

③ 指同夏娃一道偷食禁果的亚当。

第三部分 Manhu——疫病的命名

1918 年 10 月，《家》，埃贡 · 席勒绘。

第 5 章　第 11 号病

每当对生命出现一种新的威胁，首要的，也是最紧迫的事情就是为它命名。当它有了名字，我们才能提及，才能为它制定一个解决办法并付诸实施，或者将其放弃。如此说来，控制一个威胁的第一个步骤就是命名，似乎给它起了个名字也就意味着能对它进行控制了。于是，就有了命名的紧迫感，一定要尽快。问题是，在疾病暴发初期，对它的观察还不够全面。它的本质和起源有可能被误解，这就导致了后续的各种问题。为艾滋病（AIDS）赋予的第一个名字，即“与男同性恋相关的免疫缺损（gay-related immune deficiency）”是对同性恋群体的污名化。我们还知道，“猪流感（swine flu）”其实是通过人来传播的，而不是猪，但是当它在 2009 年暴发时，有些国家还是禁止了猪肉的进口。此外，有些疾病的发展会超出它名字的含义。譬如，埃博拉是以中非的埃博拉河（River Ebola）来命名的，但它在 2014 年却给西非带来了一场大流行。寨卡病毒（Zika virus）则跑得更远。1947 年，它在乌干达的丛林中被首次发现，而到了 2017 年，它却给美国造成了重大威胁。

为了防止这类问题的出现，2015 年，世界卫生组织（World Health Organization）发布了一个指南，明确要求疾病的命名不得指向任何特定的地区、人群、动物或食物。名字中不应包括类似“致命”或“未知”等给人带来恐惧的词。相反，应当使用对症状的一般性描述，如“呼吸系统疾病”，以及更有特定指向的限定词，比如“青少年”或“沿海”，最后，还要包括“致病原”的名

称。当不同的疾病在这几个方面出现相同之处，即有必要对它们
062 进行区分时，则应当使用任意的标识，如 1、2、3。

针对这一棘手问题，世界卫生组织的工作团队进行了长时间的艰难磋商。以“SARS”为例，它是“重症急性呼吸综合征（Severe Acute Respiratory Syndrome）”的首字母缩合词。很难想象这个词怎么会对什么人产生冒犯，但这还真的发生了。有一些香港人不喜欢它——香港是在 2003 年暴发了非典型肺炎疫情的地区之一——因为香港的正式名称中也有“SAR”这个后缀，作为“特别行政区（Special Administrative Region）”的缩写。另外，现行指南中要求排除的一些名称，譬如“猴痘（monkey pox）”，又有一部分人认为其中包含着关于疾病的动物宿主及潜在传染源的有用信息。工作团队曾经考虑用希腊诸神的名字来命名疾病（希波克拉底要担心了），或者交替使用男性和女性的名字，就像飓风的命名方式一样。但是，这两种方案最终都被放弃了。他们还曾考虑参照中国曾在 1960 年代采用的方法，用一套数字系统来命名，以避免引起恐慌。在这一系统中，1~4 号疾病分别对应天花、霍乱、鼠疫和炭疽（anthrax）。但是，他们最后决定还是不要进行全方位的修改。现行指南的出发点在于防止出现命名上的重大过失，并且同时为科学家保留一部分的创造性空间。[1]

当然，这个指南在 1918 年还没有出现。而且，当流感在那一年暴发时，它大体上是在全球各地同时出现的，既感染了那些已经知晓了微生物理论的人，也感染了很多还不知晓的人。那些还不知晓的人经常被有关疾病本质的各种不同概念所迷惑。鉴于疾病被宽泛地定义为健康的缺失，那么你是否将一系列症状视为某一种疾病，就取决于你对何为健康状态的预期。你是生活在像悉尼这样富有的大都市，还是生活在澳大利亚内陆的原住民聚

落[1]，这会有很大的区别。1918年，世界正陷于战争，很多国家的政府都有动机（可以说比通常情况下更有动机）把对一场灾难性疾病的指责推到其他国家头上。在这一背景下，这种疾病就可能得到千变万化的各种名字，而事实也的确如此。 063

在流感于5月到达西班牙时，大部分西班牙民众像其他地区的大多数人一样，认为它是从本国的边境传来的。对于他们来讲，这并没有错。美国已经暴发了两个月，而法国也至少有几个星期了。然而西班牙人所不知道的是，为了避免降低士气，流感的消息被参战国的新闻审查机制所阻。[法国军医甚至隐秘地将其称为“第11号病（maladie onze / disease eleven）”。] 直到6月29日，西班牙卫生总监马丁·萨拉萨尔（Martín Salazar）还向马德里的王家医学院宣布，他并没有收到欧洲其他地区发生类似疾病的报告。所以，西班牙人还能埋怨谁呢？一首流行歌曲提供了答案。流感期间，《遗忘之歌》（*The Song of Forgetting*）是马德里的一场热门演出，它是一场基于唐璜传说的轻歌剧，其中有一首迷人的曲子叫作《那不勒斯的战士》（*The Soldier of Naples*）。于是，当一种能使人轻易中招的疾病出现在他们中间，马德里人很快就给它起了个“那不勒斯战士（Naples Soldier）”的绰号。

西班牙在一战中是中立国，新闻不受管制。地方报纸及时报道了“那不勒斯战士”所留下的浩劫，也发布了它已经传播到国外的消息。6月初，巴黎人并不了解流感已经给佛兰德（Flanders）和香槟地区（Champagne）的战壕士兵带来了严重的损害，只是听说在三天时间里就有三分之二的马德里人生病。他们并没有意识到流感疫情在本国早已传播，比西班牙还要早。在法国政府有

---

[1] “Aboriginal Community”，旧译“番社”。

意无意的助推之下，法国人、英国人和美国人开始将它称作“西班牙流感（Spanish flu）”。

毫不奇怪，这个名字并没有出现在同时期的西班牙媒体上。只有一处例外，即西班牙的作者们对此进行了指责。一位名叫加西亚·特里维尼奥（García Triviño）的医生在一份西班牙语的医学刊物上称：“在此声明，作为一个良善的西班牙人，我抗议‘西班牙热病（Spanish fever）’这种说法。”在西班牙，这一名称被许多人看成“黑色传奇（Black Legend）”[①]的最新表现形式。它发源
064 于16世纪欧洲列强之间的对抗，是一种反西班牙的宣传，并把西班牙征服者描绘得比现实中还要残暴。（虽然他们的确曾把印第安人捆起来拴成一串，但是并没有像传说中那样拿印第安小孩喂狗。）[2]

除战争的原因以外，人们还遵循了古已有之的传染病命名规则，即归咎于一个显而易见的他者。在塞内加尔，它是“巴西流感（Brazilian flu）”；在巴西，它是“德国流感（German flu）”；丹麦人认为它“来自南方”；波兰人称它为“布尔什维克病（Bolshevik disease）”；波斯人指责英国人；日本人则怪罪他们的相扑手，因为流感最早是在一次相扑比赛后暴发的，所以，他们将其谑称为“相扑流感（sumo flu）”。

有些名字反映了人类与流感的历史关联。在南罗得西亚（Southern Rhodesia），即津巴布韦的英国殖民者心中，流感是一种相当常见的疾病，于是当局给这场新的痛苦折磨贴上了“真流感［influenza（vera）］”的标签。添加的这个拉丁语单词“vera”

---

① 指对西班牙和西班牙人的负面印象，包括粗鲁、狭隘等，曾在许多非西班牙语作品，特别是新教历史学家的作品中风行一时。

的意思是“真的”，当局以此试图避免人们对这场传染病依然属于流感产生任何怀疑。遵循同样的逻辑，德国医生采取了不同的方法。他们意识到有必要告诫人们，这场新的恐怖是一种被称作“流感”的“上流社会”疾病——这可是那些担心健康的健康人的宠儿——于是他们以“假流行性感冒（pseudo-influenza）”来命名。然而，在那些曾见证了“白人病”的惊人杀伤力的地区，名称与对疾病的识别常常完全无关。“大老爹（Man big daddy）”、“大死亡时代（big deadly era）”，还有无数意味着“灾难”的词语。这些表达方式都曾被用于此前发生的流行病。它们并不区分天花、麻疹或流感，甚至也不区分饥荒和战争。

有些人尚拥有判断力。在弗里敦，一份报纸在对流感疫情拥有更多了解以前，曾认为这种疾病名叫“曼胡（Manhu）”。“Manhu”是一个希伯来语单词，意为“它是什么？”当以色列人经过红海，看到从天空中落下奇怪的物质后，他们用这句话互相询问——后来，从“曼胡”又演化出“吗哪（manna）”，意为“天降的食物”。其他地区的人则用有纪念意义的名字来命名。加纳海岸角（Cape Coast）的居民将流感称为“莫乌尔库德沃（Mowure 065
Kodwo）”，因为在位于那个地区的毛里村（Village of Mouri）里，死于流感的第一个人被称为“库德沃先生（Mr Kodwo）”。[3] 在非洲各地，那个年代出生的同龄人的名字也使疾病被永久地铭记下来。例如，尼日利亚的伊博族（Igbo）将出生于 1919~1921 年的人称为“流感年代人群（ogbo ifelunza / the influenza age group）”。很明显，“ifelunza”是“influenza”的变体，在那一年的秋天，它第一次走进了伊博语的词典。

随着时间的流逝，人们逐渐发现，其实并没有那么多的地方性流行病，而只有一种全球性的大流行病。那么，就有必要在一个统一的名称上取得共识。被正式采用的就是世界上最强势的几个国家，即第一次世界大战的战胜国已经使用的名字。随后，这次全球大流行便以“西班牙流感”的名字为人熟知——俄语为“ispanka”，葡萄牙语为“espanhola”，法语为“la grippe espagnole”，德语为“die Spanische Grippe”——于是，一个历史性的错误自此被固定下来。

第 6 章　医生的困境

流感有了名字，仿佛敌人有了面孔。但是 1918 年的医生们 066
所称的“流感”是什么意思呢？其中最富有远见的人认为“流感”所指的其实是一系列的症状，包括咳嗽、发烧和疼痛，这些都缘于那种以其发现者理查德·费佛的名字命名的细菌。如果一个病人走进医生的诊室，诉说他的不适感受，医生就会进行临床检查。他可能会给病人量体温，询问症状，还要寻找病人的颧骨上那些能够说明问题的红褐色斑点。这些可能就足以让医生确信病人患上了流感，但如果是一位谨慎的医生，他就还要再从病人的呼吸道分泌物（这是咳出来的痰的文雅说法）中取样，将里面的细菌在凝胶状的培养基中培养，然后在显微镜下观察。他知道费佛氏杆菌的样子——费佛本人在 1890 年代曾为它拍照——如果医生看到了它，就可以最终确诊了。

麻烦之处在于，虽然通常都可以在人的喉咙里发现费佛氏杆菌，它却并不是流感的元凶。1918 年，医生在一部分病人的培养菌中发现了它，却并不是全部都有。这就推翻了伟大的罗伯特·科赫的第一条假设。科赫为特定微生物导致特定疾病的理论定下了四条标准，第一条就是受到疾病侵害的生物体内一定会有大量的微生物，但是健康的生物体内则不会有。流感当然是由病毒引起的。一个病毒只是细菌的二十分之一，用光学显微镜观察 067
不到。换句话说，即使他们怀疑是病毒导致了流感，也没有办法发现它。这就是 1918 年的医生所面临的困境：他们不清楚流感的起因，所以无法作出准确的诊断。这一困境又带来了更多的麻烦。

人们很容易地确信春季暴发的大流行是流感，但是当秋季波次暴发时，却有很多人怀疑它并非同一种病。即使在没有发现任何鼠疫病例的美国和欧洲，人们也开始担心这种致命疾病已在他们中间暴发。在热带地区，因为同样是以发烧和头疼开始，它被误认为是登革热。在伊斯坦布尔，有传言它是霍乱，因为霍乱也会使皮肤发紫。当时，哈米迪耶儿童医院（Hamidiye Children's Hospital）的一位医生声称它比所有的疾病都要厉害，“这是一场未被称作瘟疫却比瘟疫更加危险且更加致命的灾难”。[1]

一些医生认为他们正在对付的是斑疹伤寒。那是一种同样以发烧、头痛和全身不适等流感样症状开始的疾病，长期以来被视为社会崩溃之病。它摧毁了拿破仑从莫斯科撤退的大军，也暴发于 1945 年的贝尔根－贝尔森集中营（Bergen-Belsen concentration camp），年轻的日记作者安妮·弗兰克（Anne Frank）可能就死于其中。1918 年，苏俄正陷于内战，彼得格勒的一位医生写道，它“像路人的影子一样紧随着列宁的共产主义而来”。[2] 这个国家同时经受着斑疹伤寒和流感的肆虐，在病人大量出疹子之前，医生们通常很难对二者加以区分。

在智利，医生甚至都没有考虑过流感的可能性。1918 年，智利的知识分子沮丧地确信自己的国家正在走下坡路。经济摇摇欲坠，劳动争议频发，而且有一种看法是政府过多地受到外国势力
068 的支配。当一个新的疾病侵袭这个国家，虽然他们已经读到了关于流感已经在周边国家流行的报道，但一小撮显赫的智利医生还是认为这是斑疹伤寒，并将它归咎于穷人和工人。鉴于这些人日常生活的卫生条件糟糕透顶，以及由此带来的不良行为，他们被认为是“自身贫困的始作俑者”。

斑疹伤寒是通过虱子传播的，这就意味着它并不像靠呼吸传

播的流感那么容易扩散。于是，智利医生就此认为没有理由禁止大规模聚集。在杰出飞行员达格贝托·戈多伊中尉（Lieutenant Dagoberto Godoy）于 1918 年 12 月完成了首次跨越安第斯山脉的飞行后，欣喜若狂的人群在首都圣地亚哥的街头欢迎他们的英雄。很快，这座城市的医院就开始因缺乏床位而拒收病人了。与此同时，卫生防疫部队投入了一场战斗，与假想的斑疹伤寒疫情作战。他们闯进穷人家里，勒令人们脱光衣服，洗澡并刮掉体毛。在帕拉尔（Parral）和康塞普西翁（Concepción），他们强制驱逐了几千名工人并将房屋付之一炬。这种策略很可能反而加剧了疾病的流行，因为它使得大量无家可归者不得不相互暴露在风雨中。

1919 年，全球大流行依然在这个国家肆虐，一名年轻女子胡安娜·费尔南德斯·索拉尔（Juana Fernández Solar）加入了洛斯安第斯（Los Andes）的赤足加尔默罗会（Order of Discalced Carmelites）①。在几个月的时间里，这位将自己称为“耶稣的德兰（Teresa of Jesus）”的初学修女虽因病于 1920 年 4 月离世，却在“面对死亡的威胁”时践行了自己的宗教誓言。后来，胡安娜被封为圣徒，并作为智利的主保圣人以“安第斯的德兰（Teresa of the Andes）”为英语世界所熟知。史书上说她是死于斑疹伤寒，但是有充足的理由相信她其实是死于西班牙流感。[3]

---

① 该修会系两位西班牙圣徒，创立者圣亚维拉的德兰（Saint Teresa of Ávila，即“耶稣的德兰”，也译“圣女德肋撒”或“大德兰”）和共同创始人圣十字若望（Saint John of the Cross）在 16 世纪对加尔默罗会（也称“圣衣会”或“迦密会”）进行改革后而创。

中国山西省的案例最为清晰地说明了医生的困境，因为它告诉我们在那样的地方确定一种呼吸系统疾病是多么困难：和世界上很多地方一样，一个个村庄与世隔绝且难以到达；人们穷困潦倒，经
069 常处于营养不良的状态，同时还遭受着其他疾病的折磨；他们还反对西医，形成了一种根本不可能认真开展科研工作的环境。

初步的诊断

山西位于中国北方，邻近内蒙古，为高山大川环绕，到处是断壁、沟壑和坚如磐石的高原，自古以来是豺狼虎豹的栖息之地。作为一项抵挡游牧民族的工程，万里长城蜿蜒而过。它与戈壁沙漠吹来的沙尘暴一起提醒着我们，此地是何等偏远。1918 年时，这个省份的人们多数生活在村庄里，住着于山坡上挖出的窑洞，村镇则以老式的土炮来防御外敌。其所处的地质和地理环境，以及与外部世界的冲突，一道塑就了他们的隔绝状态，而所有这些因素都是有迹可循的。这些人醉心于所拥有的古老文明，甚至连其他保守的中国人也认为山西人很保守。

1911 年的辛亥革命掀翻了中国的最后一个帝制王朝，建立了新的共和国。在北京、上海和天津这些大城市，变化已经发生。新文化运动向 4000 年来中国社会赖以存续的那些条条框框发起挑战，它特别对传统中医怀揣蔑视的态度。1915 年，新文化运动的领袖之一陈独秀曾说："中医不知科学，既不解人身之构造，复不事药性之分析，菌毒传染，更无闻焉。"[4] 而到了 1918 年，这些观念尚未传播到大都市以外的地区。在山西，很多人依然以为清廷还是他们的唯一合法统治者，依然相信疾病是妖魔鬼怪用一阵恶风吹过来的。当疾病残忍地将人们反复屠戮，他们的第一直觉是

去安抚那些不满的神灵。

虽然革命催生了一个新的共和国，这个国家在现实中却被相 070
互敌对的各省军阀掌控。北洋政府的袁世凯想尽办法使中央政府能对这些军阀多少维持一些控制力，但是他于 1916 年死去，之后就开始了一段军阀之间你争我夺混战一气的动荡时期。山西省的统治者是阎锡山，这是一位曾经参加了革命的军人。革命之前，他曾在日本待过一段时间。与中国不同，日本这个国家早已接受了西方的科学理念。有一次，阎锡山有机会进入一家日本医院，第一次见识了药剂和 X 光机。亲身体会到自己的祖国已远远落后于世界上的其他国家，他从此开始相信是儒家价值观①在毒害中国，并像倒刺一样深深嵌入国家的肌体，将中国牢牢地囿于旧的时代。这位“开明”的军阀决心拔除这些倒刺，即使付出血的代价也要将山西带入 20 世纪。

山西的偏远位置和天然屏障也使阎省长②不必像别的军阀那样害怕周遭虎视眈眈的邻居，进而可以把精力投入到一场雄心勃勃的改革计划中。1917 年，他禁止了蓄辫、吸食鸦片和缠足（在山西，缠足要一直缠到膝盖，以致女人的整个小腿都萎缩了）。一些进步的团体开始出现，如天足会和晨起社。当地的年轻人也被动员起来执行新规。一帮小姑娘在街上追着违法者高喊：“坏蛋！你就不能做个好人！”阎锡山的所有改革都遇到了阻力，其中最不受欢迎的是针对疾病的控制措施。天花和肺结核是这一地区的地方性疾病，加上鼠疫、霍乱和伤寒（typhoid）等流行性疾病频

① 为便于西方读者理解，原书中此处及后文均写作“Confucian values”。实际上，阎锡山儒学功底深厚，其所反对的只是旧思想和封建礼教。

② 1917 年，阎锡山以山西督军的身份兼任山西省省长。

频暴发，有如热带气旋地带刮起的大风一样频繁。阎锡山努力试图在一场疫情发展到流行病的规模前隔离病人，但措施却屡遭阳奉阴违，最终酿成了极大的损害。“没人会对生病或死去的亲人置
071 之不理，因为人们不想被别人指责为不孝”，他的传记中这样写道。[5]孝道，即对父母和长者的尊重，是儒家教条的核心支柱。

在克服这些阻力的斗争中，阎锡山从美国传教士身上学到了很多东西，只有这些人在山西提供西医治疗。1900 年的义和团运动是中国民众为了反对西方列强和日本的控制而进行的暴力反抗（如此命名皆因“练拳”是作为该运动肇始者的秘密团体的一种仪式），许多传教士在运动中惨遭不幸。然而，有几位勇敢者自那以后仍然赶来接替死者的事业。阎锡山对这些人心存敬佩，比如运营汾阳的美国医院的万德生（Percy Watson，音译“珀西·沃特森”），还有作家欧内斯特·海明威（Ernest Hemingway）的叔叔，昵称“威尔博士”的韩明卫（Willoughb “Dr Will” Hemingway，音译“威洛比·海明威”）①。甫一发现新流行病的苗头，这些人就给自己的骡子备好鞍具，直奔发现初始病例的偏远地区，将已掌握的有关卫生、检疫和火化的现代理念付诸实践。

当西班牙流感于 1918 年 10 月到达山西时，他们也是如此行事的，而且阎锡山还将省属警力交予他们调遣。“一户户人家全部死光，”万德生后来写道，“只要疾病侵入一户人家，不死掉八九成的人，它绝不罢休，幸存的往往都是很小的孩子。”他补充道：“保守估计，整个省里至多有不超过 20 个人相信中医治不好这个病。”[6]他可能是有一点夸张了，但这的确很说明问题——山西省在当时已有约 1100 万人口。本地人用他们那由来

---

① 美国基督新教公理会传教士，在山西筹建了“仁术医院”。

已久的办法予以应对："他们把我们院子北边庙宇里供奉的龙王请了出来，敲锣打鼓地从一户人家抬到另一户人家，希望龙王在这噪声中能把城里的妖魔鬼怪驱除。"一位传教士在报告中这样写道。[7]

难以确定的是，万德生的努力究竟取得了何种效果，但西班牙流感在三周以后就退去了。随后的几个月比较平静。到了 1919 年 1 月 7 日，阎锡山又从省会太原给万德生发电报，请他来调查在省城西北部山区新近暴发的一场疫情。汾阳距太原西南约 100 072
公里。万德生带着一队经验丰富的防疫人员出发了，这次的目的地是一个叫作"王家坪"的村庄，从汾阳骑驴要经过五天才能到达。在这样的山区，冬季非常寒冷。村庄众多，但是规模都很小，平均每个村庄只有 3~4 户人家，人们劳作的耕地一直延伸到山顶。当万德生到达新疫情的震中，他发现这根本就不是最近发生的。第一例死亡病例是在一个月以前的 12 月 12 日，但是过了三个星期才被上报。其间，疾病已从王家坪扩散到其余九村，传播的路径包括探望病人的亲戚，或是被雇来抬尸首的人，抑或是一位最后自己也不治身亡的中医。

传教士从一户人家到另一户人家，都要跨过门口的剪刀，很明显这是为了辟邪，"或许能将鬼怪剪成两段"。在其中一个村子里，有两个孤儿被一对夫妻收养，他们以为自己已逃过了这场灾难。"当孩子开始生病时，他们首先想把孩子送到庙里，任他们在那里死去，"万德生写道，"但是这个男人和他的妻子最后又说不忍心如此，于是孩子被铺盖卷起来放在炕*的一端，直到第二天才

* 在中国北方的房子里，用砖头或泥土砌就的可以加热的用来睡觉的台子。

死去。”

万德生不能确定这种新的疾病是什么。他知道王家坪在1918年10月受到过西班牙流感的影响，他也注意到那里的疫情属于“中重度”，但是人们的聚集使之加重了。为了节省唯一的燃料——高粱秸秆——人们总是挤在同一个炕上。然而，这次新发疫情有可能是一种不同的疾病：肺鼠疫。虽然鼠疫的三个主要变
073 种均由鼠疫杆菌引起，但呈现的症状却有所不同。“腺鼠疫”以其标志性的淋巴结发炎为特征，病人的淋巴结会肿胀疼痛；“败血症型鼠疫”则经由接触病人的血液感染；“肺鼠疫”会伴有发冷和血痰。在这三种类型中，肺鼠疫是最致命的，也是传染力最强的，因为它可以通过空气来传播。

王家坪的第一个死亡病例发生在12月12日，但是万德生发现，在同一地区的另外一个村子里，有一个老妇人于11月28日死亡。他很确定这名女性是死于西班牙流感，因为她曾流出大量的鼻血，这是那种病的一个典型症状，而肺鼠疫却没有这种症状。按照习俗，老妇人在院子中一口敞开盖子的棺材里停尸十日，以供亲族祭奠。“就是在这个院子里，王家坪的第一例死亡病人在患病前曾进来搬运过东西。”万德生写道。

万德生在秋季的那场疫情和12月份的疫情之间发现了直接的联系。这样来看，他现在面对的是西班牙流感的一个新的波次，或者是上一个波次的尾声。但是，他却犹豫着没有作出确诊。王家坪的最近一次疫情同时具有高传染性和高致命性。暴露在病人面前的人约有80%都被传染了，并且没有人能够从中康复，这种情况更像是鼠疫而非流感，而且与上一波流感疫情也不完全相同。解决问题的唯一方法就是进行一次尸体解剖，可是万德生认为这不是明智的举动。在清朝，损毁尸体是被严厉禁止的，到了民国

时期也并不能为保守的中国人所接受。他还想继续得到本地人的支持，以便他们能够配合隔离呢。

他和助手小心翼翼地想办法从几个死者身上，通过吸引用注射器获得了几个痰液和肺脏组织的样本。万德生回忆，他们穿着防疫服，戴着口罩和遮风镜爬上了山坡，“我担心我们没有办法改 074
变中国人对鬼神的观念”。他们刚一取到想要的东西，就来了一支埋尸队，戴着面罩，穿着罩衣，手持处理尸体的铁钩。医生的显微镜检查并没有发现鼠疫菌，而万德生在抽吸出来的肺脏组织中看到了水肿和膨大的迹象，这些都在强烈地提醒他西班牙流感所造成的破坏。

这场“新的”流行病于 1 月 25 日结束，三分之二的死亡病例发生在万德生到来以前。为了表示感谢，阎锡山向汾阳的美国医院捐赠了土地，并且添加了两名中国员工，以表彰他们为抗击疫情作出的贡献。他对传教士的赞赏获得了回报。“他的兴趣广泛和性格中的冲动与活力，多少让人想起了西奥多·罗斯福（Theodore Roosevelt）[①]”，汾阳传教团的一名成员如此吹捧道。[8] 还会有其他的流行病掠过这一省份。过了一段时间，针对这位省长的现代化努力所取得的成果，万德生以自己的实用标准作了评估。这项标准就是，当一场疫情开始暴发时，有多少村庄同时自行组织了隔离。虽然没有给出细节，但他显然对结果感到满意。到了 1930 年代，山西已被视为“模范省”，而阎锡山则被誉为“模范省长”。

---

① 1901 年威廉·麦金莱（William Mckinley）遭无政府主义者刺杀，时年 42 岁的西奥多·罗斯福以副总统的身份继任美国总统，成为美国历史上最年轻的在任总统。他激进而富有活力，以独特的个性和改革主义政策著称，是美国历史上最伟大的总统之一。

第 7 章　上帝的愤怒

075 英国记者理查德·科利尔写道："曼谷英国大使馆的医生 T. 海沃德·海斯（T. Heyward Heys）沮丧地发现自己绝大部分的获奖玫瑰都已枯萎和凋谢。"猫头鹰神秘地飞到葡萄牙的帕拉纽什达贝拉（Paranhos da Beira）——一个从不知道猫头鹰为何物的小山村——在每一个窗台上轰轰轰地刺耳地尖叫。同时，当晴朗的天空突然变得昏暗却没有刮起风暴，一位蒙特利尔的"信仰治疗师（faith healer）"预言一个瘟疫的时代即将到来。[1]

恐惧能使人更加警觉，促使他们去注意那些平时不会注意到的东西，关注某种特定联系却将别的联系忽视，记住以前那些被他们认为荒唐的预言。中世纪的编年史作家已告诉我们在 1340 年代欧洲暴发黑死病之前的几个月里发生了何种情形。有人看到成群的蝗虫漫天飞舞，暴风雨带来的冰雹"大得吓人"，蜥蜴和蛇从天而降。这些恐怖的事情证明了空气变得腐坏，并将带来更恶毒的魔鬼——瘟疫。[2] 这符合中世纪关于瘴气或坏空气是疾病成因的理论。到了 1918 年，微生物理论已在很大程度上替代了瘴气理论，但盖伦的观念依然潜藏在人类的心灵深处，随后得到了复活的机会。

有些人声称，从留在杀戮战场上的死尸中蒸腾起来的有毒气体是流感暴发的原因。在爱尔兰，新芬党（Sinn Féin，意为"我们自己"）[①]的公共卫生负责人凯瑟琳·林恩（Kathleen Lynn）向党

---

① 新芬党主张建立一个完整的爱尔兰共和国，是爱尔兰共和军的正式政治组织。

的委员会报告说发烧工厂正在“佛兰德开足马力地生产”，而且“有毒物质正从几百万尚未下葬的尸体上不断散播到空气中，被风 076 带到了世界各地”。[3] 也有人怀疑这是由某一交战国策划的生物武器，是一个以人为媒介的秘密项目。这个猜测并不像乍听起来那么怪异。生物武器已经有了很长时间的不光彩历史。第一个例证可能早在 14 世纪就出现了，当时正在围困黑海港城卡法［Kaffa，即今乌克兰的费奥多西亚（Feodosia）[①]］的蒙古大军意识到他们已被鼠疫感染，于是便把死尸从城墙上抛进城里。鼠疫随之在城中蔓延，少部分人带着它向西逃走。时间回到 20 世纪，当协约国的民众伸手去拿由德国拜耳公司（Bayer）生产的一盒盒阿司匹林时，他们不禁怀疑里面除了药片可能还有别的东西。与此同时，在美国华盛顿特区，报纸上发表了应急船队公司（Emergency Fleet Corporation）健康卫生部门主管、海军上尉菲利普·S. 多恩（Lieutenant Philip S. Doane）的评论。他指出，德国 U 型潜艇像幽灵一样靠近美国海岸并蓄意施放了流感。“在欧洲，是德国人最先制造的传染病疫情，他们没有理由那么客气地放过美国”，报纸援引了他的说法。[4]

当人们清楚地看到战线两侧的士兵都像被拍死的苍蝇一样纷纷倒下，上述这些理论就有如海斯医生的玫瑰花，全都枯萎和凋谢了。但另有一些理论如同看不见的手取代了它们的位置。不然人们又该如何解释这种疾病的惊人残酷性呢？起初，人们就清楚地发现在老年人和婴幼儿之外，这次流感偏爱那些处在生命黄金阶段，也就是从 20 多岁到 30 多岁的人，并且被感染者以男性居多。女性似乎不那么容易被感染，除非她们不幸恰好怀有身

① 该城市已于 2014 年随克里米亚半岛一起被并入俄罗斯。

孕。在怀孕的情况下，她们似乎就丧失了那种无形的屏障，不仅孩子会失去，孕妇本人也会成批地死亡。这一中间人群的死亡高峰年龄是 28 岁，也就意味着西班牙流感推倒的是每个家庭的顶梁柱——包括从战争中幸存的战士——即夺走了一代群体的核心。奥地利画家埃贡·席勒（Egon Schiele）在自己未完成的作品《家》（*The Family*）中为这种残忍留下了证据。这幅画描绘了他自
077 己和妻子伊迪丝（Edith）以及他们年幼的儿子。这个家庭已然不复存在，怀孕六个月的伊迪丝带着他们的第一个儿子于 1918 年 10 月去世。三天后，席勒也死了。在生命的最后三天时间里，28 岁的他画了这幅画。

另外，如果不是出于报复心的驱使或怀恨在心的惩罚，你又怎么解释这种疾病选择其牺牲品的随机性呢？是的，年轻力壮的人都在战场上。可为什么会有某个村庄出现大量的死亡，而临近的别的村庄却几乎毫发无损呢？为什么一个家族的某一支脉幸存下来，而与其平行的另一支脉却遭遇灭顶之灾呢？在 1918 年，这种显而易见的运气使然叫人异常莫名，进而陷入极度的不安。法国里昂的一位医生费雷奥勒·加乌丹（Ferréol Gavaudan）试图向科利尔描述自己的感受。他说，这并不像在前线时所经历过的“肠子的一阵剧痛”，而是“一种冗长的焦虑，某种无法定义的恐惧感紧紧地攥住了城里的居民”。[5]

这种随机性的一个最惊人案例发生在南非。当时，南方两个最大的工业中心是威特沃特斯兰德［Witwatersrand，或称“兰德（Rand）”］的金矿区和金伯利（Kimberley）的由强大的戴比尔斯公司（De Beers Company）掌控的钻石矿区。这两个重要的经济中心催生了一条将二者连接起来的铁路。长长的铁轨有如黑色的触手在南非的大地上蜿蜒蠕动，将廉价的流动工人送入矿山的饥

饿胃肠。火车从开普敦和德班（Durban）等港城驶出，一路深入广大的内陆农村地区，从那里满载上年轻的非洲男子，然后向北奔驰 1000 公里，将他们送到矿产丰富的核心地带。

在向北行驶的 21 天中，随着停靠在一个个穷乡僻壤，简陋的车厢变得愈发拥挤。所以，在斯威士语中，火车这个词原意指的是“狭小空间里的很多人”。可是，如果说这一路上的条件很艰苦，那么与即将到来的生活相比，也只能算是个小小的开始。在矿区里面，工人被分配到的宿舍十分拥挤，混凝土制的铺位被固 078
定在墙上，盥洗设施不足，食物短缺，毫无隐私。矿工们干涩刺耳的咳嗽声总是在这种光线昏暗、通风不良的宿舍里回荡。在金伯利和兰德，肺结核很常见，因为矿工劳作的地下空间狭窄潮湿，非常适合这种病菌滋生蔓延。总的来说，已经遭到某种传染病损害的肺脏更易受到另一种疾病的侵袭。换句话讲，这两个地方的人群在一场呼吸系统疾病面前都是极度脆弱的——另外，从纸面上看，他们至少是同等脆弱的。

在南非的疫情中，钻石矿区和金矿区都是较早受到感染的地方。作为这些矿山拥有者的公司，出于财务和法律方面的原因，每天都要对员工进行点名，因而我们现在能够了解当时的情况。流感用了大约一周时间先抵达了兰德，矿工们立刻就明白这次是一种不同的东西，不是那种时不时就来折磨他们的肺结核流行病，因为这种疾病对新手和老手一视同仁。好在绝大多数病人都痊愈了，这让管理层松了一口气。尔后，他们转过头来冷眼旁观疫情向着金伯利挺进。当看到金伯利的死亡率快速攀升，令人难以置信地达到兰德的 35 倍时，他们的沉着已变成恐惧。超过 2500 名钻石矿区的工人——几近于金伯利全部劳动人口的四分之一——于当年秋季死亡，而卫生官员们并不能解释其中的因由（如下所述，成因已被找到）。

在 1987 年，有 43% 的美国人认为艾滋病是上帝对不道德性行为的惩罚。[6] 而 1918 年，当一个更为神秘的前达尔文时代依然残存在人们的记忆中，更有持续四年的战争撕破了人们的心理防线，人们就更容易倒退回去相信流行性疾病是上帝的安排。人们去寻找，也确实找到了证据来确认自己的信仰。一年之前，在葡萄牙的法蒂玛（Fátima），宗教幻想儿童雅辛塔・马托（Jacinta Marto）和弗朗西斯科・马托（Francisco Marto）以及他们的表妹
079 露西亚・桑托斯（Lúcia Santos）声称，圣母玛利亚已经很多次出现在他们的面前。现在，马托姐弟正在流感中挣扎，却又报出了新的显圣，“圣母显现在他们面前，用简短的声明消除了任何可能的疑问，她会先来带走弗朗西斯科，不久之后再带走雅辛塔，”他们的传记作家写道，“他们的嘴唇因发烧而干涩，在微笑的牵扯下开裂。”两个孩子按照命定的顺序死去，埋葬他们的地点成为一处天主教的朝圣地。[7]

但是，如果说西班牙流感是来自上帝的惩罚，人类又是因为什么罪行而受到这样的惩处呢？对这一问题有着各种各样的解释：当然是毫无意义的战争；此外——根据你在社会中所处的位置——比如底层民众的堕落，以及本地人受到的来自殖民者的剥削。而对另一些人而言，它是在对某种更具深刻意义的事物作出报应：人类，作为一个整体，对真理之路的背离。这样一个例子就发生在西班牙的一座城市中。

一次重大胜利

西班牙城市萨莫拉（Zamora）因令人印象深刻的防御工事而

被视为拥有“良好的封闭性”。它位于西北部的卡斯蒂利亚－莱昂（Castile and León），横跨在杜罗河（River Duero）上。因有着浓厚的宗教色彩，至今还以圣周（Holy Week）[1]中戴着风帽、赤着脚沮丧地游行的忏悔者而闻名于世。1914 年，当这里的居民得知他们将要迎来一位新主教后，响彻全城的钟声持续了三天。几个月以后，这位主教终于到来。他迈步走下一列特别包租的火车，踏上了挤满祝福者的站台。在烟花齐放中，欢乐的人群簇拥着他走向主教座堂宣誓就职。作为一份教会认可的报纸，《萨莫拉邮报》（*El Correo de Zamora*）承认了新主教的权威，盛赞其年富力强且口才出众。

这位名叫安东尼奥·阿尔瓦罗－巴亚诺（Antonio Álvaro y Ballano）的主教年仅 38 岁，却已在事业上取得了辉煌的成就。作为瓜达拉哈拉（Guadalajara）一所神学院的学生，他于所涉猎的 080
每一门功课都取得了优异的成绩，并在 23 岁那年喜欢上了形而上学。从一场激烈的竞争中脱颖而出后，他成为西班牙最重要的托莱多总教区（Archdiocese of Toledo）的主教座堂咏祷司铎班的资深成员，并引起了西班牙首席主教桑查枢机（Cardinal Sancha, Primate of Spain）的注意。1913 年，阿尔瓦罗－巴亚诺接受圣命成为主教。在来到萨莫拉之前，他是托莱多神学院的副院长。

在致教区的就职信中，阿尔瓦罗－巴亚诺说，人应当积极地追求上帝和真理，这二者是同一的。科学似乎于锐意进取中背离了上帝，他对此表示惊讶。理性之光微不足道且“现代社会错误地……为了追求进步而轻视上帝的法则”。他提到那些意图摒弃

---

[1] 在基督教传统中，从棕枝主日开始到复活节前的一周，用以纪念耶稣受难。

上帝“或尽其所能战而胜之”的黑暗势力。这封信中还掺杂着一些与科学有关的典故，从牛顿的万有引力定律到安培定则的实验。但是，这些都在他手中变成了一种隐喻，用以描述人类心灵对上帝的皈依或背弃。[8]

曾经伟大的西班牙殖民帝国正处于衰退中。1898 年的美西战争（Spanish-American War）堪称一场“殖民地的灾难”，它摘走了帝国皇冠上的最后几颗珍宝——波多黎各、菲律宾、关岛，以及最重要的古巴。对 19 世纪的科学和音乐的发展，西班牙没有作出任何重要贡献，而西班牙文学的黄金时期也已成往事。这个国家基本上还处于农业社会，与黑死病在欧洲肆虐的年代相比，许多城镇里的生活条件并没有多少改变，尚有一半人口属于文盲。“马德里的西班牙人尚未习惯于机械和工业化，”美国作家和出版商罗伯特·麦卡蒙（Robert McAlmon）看到，“他们有摩天大楼，却摇摇欲坠；他们有电梯，却很少能用，因而人们害怕它会坠毁；他们有冲水马桶，但即使在最高档的酒店里也经常因堵塞而肮脏不堪。西班牙人尚未现代化。”[9]

081 “那不勒斯战士”于 1918 年秋重返西班牙，首先在该国东部现身，跟随那位主教大人，很快就沿着铁路线到达了萨莫拉。西班牙的 9 月是个聚会的月份。庄家要收割，军队在征兵，还会举行婚礼和宗教节日庆祝活动，更不用说西班牙最流行的消遣“斗牛”了。年轻的新兵，有些来自偏远的省份，都集中在萨莫拉参加例行的炮兵训练。到了 9 月中旬，《萨莫拉邮报》若无其事地报道称：“现在，前线有霍乱，西班牙有流感，而在我们这个半岛上的角落里，有的却是‘狂欢节’。”此后，新兵便开始纷纷病倒。

患病的士兵被安置在这座城市 11 世纪的城堡旧址上的军营里，但这种隔离尝试并未成功，平民中的病人数量开始攀升。与此同时，人力的短缺影响了庄稼的收割，早已实施的食品管制呈现恶化态势。新闻媒体也不再乐观了。9月21日，名义上独立于教会的《萨莫拉先驱报》(*Heraldo de Zamora*)对城里的不卫生状况表示遗憾。萨莫拉看起来就像个“猪圈”，令人羞愧的是，人竟然还和牲畜共享着生活空间，很多房子没有单独的卫生设施和自来水。报纸还重复了一句老生常谈的话，是摩尔人(Moors)[①]给西班牙留下了这种对清洁卫生的厌憎，并严厉地指出，“有的西班牙人只知道肥皂是用来洗衣服的”。

在大流行的第一波次中，西班牙卫生总监马丁·萨拉萨尔曾喟叹官僚主义盛行且资金匮乏的卫生系统没有能力阻止疾病的蔓延。虽然各省的卫生委员会接受他的领导，却缺乏贯彻执行的力量。很快，民众就将他们的举措描述为“可怕的忽视”。譬如说，不明白感染者在移动中会将疾病散播。现在，“那不勒斯战士”又回来了，作为一份全国性的报纸，《自由报》(*El Liberal*)呼吁实行“公共卫生专政”——一项自上而下的控制计划——随着疫情的发 082
展，这项号召得到了更多报纸的重复和响应。

在萨莫拉，有两份本地报纸竭力消除公众的漠视。例如，它们试图讲解什么是传染病。《萨莫拉邮报》告诉读者，流感“总是由一个生病的人传染给一个健康的人，它绝不会无中生有”。医生们也参与其中，但并不总是有所助益。一位医生路易斯·伊巴拉(Luis Ibarra)发表意见说，这种疾病的成因是无节制的性行为使杂质在血液中堆积——这其实就是所谓无度放荡会引发体液不平衡的中世纪理论的变种。报纸上刊登了省卫生委员会发布的旨在尽可能减少疫情传播的指示，特别是提醒民众要远离人群聚集场

① 在历史上，摩尔人主要指伊比利亚半岛的伊斯兰征服者。

所。但当涉及教会活动时——至少以现代的世俗眼光来看——其似乎在心理上还是有所阻隔。比如，某一日的《萨莫拉邮报》既对省长禁止大型聚集活动的决心表示赞同，却同时公布了即将开始的教堂大型弥撒的时间表。

报纸还指责官方淡化了疫情的严重程度，未采取足够的措施保护民众。针对国家的政客,《萨莫拉邮报》写道:“他们使我们失去了陆军、海军、面包和健康……但是好像并没有人主动或被动地辞职。”而地方的政客则长期忽视对传染病医院进行资助的要求，现在，他们再次忽视了由省卫生委员会提出的在城里实行更严格的防疫措施的要求。当附近的一座水电大坝发生故障引起大停电后,《萨莫拉邮报》以极度嘲讽的口吻作出评价：即使在一片黑暗中，饥饿的萨莫拉人民以及他们生活于其中的肮脏污秽也仍然清晰可见。它一语双关地表明，市政厅最为黑暗，他们可以继续给斗牛投资，却没钱为饥饿的人民提供卫生和食物。

9 月 30 日，阿尔瓦罗 - 巴亚诺主教不顾官方的卫生防疫要求，执意举行一次“诺维纳（novena）”，即连续九天的晚祷告，以纪
083 念瘟疫和天灾的主保圣人圣洛克（St Rocco），因为邪恶降临到萨莫拉人身上是“因了我们的罪和不义，由永恒的正义之手降到我们身上”。在第一天的仪式上，当着市长和其他要人，他在圣埃斯特万教堂（Church of San Esteban）向庞大的人群分发了圣餐。而在另外一座教堂，会众被要求膜拜圣洛克的圣髑，也就是排着队去一一亲吻它。

同样是在 9 月 30 日，据报道，来自圣母忠仆会（Servite Order）①

---

① 罗马天主教最初的五个托钵修会之一，1238 年创建于意大利的佛罗伦萨。

的修女多西泰亚·安德列斯（Dositea Andrés）因在军营中照料患病的士兵而身故。多西泰亚修女被形容为“品德高尚的修女典范”，她坦然地甚至是满怀热情地以身殉教。每天睡眠不足四小时的她花费了大量时间哄劝生病的士兵好好吃饭。圣母忠仆会的女修道院院长希望人们都来参加她的葬礼，报纸刊登了这个请求。读者们还得知，主教大人将按照传统对遵从这一意愿的人许以 60 天的宽恕。显然，出席葬礼的人数并未能符合女修道院院长的期望，因为第二天的《萨莫拉邮报》对市民的忘恩负义提出了猛烈的批评。此外，主教大人对诺维纳的参与情况倒是很满意，他将其称为“天主教信条取得的一次重大胜利”。

当秋季波次接近顶峰时，恐惧和困惑给人们带来了更多的不安。牛奶开始紧缺，价格暴涨，因为有医生声称它能够加速康复。本地记者发现萨莫拉死于流感的人数比其他省会城市要高，便尽可能全面地将其传递给读者。他们还一遍遍反复地提及这座城市的不良卫生状况。例如，居民随手就把垃圾扔到街上，好像根本就没人在乎似的。

到了 10 月，盼望已久的“公共卫生专政”终于开始生效。如果商户没有达到卫生防疫要求，比如说如果有人没有把养的鸡关进笼子，政府可以强迫他们关门，还可以对个人进行处罚。省卫生委员会以高额罚款威胁城里的神父，因为他们对记录流感死亡 084
人数掉以轻心。但是，在疫情最严重的这个月里，日常的弥撒依然照旧，甚至到场的会众还有所增加，因为惊恐万分的萨莫拉人都想在教堂里得到短暂的喘息。“Pro tempore pestilentia”的祷告声回荡在罗马风格的城墙内，祷文中承认这场灾难是上帝的旨意，也只有上帝的仁慈才能使它结束。

人们开始变得沮丧，感觉这样的恐怖永远都不会完结，这种疾病已经变得难以摆脱。在 10 月 20 日散发的一封信中，阿尔瓦罗－巴亚诺主教表示，科学已经证明其自身的无能为力："看看它们的大麻烦吧，根本没有找到任何防护和解救的办法，人们开始疏远它们，不再对它们抱有任何幻想，而是把目光转向天国。"四天之后，教会举行了一场宗教游行，以纪念"圣母升天"。民众从四面八方的乡村涌来，挤满了座堂。一份报纸上写道："主教大人说的一个词就足以把所有街道填满。"省政府试图用刚刚获得的权力执行对大规模人群聚集的禁令，主教却指责对方干涉宗教事务。

与其他村镇一样，鉴于向死者致哀的教堂钟声不间断的鸣响使人们更加惊恐，这一习俗已被叫停。但是在其他地方，送葬游行也被同时禁止，而萨莫拉却没有，钟声虽陷入沉寂，哀悼者则继续走过狭窄的街道。即使在平时，棺材——白色棺材是给孩子的——也是大多数人负担不起的奢侈品。现在，谁都弄不到做棺材的木料，肿胀发黑的尸体只能用裹尸布包着运往最后的安息之所。与焚香净化祭坛的仪式相呼应，人们把黑火药撒在街上后并点燃。于是，在这样的秋日里从杜罗河上升起的雾气中，透过混杂其中的呛人黑烟，人们才能模模糊糊地发现走过来的送葬队伍。"整个镇子看起来一定像是着火了"，一位历史学家评论道。[10]

085 11 月中旬，最坏的情况已经过去。主教给他的信众写信，把疫情的消亡归功于上帝的恩惠。在向逝去的生命表达哀悼时，他还赞颂了那些以坚持参加诺维纳和弥撒的方式安抚了"上帝的正当愤怒"的人们，以及那些为了向他人提供服务而失去生命的司铎。他还提到，有些最不热心的信徒也接受了临终的"傅油圣事"，并对他们在其中展现的驯良深感欣慰。[11]

当主教大人写这封信的时候，这场流行病尚未真正结束。第二年春季，它又卷土重来，只是比上年秋季的波次要温和一些。

记者说对了，萨莫拉受到的伤害就是比西班牙的其他城市要严重。但是居民们并没有怪罪他们的主教。可能是因为他们都是听着阿提拉诺（Atilano）的传奇故事长大的。作为萨莫拉的第一位主教，阿提拉诺进行了一次前往圣地耶路撒冷的朝觐之旅，以忏悔自己的罪过并使城市摆脱瘟疫。还有一些人为阿尔瓦罗－巴亚诺辩白，声称他面对着市政厅的怠惰，已经尽己所能地抚慰了信众，而真正的问题是卫生系统的软弱和保健教育的匮乏。在 1919 年末，市政府授予他“慈善十字勋章”，以表彰他在疫情中为解除市民的苦难所付出的英勇努力。他则继续担任萨莫拉主教，直到 1927 年去世。

第四部分　求生的本能

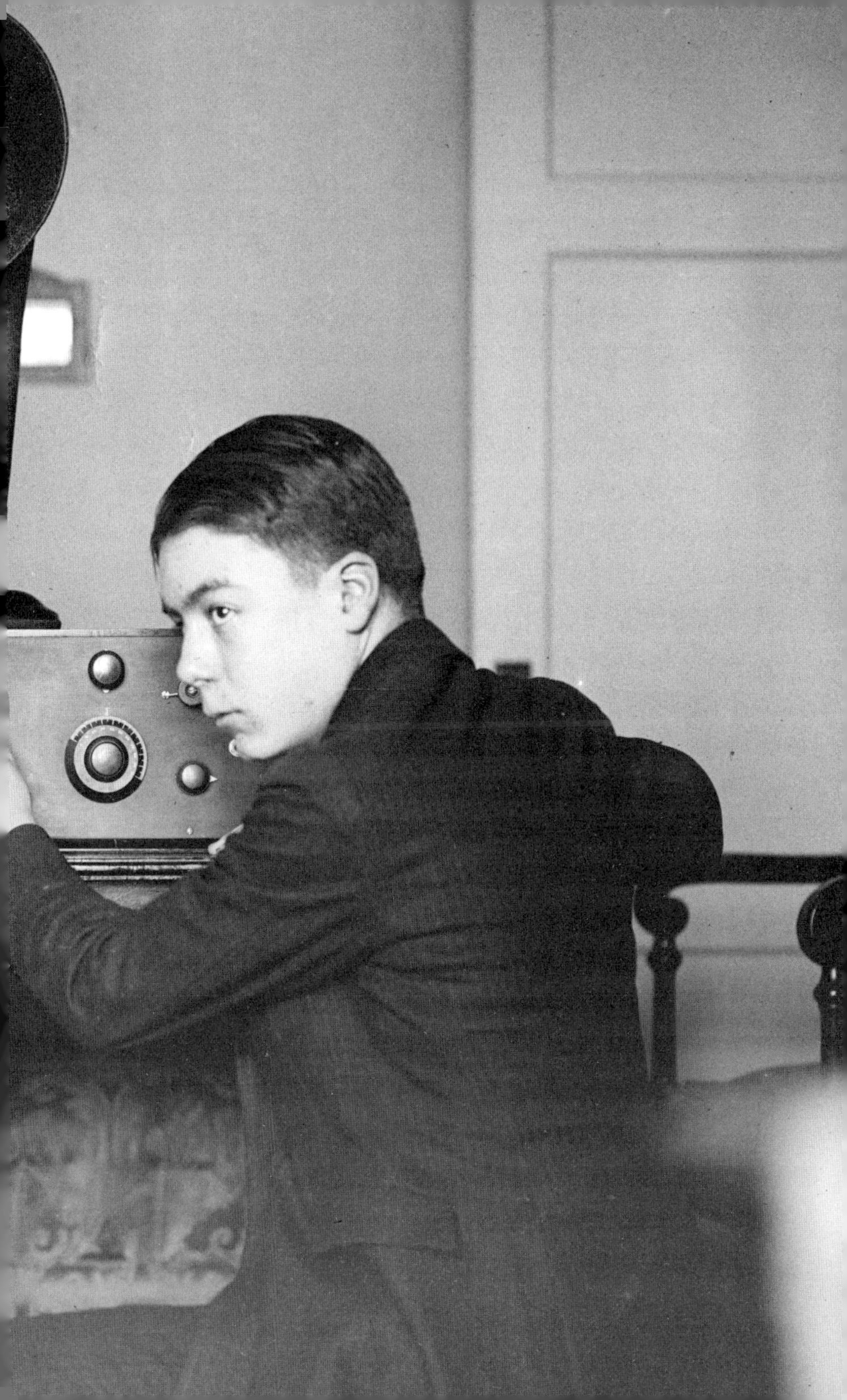

1924 年，华盛顿特区，罗亚尔 · S. 科普兰和他的儿子。

第 8 章　在门上画十字

早在人类理解传染源的性质之前很久，也远远早于人类把流行病的成因归于上帝，“防疫封锁线（cordon sanitaire）”“隔离（isolation）”“检疫（quarantine）”等古老的概念就已经被付诸实践。实际上，早在成为严格意义上的人类之前，我们就已经采取过使自身远离传染源的策略。

读了前述有关西班牙流感症状的描述，你可能会发觉自己的身体中产生了一种厌恶感。长期以来，科学家以为厌恶感只是人类所特有的，后来才把它作为存在于整个动物世界中的一种基本的生存机制。[1] 我们会躲避那些引起我们反感的事物。当传染成为一种威胁时，这种躲避的行为在很多物种身上都能被观察到。“加勒比棘龙虾（Panulirus argus / Caribbean spiny lobster）”生来就具有很强的社会性，但是它会拒绝与另外一只感染了致命病毒的同类共用一个巢穴。一群黑猩猩在野外行动时会与另一群同类保持一定的距离，这不仅是为了防止邻里之间发生争执，也可能是为了躲避传染病。有人注意到，圈养的獾如果生病了，似乎也会受到同类的厌恶，它会缩回自己的地道并用泥土将出口堵住。

这种厌恶感，从它的基本意义上看，可能也成为一种动机，以便动物采用方法卫生地处理种群中死亡的个体。蜜蜂会小心翼翼地把死去的同伴从蜂巢里拖出去，而大象不会丢下死去的同伴不管，总是用树枝和泥土将其覆盖。大象观察者辛西娅·莫斯（Cynthia Moss）称，在乌干达的一座国家公园里，

090 经过一场选择性捕杀，管理员在一个棚子里对砍下来的象耳和象足进行挑选，以便卖出去做成手提包和太阳伞的伞架。一天夜里，几头大象闯了进来，把那些象耳和象足都埋掉了。[2]学者们一致认为，人类在聚集到最初的定居点以后才开始系统化地对死者进行掩埋。在那之前，人们只是把死者弃置于露天后便扬长而去。

几千年来，人类可能和黑猩猩一样，努力躲避彼此身上的微生物。但是，当人类具备了更多定居者的特性，就必须设法拿出新的策略以防止传染病的入侵。比如，在被感染的地区周边画一条线，不允许任何人出来，有时候甚至要付出死亡的代价，这种更有威慑力的防疫封锁线虽然有效但也十分残忍。17 世纪，在英格兰的德比郡有一个亚姆村（Village of Eyam），当那里的人们得知本村已被传染了鼠疫，便立即在村子周围竖起了一道封锁线。待到警戒解除时，已有一半村民相继死去，最终传染病没有外泄。一个世纪之后，奥地利哈布斯堡皇朝在多瑙河至巴尔干半岛一线也竖起了封锁线，防止被感染的近东人进入西欧。除了瞭望塔和关卡，武装的农民也会在附近巡逻，将那些疑似的感染者送入沿线设立的检疫站。到了 20 世纪，防疫封锁线已不被人们青睐，但是它在 2014 年的西非埃博拉疫情期间又一次复活。三个受到感染的国家认为，传染源来自三国共同的边境线附近的一个地区，于是在那里设立了封锁线。

另外一种遏制疾病的方法是强制患者或疑似感染者于家中隔离。这个办法虽然有效，但是监管成本很高。从逻辑上来讲，更有效的办法是把他们集合于一个专门的场所，让他们在那里一直待到传染期结束。而检疫制度是由 15 世纪的威尼斯人发明的。当时，他们强制要求来自黎凡特（Levant）[1]的船只在靠岸之前必须先在港口停留 40 天，进行“隔离”。这个概念其实有着更久远的历史。“若火斑在他肉皮上是白的，现象不深于皮，其上的毛也没 091
有变白，祭司就要将有疾病的人关锁七天，”《圣经·旧约》中记载，“第七天祭司要察看他，若看灾病止住了，没有在皮上发散，祭司还要将他关锁七天。”（《利未记》13：4–5）[2]

在火车和飞机的时代到来前，长距离旅行主要通过海路来实现，因此港口往往成了疾病的切入点，而“传染病院（lazaretto / quarantine hospital）”就建在码头或是沿海的岛屿上。在建筑样式和对待“入住者”的方式上，这些医院都与监狱类似。但有善于经营的商人在 19 世纪发现，这些入住者中间存在垄断的商机。在一些城市中，商人与政府协商，在医院里开设餐厅、赌场和其他形式的娱乐设施——当然，这些服务都是溢价的。（今天，很多过去的传染病院都被改造成高档酒店，因而从价格上讲其实变化并不大。）

进入 20 世纪，疾病控制的问题变得更加复杂。传染病不再总是从海上到来，而大型城市的人口也已达到百万规模。其中的居民不仅与各自有限的社交圈外的人互不相识，甚至讲着不同的语言，信仰着不同的宗教。在这样的现代化城市中，抗击传染病必须要由一个集权政府自上而下地执行。为了做到这一点，当局需要满足三个方面的条件：有能力及时确诊病例，进而确定感染者的旅行轨迹；对疾病传播方式的了解（通过水、空气还是昆虫?），

---

① 这是一个不甚精确的古代地理名称，通常认为是中东地区的托罗斯山脉以南、地中海东岸、阿拉伯沙漠以北和上美索不达米亚以西的一大片地区。

② 本书《圣经》译文均引自“简体和合本”。

以及对可能阻断其传播的措施的了解；还有具备确保人们遵守这些措施的某些方法。

当这三个要素——下述部分我们将具体描述更多的细节——全部到位，就可以非常有效地对疾病进行控制。但是，连中三元的帽子戏法并不常见。经常会有一两个因素缺失，也就是说官方的努力往往只能起到部分作用。在 1918 年的流感全球大流行中，
092 可以看到这三个要素的各种排列组合方式，我们将要探寻其中的两种模式，即美国的纽约和波斯的马什哈德。在这两个地方，大流行刚开始的时候，流感都还不属于应上报的传染病，然而它们的共同之处也就仅止于此。虽然在两座城市自身的努力之外，还有更多的因素塑造了它们在流感中的不同经历，但是，这场全球大流行对它们所造成影响的反差令人非常吃惊：马什哈德的流感死亡率大约是纽约的 10 倍。

标记传染病

发生在中世纪的毁灭性鼠疫催生出疾病控制的理念，即收集有关疾病暴发的数据，以便进行适当且及时的应对，即使不能影响本次流行病的发展，至少也可针对下次疫情作好准备。起初，疾病报告很是粗疏：诊断是模糊的，数字是约略的。后来，数据在广度和精度上都逐渐得到完善。医生开始不仅记录患者和死者的数量，还记录姓名和住址，以及第一次就诊的时间。他们认识到通过汇总和分析这些数据，可以获得有关流行病的来源和传播方式的大量信息。到了 20 世纪，许多国家开始实行强制性的疾病报告制度，并且意识到一个事实，就是传染病是不分国界的。1907 年，欧洲国家在巴黎成立了“国际公共卫生办公室（International Office of Public Hygiene）”，作为疾病数据的集中存

储机构，并负责监督有关船舶检疫的国际规则的实施。

1918 年，如果一位医生诊断出一种需要上报的疾病，他就必须通知地方、州和全国的卫生部门。如果不这么做，惩罚措施将包括罚款和撤销行医执照——虽然很少真的这么执行。只有那些被认为对公共卫生构成严重威胁的疾病才需要上报，比如在美国，1918 年初，只有天花、肺结核和霍乱需要上报，并不包括流感。当时，世界上还没有哪个国家可以自称拥有非常完善的系统以要 093
求医生上报流感。也就是说，西班牙流感轻易地打了我们一个措手不及。

有关疫情的暴发，只有一些本地的报道，这还主要应感谢一部分报纸和认真负责的医生，他们意识到这种疾病真的是重中之重。但是，任何一个中央政府基本上未能作出关于总体形势的概述。官方无法在各个点之间建立联系，也就不知道开始的日期、输入的地点以及传播的速度和方向。换句话说，不存在有准备的预警机制。最终，上报这种疾病的要求姗姗来迟。当古老的直觉被唤醒，人们开始动手关闭舱门时，一切都已经太晚，病魔早已到来。

也有一些地区属于例外，但那主要应该感谢它们的好运气——碰巧处于偏僻的岛屿上。那时候，冰岛的人口不到 10 万，当流感袭来时，消息迅速传开。冰岛人在通往岛屿北部的主干道上设置了路障，并在一条无桥的冰川河流与道路的交会处设置了岗哨，这条河流为东部地区构筑了一道天然的屏障。最后，官方还对进港船只进行了检疫。所有这些措施结合在一起，使得超过三分之一的冰岛民众免于流感的侵袭。

流感经过长途跋涉，用了很长时间，终于抵达了澳大利亚。在 1918 年的北半球夏季，澳大利亚政府听说了欧洲的流感大流行，9 月份又获悉了关于致命的第二波次疫情的骇人消息。目睹着流感的步伐踏过了非洲和亚洲，政府终于在 10 月 18 日开始对所有港口进行检疫（新西兰没有如法炮制）。于是，到了 11 月，当欢腾的人群聚集在悉尼马丁广场（Martin Place）庆祝签署停战协定时，他们独享了一份世界上独一无二的特权，那就是一点也不用害怕病毒。虽然澳大利亚还是在 1919 年初遭到了第三波次疫情的袭击，但是如果未能免于秋季波次的攻击，他们的损失将要大得多。

094　菲律宾未能受到岛屿地形的保护。当流感在那里暴发，虽然第一个死者是在马尼拉港口做苦工的码头工人，但人们并没有想到它可能是源自外来的美国占领者。他们以为这种病发源于本土，就仅以本地名字将其称为“特伦卡索（trancazo）”①，而并没有作出任何努力去保护当地的上百万人口。唯一的例外是马尼拉郊外的一座兵营，菲律宾人在那里为了参加美军作战而受训，营地周围设置了隔离区。而群岛上的一些偏远地区，有超过 95% 的村镇在大流行期间受到传染，最终共有 80000 菲律宾人死亡。[3]

在南太平洋上相邻的两组岛屿，美属萨摩亚（American Samoa）和西萨摩亚（Western Samoa），②二者相反的命运形成了鲜明的对比：官方是否掌握正确的疾病传播方向会导致不同的结果。美属萨摩亚的美国当局不仅意识到疾病来自于境外，而且与白皮肤的殖民者相

① “trancazo”在西班牙语中意为“棒打、棍击”，此后便成为流感在当地的一个非正式名称。

② 萨摩亚群岛位于南太平洋，是波利尼西亚群岛的核心，世代居住着萨摩亚人。其西部岛屿在 19 世纪中叶为英国占领，后被转让给德国，在一战中又被新西兰占领，成为托管地，即西萨摩亚（1962年独立）。而根据美国和德国于1899年签订的条约，其东部岛屿成为美国的殖民地，即美属萨摩亚（又称“东萨摩亚”），后于 1967 年 7 月成为美国的自治非合并非建制领地。

比，当地的萨摩亚人由于长期的与世隔绝状态而更容易受到侵袭，所以官方实施了严格的检疫措施将疾病拒之门外。相对于美属萨摩亚的幸免于难，在新西兰控制下的西萨摩亚就没有这么好的运气了。一艘来自奥克兰（Auckland）的轮船将流感带到了岛上，官方犯下了与菲律宾占领者同样的错误，以为它发源于本地的原住民。在接下来发生的悲剧中，有四分之一的西萨摩亚人死亡。我们后来看到，这件事极大地影响了西萨摩亚的未来命运。

在全球范围内报道西班牙流感的所有失误中，最骇人听闻的例子就属这个名字本身。全世界都认为它来自西班牙，而实际上只有一个国家有权利指责西班牙人给他们带来了死亡天使，那就是葡萄牙。被当作全世界的替罪羊的西班牙人又反手指向了葡萄牙人，正所谓不公正滋生不公正。战争期间，有成千上万的西班牙人和葡萄牙人在法国做临时工，以代替奔赴战场的法国工人。095
虽然这些工人在穿越边境时毫无疑问都携带了病毒，西班牙人却单单指责其中的葡萄牙人。他们在火车站设立了防疫封锁线，把乘坐着葡萄牙人的车厢锁死，以切断与假想中其他车厢里未被传染的西班牙人的接触。在马德里西北 150 公里的重要铁路枢纽梅迪纳德尔坎波（Medina del Campo），葡萄牙旅客被喷洒上恶臭的消毒液，并要被扣留八个小时。对此提出抗议的人会遭到罚款甚至拘禁。1918 年 9 月 24 日，西班牙关闭了两国边境，此举虽令葡萄牙义愤填膺，却是一项毫无意义的行动，因为到那时为止，疾病早已在萨莫拉的城堡军营中蔓延。“那不勒斯战士”再次回到了西班牙。

阻断传播

一种流行性疾病，如同一场森林火灾，取决于“燃料”，也就是可以被感染的个体。最初的几个病例有如“火星”，周围布满了大量的易感个体，疫情会从这些少量病人开始呈现指数级增长。然而，随着时间推移，人们要么死去，要么在康复后获得了免疫，但可用资源却在逐渐缩减。如此一来，如果给流行病画一张坐标图，以新发病例数为纵轴，以时间为横轴，你就会看到一种正态分布，即所谓的“钟形曲线（bell curve）”。

这只是一场流行病的典型样式，还有可能出现无数种变体，譬如说，曲线的高度和宽度都可能变化，还可能出现不止一个波峰。它的基本形状可以被辨识出来，这就意味着它可以通过数学语言来表达。进入 21 世纪后，流行病的数学模型已变得非常复杂，而科学家早在 1918 年就开始利用这种方式进行思考了。在那之前的两年，英国疟疾专家、诺贝尔奖生理学和医学奖获得者罗纳德·罗斯（Ronald Ross）在他的“事件发生的理论（Theory of Happennings）”中提出过一个微分方程，可以在任何给定的时
096 间点确定被感染者和易感染者在总人口中的比例，以及二者之间的转化率（对于某些疾病，被感染者在康复后可能又变回易感染者）。按照罗斯的定义，“事件的发生”就是在一个群体中传播的某种事物，可以是一种病菌、一条谣言或者一种流行款式。

与其他人的努力一起，罗斯的工作以可靠的数字结果阐明了人们早就凭借直觉所相信的事情。当易感染个体的密度低于某个水平时，“事件的发生”就会开始消退。一场流行性疾病会按照自身的规律发展，并在没有干预的情况下自行消亡；降低密度的措施被统称为“扩大社交距离”，它既可以将流行病迅速终结，也可以降低死伤者的数量。我们可以把流行病曲线下方的面积设想成疫情导致的全部死亡人数。现在，来想象一下，当曲线变高变宽，也就是在没有任何干预的情况下，或者是在有干预的情况下，曲

线变低变窄，下方的面积会产生什么样的变化。当一个地方的公共卫生基础设施变得不堪重负，病人不能及时得到救治，医护人员被迫超负荷工作，同时停尸房里堆积起越来越多的尸体；而在另一套运转良好的系统内，虽然其也在接近能力的极限，但仍然具有可以想方设法收治病人的能力。不同的流行病曲线所反映的正是这两种情况的根本区别。

1918 年，一待流感成为应上报的疾病，全球大流行的真相也就得到了承认，至少在那些拥有足够资源的国家，立时就有大量的控制社交距离的措施被付诸实施。学校、剧院和礼拜场所遭到关闭，公共交通系统也受到限制，甚至人群的大规模聚集也被禁止。港口和火车站开始对乘客进行检疫，病人会全部被送入医院中的隔离病房，并且与未感染的病人相互隔开。公共卫生宣传活动也开展起来，教育人们打喷嚏时要使用手绢，还要勤洗手、避开人群和经常开窗通风（因为人们已经得知病菌更容易在温暖潮湿的条件下滋生）。

这些都是经过反复验证的举措，但还有一些措施则更具有 097
实验性。实际上，西班牙流感是“后巴斯德”时代的首次流感全球大流行。在上一次全球大流行，即 1890 年的俄国流感中，理查德·费佛才刚刚宣布自己已确定这种疾病系由微生物引起。他的模式在 1918 年时依然流行，即便它实际上是错误的。由于没有可供使用的临床检验手段，卫生专家对传染源，甚至在某些情况下对疾病的确定都莫衷一是。他们发现自己陷入了进退两难的境地。

例如，有一些地方推荐佩戴多层纱布口罩。在日本，这很可能代表着保护个人免受他人病菌传染而佩戴口罩的第一次实践。但是对于口罩是否真的可以减少传染，卫生官员却没有取得一致意见。在消毒剂的使用上，他们也分成两派。在 1918 年 10 月底的第二波次疫情中，当巴黎的地铁站和剧院全都被漂白水涂满时，一名记者向巴斯德研究所所长埃米尔·鲁（Émile Roux）询问消毒剂是否有效。鲁对这个问题感到惊讶，他回答说："绝对没有用处。让 20 个人待在一间经过消毒的房间，再放一个流感病人进去。如果这个人打了喷嚏，旁边的人接触到一点点鼻涕或唾液，他们就全都被污染了，不论这个房间是否已经消毒。"[4]

很久以来，人们就假定学龄儿童是理想的传染载体，因为他们属于季节性流感的首选受害者，每天见面交往，又总是不容易控制住流鼻涕。于是在流感疫情下，关闭学校就成了一种本能的反应，1918 年也同样如此。几个深思熟虑的声音在一片聒噪中会显得格格不入，然而在某些时候，如我们所见，他们竟然也能占了上风。这些善于观察的人注意到两件事：学龄儿童并不是这次流感的首要攻击目标，而且即使儿童生病了，也不清楚他们究竟
098 是在哪里被传染的，可能是家里或者学校，抑或是这中间的什么地方。如果不是在学校传染的，那么关闭学校就既不能保护儿童，也不能阻断传染。

"疫苗"成了讨论最为热烈的话题。早在 1796 年，爱德华·詹纳（Edward Jenner）就成功为一个男孩接种了抗牛痘疫苗，因此，疫苗的历史比微生物理论要更长。那么不可否认的是，即使并不知晓能够诱导出针对哪一种微生物的免疫反应，也有可能创造出一种有效的疫苗。毕竟，在不知道狂犬病是由一种病毒引起的情况下，巴斯德就成功开发出了狂犬病疫苗。1918 年，针对费佛氏杆菌和其他被认为能引起呼吸系统疾病的细菌，政府实验室生产了大批疫苗，其中一些看来的确起到了挽救生命的作用。然而大部分是无效的，注射了疫苗的人依然患病和死去。

我们现在已经明了，部分疫苗产生作用的原因是它们能够阻止继发的细菌感染发展成肺炎，从而避免大量病人的死亡。但当时的医生是按照各自偏爱的流感理论来理解这一结果的。有人指出，疫苗的有效就是确认费佛氏杆菌为致病元凶的有力证明。另一些人凭直觉认为，疫苗对付的是并发症，而疾病本身依旧令人迷惑。其间，互相谩骂和公开否认层出不穷，如美国医学会（American Medical Association）就告诫会员不要对疫苗抱有信心，媒体则对此进行了全方位的报道。这样的辩论并不能取得任何结果，因为真正起作用的是更古老的方法，就是将病人和健康人分开，前提当然是人们能够认真遵守。

让人们服从

检疫隔离与其他疾病控制策略都是将集体的利益置于个体利
益之上。当这一集体的规模很大，正如我们已经说过的，这些策
略就必须以一种自上而下的方式予以执行。但是，授权一个中央
政府代表集体利益行事可能造成两方面的问题。第一，一个集体总 099
是会有各种相互矛盾的优先考虑，比如要赚钱，或者要供养军队，
这就会抵消或削弱官方的执行力。第二，个人的权利有遭到践踏
的风险，特别是当这个政府随心所欲滥用这些措施时。

正是由于这种相互冲突的集体利益，讲述美国流感往事的历史学家阿尔弗雷德·克罗斯比才会认为民主并不利于对付全球大流行。国家安全的需要、经济的繁荣发展和公共卫生，这三者很少能够取得一致，而选民代表的本职工作往往使他们仅强调前两点并忽视第三点。例如，法国的强力部门——包括内政部和卫生部——下达命令关闭剧院、电影院、教堂和市场，但很少能够实现，因为法国各部的官员并没有去强制执行，原因是“害怕惹恼

公众”。[5]但是顶层的权力集中也并不能保证有效的控制。日本在当时正经历着从少数的寡头统治过渡到新生的民主国家，政府根本就没有考虑过关闭公共聚集场所。东京的一名警察注意到，在朝鲜，即日本当时的殖民地，官方禁止了一切大规模聚集，甚至包括宗教礼拜。“但是我们在日本不能这么做”，他叹息着却没有给出原因。

从个人方面来讲，1918 年更有理由要小心谨慎。在记忆犹新的 1890 年代，公共卫生运动开始关注到边缘人群，而优生学与微生物理论则形成了一种有害的混合物。印度就是一个恰当的例子。长期以来，英国殖民政府对当地的健康状况抱持一种漫不经心的态度，认为印度人的不卫生和易患病是不可救药的。但是 1896 年暴发的鼠疫让他们意识到严重的疾病对自身利益也构成了威胁，从而使殖民政府走向了另一种极端，发起了一场战胜疾病的残酷斗争。举例来说，浦那（Pune）的被隔离在医院里的大部分病人
100 都没有回来，并且他们的亲属也被送进“卫生营地”遭到了隔离。至于他们的房子，地板都被撬开，个人物品受到熏蒸甚至被焚烧，消防车则向建筑物喷洒了大量的苯酚溶液，以致一位细菌学家称在走进去之前要先打起一把雨伞。[6]

英国殖民政府被自己对“赤脚穷人（barefoot poor）”的负面看法所蒙蔽，拒绝相信——至少是在鼠疫流行的早期阶段——这种疾病是由老鼠身上的跳蚤传播的。如果明白了这一点，他们就会意识到更好的策略是查验进口的货物而不是检疫入关的人，是为房子灭鼠而不是给人消毒。印度人作为这些举措的目标人群，终于明白了医院“是对人进行折磨并提供实验材料的地方”。[7] 1897 年，浦那鼠疫委员会负责人沃尔特·查尔斯·兰德（Walter Charles Rand）就真的遭到了谋杀。行凶者是本地查皮卡家族

（Chapekars）的三兄弟，他们因此被判处绞刑。（今天，这座城里有一处纪念碑把他们当作“自由战士”来纪念。）

世界上的其他地方也发生了类似的暴力行为。澳大利亚实施了一项新政策，将混血的原住民儿童从父母身边带走并安置到白人家庭中。这一政策的出发点是“纯种”的原住民注定会灭绝，但那些体内血液被“高等的”白人种族稀释过的人则很有可能得到拯救，进而被吸纳进白人社会（实际上，澳大利亚原住民当时正大规模地死于由白人带来的传染病）。与此同时，阿根廷也开始实行一项新举措，将城市里的非裔人口全部赶走，理由是他们给其他健康的居民带来了风险。巴西政府也曾考虑过类似的措施，但最终认为它并不可行，因为巴西的大部分人口都是非洲人的后裔。

正是在这样的背景下，各国卫生部门在 1918 年再次宣布将实施疾病控制措施。每个国家的模式都不尽相同，但总的来说都是强制要求与自愿行为相结合。要求人们使用手帕并在夜间开窗， 101
如果有人不执行，那么拿他也没什么办法。执勤的警官可能会制止在街上吐痰的人，如若再犯则会给予罚款甚至把他关起来。但是，如果有人违反大规模人群的禁聚令，去参加政治集会或观看体育赛事，他所面临的风险就有可能会是一群警察挥舞着警棍冲进来打断聚会。而如果有人违反了检疫条例或擅闯防疫封锁线，则将受到非常严厉的处罚。

很多人都会遵守限制法规。当时，民权运动尚未开始，政府拥有很大的权力以便介入公民的私生活。今天已被视为侵犯和袭扰行为的措施更容易被时人所接受，尤其是在战争催生的爱国主义气氛的裹挟下。以美国为例，1918 年秋，不仅是那些严肃认真的反对者，还包括一些拒绝遵守防疫措施的人，统统被斥责为

“逃避责任的人”。

然而，在这些措施所指向的边缘群体内部存有另外一种认识，即怀疑这有可能是另一个“特洛伊木马”，很多人因此默默地作着反抗。南非在 1918 年 11 月开始实施的疫苗计划遭到了大范围的抵制。黑人和白人都未能很好地理解微生物理论，以至于《特兰斯凯公报》（*Transkeian Gazette*）的一位撰稿人这样写道：“当被告知预防接种的一支疫苗中包含数以百万计的微生物时，”很多人会“偷偷地笑，并且假装信以为真地糊弄医生。”但是，除此之外，黑人不禁会自问，为什么白人突然开始这么关心他们的健康？有谣言说白人是在试图杀死黑人，按照造谣者的说法，就是用那根长长的针头扎进黑人的颈动脉。

一段时间以后，那些起初就遵守规定的人群已开始显露疲态。不只是因为这些措施让他们无法延续正常的生活，而是因为它们充其量只有一些零散的效果。就连榜样们自己都忘记了。旧金山市长在观看庆祝停战的游行队伍时，任由自己的口罩滑脱到下巴
102 上。有时候，限制措施的逻辑使人很难遵守。一位天主教司铎，新奥尔良的班多神父（Father Bandeaux）就对该市关闭教堂的命令提出了抗议，因为与此同时，商店却可以开门。这种区别对待及引发的不满都被及时地刊登在了报纸上。[8]

1918 年，报纸是与公众进行沟通的主要手段，它对公众能否遵守各项措施起到了至关重要的作用。报纸经常对读者率先开展有关微生物理论的教育，却又总是免不了在其中掺杂自身的观点。不同的报纸传递了不同的观点，造成了读者的困惑。与医生和政府一样，报纸的态度也总是家长式的。即使在没有因战争而实行新闻审查的国家，缘于对公众的不信任，报纸也很少传递大流行的真实规模信息。当时，“无心的群氓（mindless mob）”的观念还

相当强大，新闻界担心会引发恐慌。无论如何，民众总是难以驾驭。后来，英国的《卫报》（*The Guardian*）概括了一种广为流传的态度："但是，要求一座现代化城市里的人们避免搭乘火车和电车旅行，要求年青一代放弃看电影，或者提醒失业者既要多吃有营养的食物又不必心怀顾虑，这又能产生什么作用呢？"[9]

一份"重要的"意大利报纸《米兰晚邮报》（*Corriere della Sera*）起初采取的方式是每天报道流感的死亡人数，但是这种做法后来被民政部门制止，原因是这会在市民中引发焦虑。[10]出乎官方的意料，报纸此后的沉默竟引发了更严重的焦虑。毕竟，人们总能看见从街道上和村庄里运走大批的死者。随着时间的推移，记者、印刷工人、卡车司机和报童都纷纷病倒，新闻开始自我审查，防疫措施也有所松懈。人们慢慢回到了教堂，或者去非法赛马中寻找乐子，口罩则被扔在了家里。到了这一阶段，救护 103
车、医院和掘墓人等都逐渐不敷使用，公共卫生的基础设施已濒临崩溃。

帝国大都会

1918 年的纽约是原子化的现代城市的缩影，拥有 560 万人口，并在几年后超越伦敦，成了世界上最大的城市。纽约人口快速扩张的主要原因是移民。1880~1920 年，有超过 2000 万人为了追求更美好的生活而来到美国，纽约是他们最主要的入境港口。这些主要来自南欧和东欧的大量人口，就像任何远离故土的移民，需要假以时日才能完成融入的过程。1918 年的纽约就如同一个大世界包含着很多小世界。

因此，当大流行的第二波次于 7 月袭来之时，这座城市的卫生专员罗亚尔·S. 科普兰（Royal S. Copeland）所要面对的是一个完全现代化的挑战：怎样从杂乱的不同社区中引导出共同的应对措施。这些社区在空间上相互重叠，语言上却互不相通，并且缺少一致的认同感。需要科普兰解决的问题还不止于此。纽约是运往欧洲的部队的主要登船地，这种情况使其不可能实行有效的隔离措施。

科普兰既是一位眼外科医生，也是一位顺势医疗论者——在“顺势疗法（homeopathy）”被归为“替代疗法（alternative medicine）”以前，这样的组合并不奇怪。他在 1918 年 4 月被任命为卫生专员。作为一位来自密歇根州的“动辄引用《圣经》、热衷自我完善、满嘴陈词滥调的美国男孩”，科普兰是个“典型的乐天派”，被人们视作能把事情搞定的实干家。然而在那一年的夏天到初秋的日子里，他的动作还是慢了一拍。[11] 从 7 月开始，港口管理局加强了对进港船只的管制。但是，当那艘已遭大面积感染的挪威轮船**卑尔根峡湾号**（Bergensfjord）于 8 月 12 日抵港后，有 11 名乘客虽被送进了布鲁克林（Brooklyn）的医院，却并没有被
104 隔离。直到 9 月 17 日疫情早已一发不可收拾时，纽约市才将流感和肺结核列入应上报的疾病清单，而在那个月的余下时间里，科普兰继续选择淡化危险。当他于 10 月 4 日公开承认此次流行病疫情时，被感染的运兵船，包括**利维坦号**在内，已经在大西洋上往来穿梭很久了，其中的致命货物早已被散往各处。

科普兰肯定意识到自己在涉及军队调动的问题上实在是无能为力——伍德罗·威尔逊总统（President Woodrow Wilson）听从了高级军官的建议且否决了军医的意见，坚持继续运送部队——科普兰也有可能是为了避免妨碍军队运送而故意推迟宣布疫情。但是在正式宣布之后，他作出了三个对挽救生命至关重要的决定。

第一，错开工厂、商店和电影院的营业时间，消除交通高峰。第二，建立一个信息交换系统，下辖 150 家遍布全市的急救中心，共同协调治疗病患和上报疫情。第三，维持学校的开放，这一点引起了最多的争议。[12]

起初，他倾向于像邻近的马萨诸塞州和新泽西州一样，关闭全部公立学校。但是，卫生局儿童卫生处负责人，富于开创性的约瑟芬·贝克（Josephine Baker）劝他不要这样做。贝克认为在学校里的儿童更容易监控，一旦出现症状也更容易治疗。孩子们在学校里能吃得更好，但这在家里并不总能做到，而且学校还可以通过他们把重要的公共卫生知识带回到家庭中。“我想看一看自己能不能做到让这座城市里 6~15 岁的群体免于‘流感’的威胁，”她对科普兰说，“我不知道能否真的做到，但我非常想抓住这个机会试一试。”[13] 科普兰把这个机会给了贝克，并为此遭到来自红十字会和前任卫生专员的严厉指责。但是他和贝克最终证明了自己的正确性，当年秋季，流感基本上未在学龄儿童中出现。

科普兰发起的运动一次次地被爱国主义和备战的需求占了上 105
风。10 月 12 日，疫情的发展接近顶峰，医院早已人满为患，连手术室都被改成了流感病房，健身房和城里的首家流浪者庇护所也转而接收从医院分流出的病人。但是，这一天是哥伦布日（Columbus Day，也称“哥伦比亚日”），为表纪念，威尔逊总统组织了 25000 人的游行队伍沿着“协约国大道”行进，第五大道因而被暂时重新装饰了一番。

科普兰也不得不与本地的商人进行谈判。与其他地方的卫生专员不同，他没有关闭娱乐场所，只是对其规定了严格的限制措施，比如不许儿童入内。当查理·卓别林（Charlie Chaplin）的一部关于流浪汉绑架德国皇帝的电影《从军记》（*Shoulder Arms*）

在 10 月 20 日公映时，斯特兰德剧院（Strand Theatre）的经理哈罗德·埃德尔（Harold Edel）为惊人的高上座率而赞扬他的观众："我们衷心地感谢《从军记》这部电影，它让我们明白每个人都要实实在在地把握自己的命运。"[14] 不幸的是，在这段话发表的前一周，他已因西班牙流感而去世。

早在二十年前，在科普兰的支持下，纽约就以公共卫生运动的方式向肺结核宣战——重点针对在公开场合随意吐痰的坏习惯。到了 1918 年 9 月底，纽约市针对如何预防和治疗流感给出了各种建议。但这些都是以英语印刷的，只有到了 10 月下半，即最坏的阶段已经过去，童子军才匆忙赶往曼哈顿下东城的一幢幢廉租公寓楼派发用其他语言印制的小册子。

在 1918 年居住在这座城市的所有移民中，最新到的、最贫穷的，同时数量增长最快的当属意大利裔。从 1880 年开始的四十年中，共有 450 万意大利人来到美国，他们中的大多数再未离开。很多人从下东城、海军造船厂周围的布鲁克林以及东哈莱姆（East Harlem）被吸引到"小意大利（Little Italies）"。他们在工厂（有些工厂的条件十分恶劣）、建筑工地或是铁路上干活儿，住在拥挤
106 且简陋的廉租公寓里，将纽约打造成仅次于那不勒斯的世界上人口第二多的意大利之城。

这些移民主要来自意大利南部的农村地区，本来都是些农夫，并不习惯于城市生活，在呼吸系统疾病面前尤为脆弱。我们对这些情况的了解，要感谢身为医生和呼吸系统疾病专家的安东尼奥·斯特拉（Antonio Stella）。作为一个 1909 年才归化入籍的意大利裔，他全身心地投入到捍卫意裔美国人利益的斗争中。如果他在位于西 110 街的意大利医院里没有接待病人，并且他自己的诊所里也没有病人时，他就会到意大利裔聚居区去主动寻找。他

的弟弟约瑟夫·斯特拉（Joseph Stella）是个画家，有时候会陪他一起出去，并将所见所闻速写下来。他把纽约喻为“一座巨大的监狱，欧洲的雄心壮志在这里变得萎靡不振”。[15]

在这次流感疫情发生之前，斯特拉早就注意到小意大利的呼吸系统疾病，特别是肺结核的发病率很高，而且在整个城市现有的各国移民的后裔中，意大利裔的死亡率也属最高。曼哈顿下城有一片地方被称为“肺阻块（Lung Block）”，因为这里充斥着肺结核病人。经过初步的调查之后，斯特拉相信这个问题被严重低估了，真实的病例数字可能相当于卫生部门所知的 20 倍。他说：“不管是来自卡拉布里亚（Calabria）的结实青年，还是来自西西里岛健壮的渔民，抑或是来自阿布鲁佐（Abruzzo）和巴斯利卡塔（Basilicata）的健硕妇女，只要在那些廉租公寓里待上六个月，就会变成我们眼前这些面色苍白、肌肉松弛、身形弱小的生物，蹒跚在纽约的街头。”[16]

斯特拉敏锐地意识到，这场疾病可能被用来进一步污名化那些边缘群体，何况当时已然存在很多针对意大利裔的排外情绪。他们被认为是不讲卫生、吊儿郎当和暴躁易怒，并被过分地归因于犯罪、酗酒和共产主义以及各种社会问题的根源，进而受到了诸多不公正的责难。作为一位富有教养且受人尊敬的医生，斯特拉在业余时间收集古董和锦缎。他的病人里有很多富人和名人，包括著名男高音歌唱家恩里科·卡鲁索（Enrico Caruso）。对于他来说，同化是对付偏见最好的办法。他所移居的这座城市已经一 107
次次地证实了这一点。对于每一次新的移民浪潮，人们不仅抱有固化的刻板印象，还总是将其与某种特定的疾病联系在一起。在 1830 年代，霍乱被归咎于贫困的爱尔兰移民。到了 19 世纪末，肺结核被称为“犹太病”或“裁缝病”。1916 年，因为东海岸暴发的脊髓灰质炎（polio，也称“小儿麻痹症”），意大利裔受到了指责。探访护士鄙视意大利亲吻死者的习俗，因此被意大利裔拒之门外。

斯特拉很明白，移民所遭遇的卫生问题绝大多数都发生在美国——并非如当地人所说，是他们自己带来的——而这其中的根本问题是拥挤的居住环境。他所记录下的最恶劣的情况是，人口密度达到每平方公里 12 万人，或每英亩近 500 人，这比当时任何一个人口密集的欧洲城市都要高，仅略低于今天孟买的达拉维（Dharavi），那里被认为是世界上人口最密集的地区之一。东 13 街是西西里人的主要聚居区，斯特拉在那里的一些地区作过统计，平均每个房间住有 10 个人。同时他也明白，意大利裔的落后生活方式也加剧了他们在疾病面前的脆弱。很多人都是文盲，也不会讲英语。他们既迷信又排外，还不信任政府。他们的传统医疗方法已经有所调整，不再使用狼骨，而是改用窗槛花箱——这是意大利裔移民在城市的间隙里找到的替代方法。他们依然相信巫师和圣母玛利亚的治愈恩典，也继续用吐唾沫的方式避开厄运。

在所有这些问题中，斯特拉心里最危险的是，这些意大利的都市农民相信应该耐心地对疾病听之任之，该发生的事总会发生。就像从前对待圣职和地主，他们对医生抱有同样的怀疑，而医院就是让人等死的地方。在马里奥·普佐（Mario Puzo）的小说《幸运的朝圣者》（*The Fortunate Pilgrim*，1965）中，作者这样描述斯特拉当年坐诊的曼哈顿贝尔维尤医院（Bellevue Hospital）：“当那些虔诚的穷人跨进这里的大门，他们就已经超越了自我。”
108 事实上斯特拉可能正是普佐笔下的巴巴托医生（Dr Barbato）的原型。“哦，其实他非常清楚，在表面的尊敬背后，那些病人心里究竟是什么样的真实感受，‘亲爱的医生，这样吧，亲爱的医生，那样吧'。病人认为，医生就是靠着他们的不幸挣钱的；他们的痛苦就是医生的利润；医生就是听一听他们的迫切需求和对死亡的恐惧，只有拿了他们的钱才能提供帮助。以某种原始的方式，他们觉得治疗的过程是奇妙而神圣的，而不应该涉及买卖。”通过付钱来向医生换取服务，这种现代的方式对他们来讲是种陌生的体验。

纽约当时主要的意大利语日报是《意裔美国人进步报》（*Il Progresso Italo-Americano*），每天可以销售近 10 万份，是在文盲率很高的社区里能够读到的报纸。在一天的工作结束后，一位半文盲的工人会在拥挤的地铁车厢里吃力地把它读上好几遍，然后把自己所能理解的内容转述给他人。在回家的路上，人们互相分享和议论着这些消息。《意裔美国人进步报》的作者也明白，他们的读者会把土豆片绑在手腕上退烧，夜里会关上窗户防范恶灵。在疫情期间，他们采取了一种“胡萝卜加大棒”的策略，诱使读者们放弃这些做法而改用更“正统的”方式。“胡萝卜”是友好的规劝：“不要亲吻孩子的嘴，而且尽量减少亲吻的次数。”“大棒”是法律：“针对不认真遵守卫生措施的人，或者吐痰时不使用手帕的人，已经出台了严格的法令。任何违规的行为都将受到罚款和坐牢的惩处。”

当科普兰宣布将保持学校开放的决定时，《意裔美国人进步报》是少数几个表示支持的声音之一。意大利家庭一般都喜欢与孩子保持亲近，比如说让孩子回家吃午饭。但是当报纸指出，从教室中跑出来的孩子经常在街上无人照看，而在学校里面有老师看管，可以第一时间发现任何异常时，其还补充道：“而且，学校中的卫生和通风措施也比许多家庭里的要好。”实际上，当科普兰对贝克的计划表示同意时，他心里可能已经想到意大利裔了。多

年以后，科普兰的儿子为他父亲的决定辩解说，在下东城的一部
109 分地区，“两室一卫的公寓里挤住着 10~15 个人。浴缸用来存煤，热水是不存在的，冷水也常常不够用。人们需要轮班睡觉。关闭了学校就意味着孩子们会有更大的概率暴露在疾病面前”。

按照科普兰儿子的说法，科普兰在 10 月底前后也染上了流感，可他谁都没有告诉，继续坚持处理危机。11 月 5 日，他宣布疫情结束，然而 1919 年初流感再一次暴发。当后来被问及为什么纽约在这次疫情中受到的影响不如其他东海岸大城市那么严重时，他回答说，纽约得益于过去二十年中通过与肺结核的抗争为公共卫生打下的坚实基础。[17] 即使很多纽约人不明白流感的传播方式，他们也已经熟悉了公共卫生的基本原则，习惯了政府对他们的身体健康进行干预。他并没有提到还有另一项重要的保护措施，那就是早先的春季波次持续的时间比较长，可能已经让很多纽约人获得了免疫。[18]

对意大利裔的恐慌性抵制没有再度出现，也没有其他移民群体因为这次流感而遭到责难。[19] 曾经有观点认为，这只是因为大流行结束得太快，以至于人们还未来得及开始指责，但是也可能还有其他的原因。虽然每个人在流感面前都很脆弱，但意大利裔比大多数人要脆弱得多，这一点可见诸公共记录。在把流感列入应上报的疾病时，科普兰派出调查员前往廉租公寓，其中既包括医生，也包括一些并非来自医疗机构的非专业人士。刚开始的时候，他们往往只是为了统计死亡人数并安排丧葬事宜才会登门造访。两周后，科普兰交给他们一项额外的工作，对死者所处环境的卫生状况进行记录。这给政府在当时所要应对的移民生活的粗略情形添加上了许多生动的细节，从而使那些境况颇佳的纽约人前所未有地窥见了遭到肺结核肆虐的贫民窟的真实情况。

《意裔美国人进步报》所扮演的角色使人们的注意力聚焦到意大利移民的命运上。10 月底，它报道了拉法埃莱·戴西蒙
（Raffaele De Simone）的悲惨故事。戴西蒙因找不到殡葬承办人来 110
为自己死去的 1 岁大的儿子打一口棺材，小小的尸体就只得在家里躺了好几天而不能下葬。最后，这位绝望的父亲出于对另外四个孩子的担心而发出了求救：如果找到一个尺寸合适的盒子，能让他把死去的幼子装进去送到墓地，在不得已的情况下，他甚至可以自己来挖墓穴。（几天后，报纸上说戴西蒙终于买到了点木材，于是匆匆忙忙地自行做了口棺材。）

与此同时，军队也受到了严重的传染，但这件事情很可能与意大利裔有关。这在一定程度上要归咎于那致命的运送过程：美国陆军中死于流感的军人要多于死于战斗的，而且其中有很多人并非生在本土。早在美国参战以前，一些意大利移民就返回欧洲参战，后来，加入美军的意大利裔也达到 30 万人的规模。

疫情期间，纽约禁止了公众葬礼，只允许配偶随灵。可是在 10 月 27 日，当格林威治村（Greenwich Village）的庞贝夫人教堂（Church of Our Lady of Pompeii）举行凯撒·卡雷拉下士（Corporal Cesare Carella）的葬礼时，官方却好像视而不见了。卡雷拉下士从战争中幸存，却死于西班牙流感。在他的棺椁前往教堂的路上，大批观看的人群聚集起来。覆盖着意大利国旗的棺材上摆着一束鲜花和一顶饰有黑色松鸡羽毛的宽檐帽，那是卡雷拉所属的意大利陆军轻步兵部队（Bersaglieri / light-infantry）的标志。送葬队伍途经的道路两侧，一扇扇窗户悬挂起美国和意大利国旗。据《意裔美国人进步报》报道，“只有心怀信仰和祖国的意大利司铎才有资格”在那人头攒动的教堂中致辞。之后，人群跟随着灵柩一路走向皇后区的加略山墓园（Calvary Cemetery）。不

幸的是，那里已经排有很多等待安葬的棺材。两天后，科普兰发
111 现那里还有 200 具尸体没有下葬。在卫生专员离开后的次日，纽约市市长约翰·海兰（John Hylan）指派了 75 人到加略山墓园去处理积压的棺椁。

在不知不觉中，科普兰还推动了意大利裔的进一步融入。9 月份，在将流感列入应上报疾病后的两天，即官方正式承认疫情之前，他强令合住人口中的流感患者入院治疗。这里面当然包括那些拥挤的廉租公寓。除《意裔美国人进步报》于 9 月 25 日刊登了一条有趣的报道外，对医院反感的意大利裔作何反应则并未见诸报端。整个社群终于从“无所作为的昏昏欲睡”中醒来，为了在布鲁克林新建一所意大利医院而踊跃捐款。

当年秋季，纽约的确出现了一些零星的本地人的排外歧视，但主要是针对德裔移民。总的来看，《意裔美国人进步报》一心一意地致力于平息那些满天飞舞的有关流感的谣言。例如，有传闻说，对于军中的流感蔓延负有罪责的医生和护士在凌晨时分惨遭枪决。但是，它也未能免俗地散布了一个男人的故事，说他被指控在长岛（Long Island）的一所学校外面向孩子们送书，然后告诉孩子们刮擦页面就能看到威尔逊总统和其他名人的画像。出于对他的怀疑，校长没收了这些书。当看到书的背面印着“德国制造”时，这位校长就赶紧把它们送去检验流感病毒了（而检验结果尚在等待之中）。

流感也使得科普兰成为意大利裔的一个强有力的捍卫者。很快，他就开始致力于一场斯特拉和其他移民发言人早已呼吁多年的改革，向贫民窟的房东宣战，争取改善公共住房。他认为，对移民的医疗检查应该在他们从本国出发前进行，以免在到达美国时无法入境。对于曾经的优秀农民被迫在美国像个“贫穷的城市

小贩”那样勉强谋生，他深感痛惜。大流行之后的一年，纽约州议会拨款 50000 美元（大约相当于今天的 90 万美元），以便科普兰开展一项有关“监控并抑制流感和其他呼吸道疾病”的研究。 112
与此同时，科氏继续对城市的公共卫生结构进行大刀阔斧的改造，并在意大利裔和犹太人的商店及工厂里举行了一系列的宣讲活动。[20]

后来，纽约市的首个公共住房项目在 1934 年于下东城启动。时任市长是菲奥雷洛·拉瓜迪亚（Fiorello La Guardia），他的父亲就是意大利裔移民，曾在埃利斯岛（Ellis Island）上的移民入境检查站担任翻译；拉瓜迪亚的首任夫人死于肺结核，享年 26 岁。1936 年，拉瓜迪亚在这个项目的落成仪式上讲道：“就是要破旧立新，推翻腐朽陈旧的房屋，荡平肮脏简陋的街区，杜绝疾病滋生，消除火灾隐患，在青天白日下迎来崭新的明天。”

随风而来的疾病

从德黑兰出发，经过十天穿越沙漠的旅程，很可能是艰苦地骑在马背上，艾哈迈德·盖瓦姆·阿尔萨尔塔纳（Ahmad Qavam al-Saltaneh）于 1918 年 1 月抵达马什哈德。我想象着他驻马在敬礼山上，向下凝望着阳光照耀下光彩夺目的穹顶，这里是朝圣者最先能够瞥见殉教者陵墓的地方。他清楚，摆在自己面前的是一项十分艰巨的赫拉克勒斯式的任务：政府派他来接管这座已经濒于无政府状态的城市。

当时，在波斯东北部的霍拉桑省（Province of Khorasan），马什哈德是唯一的城市。作为一个什叶派穆斯林的圣地，这座拥有 70000 人口的城市每年都有相同数量的来自世界各地的什叶派朝圣者来访。他们来到伊玛目礼萨圣陵（Imam Reza Shrine）进行祈祷。在被什叶派穆斯林视作先知穆罕默德的精神继承人的十二伊玛目中，阿里·礼萨是被尊奉的第八任伊玛目。同时，这里也是藏红花和绿松石产业的中心，还有漂亮的波斯地毯。在从英属印度向西，以及从波斯到俄国的贸易路线上，这里也是重要的一站。

波斯远在 900 公里之外的德黑兰政府对马什哈德几乎没有什么权威，但是，一场政治和经济危机已经席卷国家的其他地区，
113 马什哈德也未能幸免。半个多世纪以来，波斯一直是殖民者争权夺利的战场，这就是所谓“大博弈”的历史背景，即英国和沙俄为了争夺从里海到阿拉伯海的广大区域的控制权而展开的战略冲突。到了 1918 年，波斯政府已虚弱不堪，财政方面几近破产，整个国家早已沦为实际上的保护国。

在十几年前，英俄两国于 1907 年签订了一项条约，将波斯划分为三个区域：北部由俄国控制，南部由英国控制，南北之间的地带为中立区。这种不稳定的休战状态一直持续到 1914 年第一次世界大战爆发。战争开始时，波斯宣布中立，但是这并没有什么意义，它变成了一个代理人作战的战场。英俄两国发现有共同的敌人需要面对，即从西北部对它们构成威胁的奥斯曼帝国以及它的德国盟友。对英国来说，波斯是一个缓冲地带，对于保护其王冠上的明珠印度免受敌人攻击具有至关重要的作用。于是，当沙俄军队在俄国革命之际土崩瓦解，造成波斯北部地区的权力陷入真空时，英国人对此忧心忡忡。当俄国人签署了《布列斯特－立托夫斯克和约》后，英国人立即出兵占领了波斯的整个东部地区。对他们来讲，马什哈德历来就是一个重要的情报前哨站，在 1918 年春季就更变成了一个很有价值的军事基地。

然而，那时的马什哈德并非一个舒适安逸的地方。这是一个处于周围山区部落包围下的城市。长期以来，这些部落惯于抢劫骑着骡子和马匹赶来圣地的朝圣者，当时更是明目张胆地闯进城里大肆掠夺。朝圣的人流持续汇集而来，只是现而今又出现了大量的白俄士兵。这些士兵多是在更北面与布尔什维克的作战中负伤。此时又发生了饥荒。由于缺少降水，粮食已经连续两季歉收，占领军为了供养士兵而强征粮食的行为更使得居民日趋饥馑。[21]

盖瓦姆开始着手恢复城市的安全。他素以机敏的谈判老手 114
著称，在必要时也不吝于使用武力解决问题。他抓捕了一些部落的首领，把他们关押起来等候伊斯兰教法的惩处。很快，在马什哈德人的生活中，公开执行死刑成为定期上演的节目。英国人出于征兵的目的提出了要求，盖瓦姆因此放过了一些部落，并同其他部落进行了谈判。在上任几个月之后，英国总领事格雷上校（Colonel Grey）在报告中说："总督大人圆满地解决了与哈扎拉人（Hazara）首领赛义德·海达尔（Saiyid Haidar）之间悬而未决的问题。"据说，盖瓦姆成功地劝服海达尔交出了 200 支步枪以换取撤销对他的全部指控。[22]

但供给形势却很难缓解。1918 年春，美国驻波斯公使约翰·劳伦斯·考德威尔（John Lawrence Caldwell）汇报说，波斯人开始吃草和死去的（并非经过屠宰的）动物，甚至是人肉。面包价格已经相当于 1916 年的 4 倍，而工资却没有变化，整座城市里已没有肉食。伊玛目礼萨圣陵开始收容被遗弃的儿童，人们纷纷倒毙在街头。一些人到电报局里寻求庇护。在遇到麻烦时找个地方躲避是当地人的古老传统。当然，选择电报局为避难场所很可能是受到新理念的影响，人们相信电报线路可以把他们的祈求传递给位于德黑兰的王宫。

饥荒在 6 月达至顶峰。到那时为止，在领事馆外面的院子里，英国人每天要为几千人提供食物。虽然有人质疑说，相比他们征集到的储备粮，这点救济努力显得微不足道。[23] 格雷本人说，在斋月期间，一位著名的马什哈德穆斯林宣教士对英国人提出了公开的批评，并威胁说将会有天罚降临到他们头上。斑疹伤寒或伤寒，又或者是这两种疾病同时正在马什哈德肆虐。（当时，这座城市对各种疾病在诊断上存有很多混淆。）6 月底，处于更北边的从属于苏俄的阿什哈巴德（Ashkhabad）暴发了霍乱。格雷储备了从
115 印度得到的血清，同时对这座城市令人沮丧的卫生状况深表痛惜："没有采取任何措施确保供水的清洁。" 7 月，人们已经清楚下一季庄稼不会再歉收，对饥荒的救济措施有所放松，但是英国人仍然对霍乱保持着足够的关注，他们试图劝阻大规模人群不要举行传统的朝圣活动，因为斋月结束时会有大量巴基斯坦人向马什哈德涌来。[24] 当通过空气传播的西班牙流感到来时，人们却还只是在担心经水传播的疾病。

将流感带到这里的可能是一个从外里海地区（Transcaspia，也译"特兰斯卡斯皮亚"），即今天的土库曼斯坦回来的俄军士兵，他曾行经蜿蜒于波斯领土东北角的克佩特山脉（Kopet Dag）中的崎岖道路。流感最终在 8 月的第三周抵达马什哈德，同行而来的还有一股寒潮，这使得本地人把流感当作恶风带来的疾病。仅用了两周，格雷报告说，它就攻陷了每个家庭和商户，英军征募来的士兵正聚在城中，因而受到了严重的影响。医疗设施严重不足的情况也开始在这座城市中出现。

除了英国领事馆的医院拥有 12 张床位和一个药房，马什哈德还有两处服务于平民的常规医疗机构。以现代的视角来看，这两

处机构都很小，一处位于圣陵，另一处由美国传教士运营。从公元 9 世纪开始，伊玛目礼萨圣陵就拥有自己的医院（而某种医疗机构则在更早以前即已存在）。这所医院主要为朝圣者服务，偶尔也会报出治愈的奇迹。但是，宣教医生罗拉 · E. 霍夫曼（Rolla E. Hoffman）在 1916 年来到马什哈德并造访圣陵医院后，把这里形容为“就是个让人等死的地方；整个地方连一块玻璃窗都没有，木制的床架上没有床单和枕套，地板肮脏不堪，也没有取暖用的炉子”。[25]

这种吃惊的感觉，大概等同于一名长老会（Presbyterian Church）的传教士壮着胆子踏进马什哈德的一处穆斯林圣地。几年以后，他们中的另一位，即威廉 · 米勒（William Miller）以极其简单的方式解释了这种冲击：“鉴于马什哈德是伊斯兰教敬拜的一个重要中心，那么基督徒就应该义不容辞地在那里高擎着基督 116
的旗帜。”[26] 1894 年，路易斯 · 埃塞尔斯廷牧师（Reverend Lewis Esselstyn）第一个冒险而来，却引发了一场暴乱。一位友善的本地人把他偷偷送了出去，但他在 1911 年又回到了马什哈德。这次，说着波斯语的牧师设法待了下来。五年后，霍夫曼也来了。埃塞尔斯廷牧师很快就明白了个中缘由，基督徒之所以被容忍留下，是因为他们所提供的医疗服务。

1918 年的马什哈德依然处于中世纪，泥土砌就的城墙早已坍塌。这座城市就是一个大坟场，几百年来，在这里死去的朝圣者的尸体被层层掩埋，而每隔一段时间，旧坟茔就会被随便挖掉改造成水渠。这种人造的水渠被称作“坎儿井（qanat）”，用来把周边山里的水源引入城市。露天的水渠就从主街的中心通过，街上挤满了朝圣者、商人、骆驼和骡子，却缺少单独的封闭排水系统，所以水源极易受到污染。到了 1918 年，波斯人对微生物理论已经有所了解，但仅限于5%的识字人口。至于水，大多数人遵循一种宗教规约，即1库尔（korr）① 以上的活水是清洁的。所以，他们就在靠近坎儿井的地方刷洗锅碗瓢盆，清洗驴子，并给自己洗澡。

德黑兰政府一直在努力建设一套在全国范围内普遍适用的卫生基础设施，其中包括遏制流行性疾病的检疫隔离制度，但是因为缺少资金而未见成效，而英俄两国又总是为了各自的政治和商业利益对其进行暗中破坏。要想让这套体系运作起来，国家就必须统一，可这在1918年还远远没有实现。马什哈德人想要改善卫生条件的努力同样失败了。当霍乱在1917年暴发时，盖瓦姆的前任组建了一个卫生委员会，建议进行一系列长期的改革，譬如将墓地搬迁到城墙以外，并引进传染病报告制度，但实际上这些措施没有一项得到执行。[27]

117 马什哈德作为一座圣城，圣陵的管理者握有很大的权力，不仅是精神层面，还包括财政，因为伊玛目礼萨圣陵拥有大量的不动产。1918年，在涉及流行病时，伊斯兰教思想还遵循着9世纪的教义。[28] 他们只在一个方面认同应对传染病的理念，大原则就是，疫情暴发地区的人不应该向外跑，外面的健康人则应该远离这一地区。然而，这种见解在现实中存有一个致命的因素：瘟疫对信徒来说是一种殉道，对异教徒来说则是极端痛苦的惩罚。当时，大部分的波斯病人会求助于“草药医生（hakim / herb doctor）”，这些医生遵循着两套明显互补的理论：一套是盖伦医学理论；另一套则认为《古兰经》提供了抵抗疾病的最好方法。他们可能按照第一套理论将病人诊断为体液失衡，进而推荐其改变饮食，也可能会依据第二套理论断定病因是巨灵的叮咬，而让

① 1库尔约350升。

病人往胳膊上绑一篇经文。

在饥荒期间，埃塞尔斯廷的传教士们四处奔走，帮助英国领事馆分发食物。他有时会把长长的红胡子塞进医用长袍里，充当霍夫曼的助手。他们二人最后都染上了霍乱，埃氏死后被埋葬在俄国公墓。霍夫曼没有故去，却又染上了流感。就在这时，盖瓦姆第一次涉足公共卫生领域。在英国人的帮助下，也是出于本地人对布尔什维克入侵的担心，他终于掌控了城里的大多数公共机构，并重振起搁置已久的卫生委员会。继而，该委员会恢复了已于前一年霍乱流行期间作出的提议（实际上，它根本来不及作任何别的决定）。他们出台了一项计划，禁止在城里埋葬尸体，而且至少要延续到疫情结束，也禁止从周边地区将尸体运进马什哈德，同时还将派遣卫生检查员对城里的所有殡葬活动进行监督。

9 月 18 日，盖瓦姆给圣陵的管理方写信，要求他们听从上述 118
劝告。[29] 这是在要求他们暂停已有数百年历史的传统，从根本上挑战圣典。他应该能够预见断然遭拒的可能性，可是他那颇有名望的说服力居然让他渡过了难关。圣陵的行政主管当天就给他回信说，虽然委员会所使用的冒犯圣陵尊严的措辞和表达方式令管理方无法苟同，但是出于对总督大人的尊重，他无论如何也只能同意这些要求。之后他便写信告知下属该如何行动。这很有可能是这位行政主管被这场灾难的规模所震撼，因而同意卫生委员会的检查员来监督下葬，并由圣陵管理方支付酬劳。他要求墓穴的深度至少要达到一米，在把尸体放进去以后，还要覆盖上一层厚厚的泥土和石灰，“以消除从尸体中散发出有毒空气的风险”。任何未能遵守新规的人将受到严惩。

这勉强算是一个重大的进展，虽然还不太可能控制住这种“随风而来的疾病”，但至少已不算落后太多。马什哈德的疫情顺其自然地发展着，在9月21日跨过了顶峰，而此时的霍拉桑及临近的锡斯坦（Sistan）早已被全面波及，同时，流感也以“草原大篷车”的速度径直往西向德黑兰奔去。从马什哈德涌出的朝圣者、商人和士兵将它带到这个国家的四面八方。截止到9月底，尽管它还在继续侵害各个偏远地区，在城里却几乎消失了。就在那时，马什哈德生活的某个方面，而且只有这一个方面得到了缓解：朝圣者遭到的攻击和抢劫大幅减少。盖瓦姆对土匪的零容忍政策开始奏效了，可是，这样的间断也很可能是个不详的信号，它意味着山区也遭到了流感的大肆破坏。

在这样一座医院不足100张病床的城市里，有多达45000人因流感而病倒，相当于全部人口的三分之二。临近9月底，这座城市的总占星师在一次公开的集会上发表讲话，对于幸存者的心
119 理状态提出了自己的见解——这种见解并不局限于马什哈德，而是将波斯视作一个整体。占星师从本质上是波斯人在遇到危机时都会向其求助的潜修者，伊斯兰教对宿命的信仰对其提供了支持。这位总占星师所转述的预言只比他在德黑兰的同行早了几天，他们说，英国政府将在1920年倒台，1909年被废黜的现任国王的父亲也会在这一年回到波斯，而1921年，期待已久的第十二伊玛目马赫迪（Mahdi）将会归来，他会消灭世间的魔鬼。

10月是什叶派的圣月，即“穆哈兰姆月（Muharram）”的开始，它会一直持续到阿舒拉节（Ashura）[①]。作为什叶派教历中最神圣的活动，阿舒拉节是为了纪念第三伊玛目侯赛因（Hussein）的殉难。几年以后，传教士威廉·米勒这样形容他在马什哈德所目

① 阿舒拉节原意为“第十”，发生在伊斯兰历每年穆哈兰姆月的第十天，系伊斯兰教的圣日。当日，什叶派穆斯林会穿上深色的衣服上街游行，以示对遭到迫害的烈士的哀悼。

睹的穆哈兰姆月的游行队伍：“一群光着上身的男子走了过来，用铁链抽打着赤裸的后背。之后走来的是割头者，就是一群许下心愿的男人用剑割破自己的额头，直到鲜血流淌在他们身着的白袍上。”[30] 旁观的人群会发出高声的叹息。之后，还要上演被称作“塔兹耶（taziyehs）”的受难剧。穆哈兰姆月是如此重要，以至于会吸走全城整个月的注意力，但是格雷说 1918 年的穆哈兰姆月悄无声息地就过去了：“由于近期城里暴发的疾病，参加游行的人比平常少了很多。”

霍夫曼最终在 1918 年 12 月关闭了美国医院，在整个危机期间单枪匹马地独自运营这家医院使他筋疲力尽，外加他还染上了斑疹伤寒和流感。在终于能够享受理应得到的良好休息前，他想办法给自己所属的教会写了最后一封信，要求获得一笔资金来扩大医院，并再配备一名医生。在信中，他热切地谈到于马什哈德进行“医学布道”的可能性。这座城市是整个地区所有道路的汇集之处，有可能为朝圣者提供身心两方面的健康。这笔款项即时获得了批准。

在英国人的支持下，礼萨·汗将军（General Reza Khan）① 发 120
动了政变。盖瓦姆在这次动乱中得以幸存，并获得了新国王的青睐，在新政府中五度出任首相。这位国王最终彻底重建了马什哈德，以一条现代化的公路将它与德黑兰连接起来，并捣毁了它的墓地。霍夫曼一直在那里待到 1947 年，见证了这一系列的转变：“几百年累积的遗骨被铲进手推车，倒进没有任何标识的坑里，墓碑则被用来铺设街边石和人行道。”[31]

---

① 即后来的伊朗国王巴列维一世。他于 1921 年在英国的支持下发动政变上台，自任国防大臣兼武装部队总司令。后于 1925 年 10 月废黜恺加王朝，并于次年加冕为王，建立了巴列维王朝，随后在 1935 年改国名为“伊朗（Iran）”。

第 9 章　安慰剂的作用

121 在欧洲和美国，19 世纪末的情况与今天很相似。如果一个人生病了，他可以去看“普通（regular）”医生，也可以去看顺势疗法医生、自然疗法医生、整骨疗法医生或者信仰治疗师。为了保险起见，他还可以这五种医生都去看一看。与今天不同的是，那时候的普通医生还不具有特殊地位，其医疗方式还称不上“常规（conventional）”，而其他几种也还没有被称作“替代疗法”，其理念只是各种不同的医学观念中的一种。20 世纪初，普通医生击败了来自“非普通”一方的竞争。在欧洲，这主要是通过日益增长的国家医疗保健法规来实现的，而在美国则经历了令人痛苦的法律诉讼。但是，两个地方的结果是一样的：常规疗法在大众层面取得了垄断地位。到了 1918 年，它已经成为无可争议的主流。

于是，当西班牙流感暴发时，在已工业化的国家里，大部分人会寻求常规疗法的治疗。医生能提供什么样的治疗呢？当然，有效的疫苗尚未出现，也肯定没有抗病毒药——第一种此类药物要在 1960 年才投入临床使用——更没有抗生素可以治疗这种“条件性真菌感染（opportunistic bacterial infections）”[①]，那要

---

① 由免疫功能低下、寄居部位改变或菌群失调等特定条件下的致病菌引起的感染被统称为“机会性感染”。例如，一些致病力较弱的病原体，在人体免疫功能正常时不能致病，但当人体免疫功能降低时，它们乘虚而入，侵入人体，最终导致出现各种疾病。

等到第二次世界大战结束后方才面世。面对着呼哧气喘、面孔发紫的病人，医生们自觉必须有所作为。他们采取的办法就是“多药疗法（polypharmacy）”：为了解决问题而倾尽药柜里的所有药品。

那么，1918 年的常规医生的药柜里都有什么呢？实际上，那仍是一个属于“怪异的混合物、植物提取物以及其他未经验证的疗法的”年代。[1] 临床药物的发展尚处于初始阶段，只有部分药物 122
通过了动物或人体试验。即便是人体试验，也是小规模的。我们今天所熟知的复杂而成本高昂的人体试验，包括双盲测试和安慰剂对照组，当时的人们还未曾听说。一些国家也只是在近些年才确立了确保药品成分纯净的法规。人们并未真正理解药物的有效成分与活体组织的互动是如何进行的，以及什么样的条件会使药物产生毒性。即使对这些有所了解，大多数医疗行业从业人员也从不关心，这些内容都不在他们的培训范围之内。

他们首先拾起的是装有阿司匹林的药瓶，这种“神药”的已知作用是解热镇痛。阿司匹林的用药量如此之大，以至于一位名叫凯伦·斯塔科（Karen Starko）的医生在 2009 年提出了一个令人困扰的理论：可能正是阿司匹林的毒性造成了相当一部分流感患者的死亡。大剂量地服用阿司匹林可以造成肺部积液，但 1918 年的医生忽视了这一点，他们的处方经常超量，达到我们今天所认为的最大安全剂量的 2 倍。然而，这种阿司匹林毒性论尚存争议。有的科学家指出，这种药品当时在许多国家并非可以随便获得，比如说多数印度人就用不上阿司匹林。所以，它有可能恶化了美国和其他富裕国家的情况，却不太可能在同一时间对全球的死亡人数造成显著的影响。[2]

尽管如此，确实有很多感染了西班牙流感的人还需要苦苦应付医生用来缓解他们症状的药物所带来的副作用。譬如，已知奎宁（quinine，俗称“金鸡纳霜”）可用于治疗疟疾和其他“源于疟疾的胆汁热”。[3] 没有证据显示它对流感有效，但它还是被大量使用。“在这种疾病的症状中，现在又必须加上由这种万灵药引发的各种症状：耳鸣、眩晕、听力受损、尿血和呕吐”，巴西的佩德
123 罗·纳瓦这样写道。大量服用奎宁的副作用还包括色觉异常，尽管这并不多见。也就是说，这种药品会加剧流感患者仿佛进入苍白如洗的世界里的那种感觉。

作为一种滋补品，还带有镇痛作用，砷制剂很流行。还有用来治疗呼吸急促的樟脑油。洋地黄和番木鳖碱（即士的宁）据说也可以促进循环。硫酸镁和蓖麻油可被当作泻药，而从碘衍生出来的多种药物可以用来进行“体内消毒”。当这些东西都没有效果，医生又回到老技术上来。有人注意到，有些病人在大量鼻出血、月经出血，甚至是创伤性流产之后，好像就会经过一个拐点而进入病情的好转期，于是他们就重新使用放血疗法或采取药物出血的办法。遵循希波克拉底和盖伦传统的医生认为，这种方法可以清洁血液中的杂质。在 1918 年时，有人就此评论说，流感病人流出来的血的颜色反常的又黑又深。然而，这种做法引起了一片怀疑之声，一位西班牙医生说道：“虽然这种办法并没有拯救或治愈任何人，但可以安慰病人以及他们的家属。”[4]

酒精是更具争议性的问题，特别是在开展禁酒运动的那些国家里，没有医生的处方是无法买到酒的。一些医生声称小剂量的酒精具有兴奋作用，而另外一些人则主张应该全面禁止。商贩们抓住这些蝇头小利，大肆宣扬其商品的药用价值。由于担心引起另外一种流行病，瑞士沃州（Canton of Vaud）的卫生官员发出了一份备忘录，敦促医生“强烈反对大剂量酒精可以预防流感

的观点在人群中落地生根”。即便如此，当病人发烧且不能自主进食时，这些官员也允许使用酒精。有些医生则声称吸烟时吸入的烟雾可以杀死致病微生物，人们当然也就选择性地接受那些适合自己的建议了。在大流行最严重的时候，出生于瑞士的建筑师勒·柯布西耶（Le Corbusier）躲在巴黎的家中，啜着白兰地吸着香烟，仔细思索着如何给人们的生活方式带来革命性的改变（虽 124
然他连建筑专业的文凭都没有）。

一些有胆识的“实验家”通过自己的观察对疾病提出了新的预防和治疗方法。在位于加利福尼亚州圣贝尼托县（San Benito County）的新爱德里亚（New Idria）汞矿，医师瓦伦丁·麦吉利库迪（Valentine McGillycuddy）在治疗病人的过程中发现，操作那种从矿石中提取金属的熔炉的工人没有一个被流感传染。据他推测，这是由于汞的防腐杀菌特性，或者是汞气能够刺激唾液腺分泌。（麦吉利库迪医师还会于后文在阿拉斯加露面，我们将在那里继续见到他。）作为一个明显的孤立现象，法国的军医注意到，当流感侵袭一支部队的性病诊所时，除了梅毒病人，所有病人都被感染了，他们因此怀疑是否这些病人每天注射的含汞针剂为病人提供了保护。一位维也纳医生则更进了一步，他做了一个小小的试验。鉴于经过汞治疗的 21 位流感病人无一死亡，他就此得出结论，这是一项治疗流感的有效方法。[5] 不幸的是，在许多梅毒病人康复之后，他们才发现汞是有毒的。汞的毒性所呈现的症状包括身体协调性的丧失，还有一种皮肤下似乎有蚂蚁爬来爬去的感觉。基于此，人们认为这种治疗方法的危害比流感本身还要严重。

在这种情况下，各专利药厂利用公众乐于接受新事物的心理，销售它们那些效果存疑的非处方药，可以毫不困难地发一笔小财。它们的滋补品和灵丹妙药——“基尔默博士的沼泽根（Dr Kilmer's Swamp-Root）”就是美国当时的一个著名配方——通常都是些基于植物的产品，总是声称继承了古人的秘方。今天，研究少数族裔对本土植物的利用，即所谓的人类植物学，已然成为一个颇受重视的研究领域，制药公司也开始在地方药典中努力寻找具有重磅效果的潜在新药。但在 1918 年，专利药品的管理尚不完善，确认其拥有效果的证据也并不多。虽然普通医生的观点并不一定有理有据，但他们还是将这些药品的制造商斥为
125 江湖庸医。而对双方都不愿沟通的人则转而去求助非普通医生。由于患者已经遭受过常规疗法中过量用药的副作用之害，这种“自然疗法（nature cure）”或是极度稀释的顺势疗法复合物的前景就可能非常具有吸引力。作为一种替代方式，他们寄希望于家庭治疗：芥子泥罨、在煤油中浸泡糖块、按照家族配方炮制草药，以及为了清除瘴气，每天两次在房子前面焚烧芳香植物，等等。

而在非工业化国家，人们会去寻求传统治疗师的帮助，有时是在看西医之前，有时是在之后。日本的“汉方”是利用草药进行的古老治疗方法，和它一样，印度的“阿育吠陀”也受到人们的信任，是对西医的一种廉价替代。因为那里的人们即使相信西医，也往往负担不起。印度山村里的巫医用面粉和水捏成人形，拿在病人面前晃动，将恶灵引诱出来。在中国，除了抬着龙王的塑像满城巡游，人们还会去澡堂里发汗祛风，或者吸食鸦片、服用银翘散——在清朝时出现的一种由金银花和连翘混合而成的粉末，用于治疗“冬季病”。

这些“疗法”中的大多数并不比安慰剂更有效。安慰剂的作用表现在从某种积极的想法中生发的力量。人们希望一种药物

或其他干预方式能够治好自身疾病，它的作用从这种预期中衍生出来，本身就可以产生非常好的效果。根据一些人的判断，目前所有处方中有 35%~40% 都只具有安慰剂的作用。[6] 安慰剂的有趣之处在于，它与病人和医生所建立的信任关系密切相关。如果一个病人对他的医生失去了信任，或者意识到医生并不尊重他，安慰剂的作用就会大幅降低，而且降低的幅度可能会突破底线，甚至变成负值，带来有害的影响，或称“反安慰剂效应（nocebo effect）”。

1918 年所采用的某些疗法被描述为反而加剧了患者的病情。从生物化学的角度来讲，可能确实如此，或者说它们扮演了反安慰剂的角色，而且这种效应在西医和传统疗法上都同样出现。“反 126
安慰剂”直到 1960 年代才被收入常规疗法的专门词典，然而有许多治疗师依旧凭借本能在掌握它。有报道说，当萨满看到他们的帮助毫无效果时就会赶紧逃跑。他们或许是担心自己的生命安全，抑或是明白自己做的事实际上弊大于利。西医则秉持着另外一套不同的行为准则，一直坚守在岗位上，采用了一种又一种方法，盼望着能最终找到一个有效的疗法。事实上，任何医生都只有两种办法提高患者的生存概率：确保患者不会进入脱水状态，并对其提供精心的护理。

人们想要的却更多，当然这在一定程度上是因为他们已经得到过更多的承诺。很多失望的人转而去求助更高的权威。穆斯林到清真寺寻求庇护，而全世界的犹太聚居区都上演了一种被称作“黑婚（black wedding）”的古老仪式。最典型的例子来自于苏俄的敖德萨，我们将在下一节中继续这个话题。而纽约这个大熔炉则出现了非常有趣的反差情况：同样是在下东城，意大利移民在祈求圣母的治愈恩典；同时，作为他们的邻居，来自东欧的犹太人却在希伯伦山墓园（Mount Hebron Cemetery）的墓碑间见证了其中两人的婚礼。当上帝自身都被证明无能为力时，人也就只好放弃了，就像生病的獾一样，将自己禁闭在巢穴中。

黑色仪式

1918 年，当西班牙流感的第一波次疫情击中苏俄时，全国大部分地区都丝毫没有察觉。只有敖德萨是个例外，一位名叫维亚切斯拉夫・斯特凡斯基（Vyacheslav Stefansky）的医生在老城医院记录下了 119 个病例。

令人惊诧的并非其他地区的不知不觉，而是敖德萨竟然注意到了流感。1918 年，俄国正处在前一年的革命所导致的内战中。
127 今天，敖德萨已属于乌克兰，但在 1918 年的苏维埃俄国，它是仅次于莫斯科和彼得格勒的第三大城市，因此也是内战中南部的一个关键战场。在俄国，敖德萨人以调皮的幽默感著称。他们把自己的城市比作妓女，和一个客人上床睡觉，一觉醒来却发现旁边躺着另外一个客人。仅在 1918 年，它先是从德国人和奥地利人那里转入布尔什维克手中（依据《布列斯特 – 立托夫斯克和约》），后又被乌克兰民族主义者掌控，最终，是法国人和白俄势力占领了这座城市。

虽然敖德萨并未像北方城市那样发生所谓的“红色恐怖（Red Terror）”，但它依然没有逃脱由布尔什维克的秘密警察契卡（Cheka，全称“全俄肃反委员会”）鼓动的杀戮、酷刑和镇压。而且它也经历了维持日常生活的官僚机构的崩塌所导致的食品和燃料的短缺，由此，社会安全方面出现了权力真空，当地的犯罪头目乘虚而入。其中有一个绰号“小日本幼熊（Misha Yaponchik）”

的人，就是伊萨克·巴别尔（Isaac Babel）在其 1921 年的作品《敖德萨故事》（*Odessa Tales*）中塑造的犹太帮派分子别尼亚·克里克（Benya Krik）的原型。此人控制了敖德萨的大街小巷，其团伙号称拥有 20000 人，由土匪、皮条客和妓女组成。他就像一个现代翻版的罗宾汉，继续做着恐吓有钱人的营生。

在其他方面，敖德萨也与那两座北方城市不同。它气候温暖宜人，充斥着享乐氛围，是一座更加世界性的，也对西方更为开放的城市。它拥有一个很大的犹太聚居区，根据官方统计，犹太人占城市全部 50 万人口的三分之一，而非官方数据则是超过了一半。在对传染性疾病的理解和管控方面，敖德萨也更加先进。这座黑海之滨的城市被誉为"俄国的马赛"，几百年来，运载丝绸和香料的船只从东方而来，在前往君士坦丁堡及更西之地的途中，都要在这里停靠一番。在面对从海上而来的病菌时，它总是十分脆弱。自叶卡捷琳娜大帝（Catherine the Great）于 1794 年建城以来，敖德萨就确立了一套检疫隔离制度。但是这套体系却很少能把疾病完全挡住，这座城市中的很多瘟疫墓园就是明证，其中最显眼的当属丘姆卡（Chumka），这座疫丘至今还竖立在敖德萨的郊外。

如此一来，埃黎耶·梅契尼可夫之所以在 1886 年将俄国的第 128
一个疫病防治机构"敖德萨细菌学研究所（Odessa Bacteriological Station）"选址在这里，也就合乎逻辑了。这个机构的建立是巴斯德和埃米尔·鲁合作开发狂犬病疫苗的后续进展，它的任务是制造和完善各种疫苗。在它开始运营后的前六个月，共有 326 名来自沙俄、罗马尼亚和奥斯曼土耳其的被患有狂犬病的动物咬伤的人前来接受注射了疫苗。梅契尼可夫很快就与他的俄国同事发生不和。与同事们不一样，他是一名实验室科学家，而不是医生，所以在同事面前缺乏权威。两年以后，他郁郁寡欢地离开了挚爱的俄国，前往巴黎，而这个研究所被交给了他能干的（在医学水平上也是有资格的）助手雅科夫・巴达赫（Yakov Bardakh）。

在巴达赫的领导下，敖德萨细菌学研究所针对炭疽、伤寒、霍乱、疟疾和肺结核展开了重要研究。当他首次对饮用水进行检测并从中发现了伤寒菌后，他遭到了对城市供水负有责任的那些公共卫生专家的攻击，他们拒绝相信这是一种经水传播的疾病。巴达赫后来证明了自己结论的正确性。当穷人们都跑到研究所门口排队等候治疗，由于人数实在是太多，政府就派来警察进行监视。这是因为敖德萨长期以来都被视作持异见者的革命的温床。

也许是因为这些衣衫褴褛的排队者，也许是因为他以致命疾病进行实验，又或许是因为他的犹太人身份，巴达赫于 1891 年被解除了职务。沙俄法律禁止犹太人担任某些机构的首脑，对于犹太人接受教育和雇用也设定了严格的限额。一些犹太人将名字斯拉夫化后以规避这些限制，但是巴达赫并没有。他在每一份要求声明族裔的官方文件上都骄傲地写道，“我是一个犹太人”。梅契尼可夫对他的离任深感遗憾：“科学失去了一位天才的工作者。”但是当巴斯德在巴黎为他提供了一个职位时，巴达赫却拒绝了，因为他更愿意留下来为祖国服务。[7]

129 把研究所的领导职位交给学生斯特凡斯基后，巴达赫进入私人诊所工作，但是官方并不能阻挡他日盛的声名。他在这座城市的犹太医院和自己的家里接待病人。虽然出身于一个普通家庭——他的父亲是一位犹太学者和教师——但妻子亨丽埃塔（Henrietta）却是一位银行家的女儿。在位于列夫托尔斯泰大街的家中，他们经常在饰有橡木墙板的宽敞客厅里接待源源不断的访客，亨丽埃塔会用一把俄式茶壶给客人斟茶。有很多人在到达敖德萨火车站时会问起巴达赫的住址，以至于马车夫们已将其记在心中。作为在俄国开设的第一批此类课程，巴达赫还在敖德萨大学里教授细菌学，并创立起向公众宣讲科学知识的传统。大量听众赶来听他谈论疫病的成因和巴斯德的发现，在他的滔滔不绝中往往一直坐到深夜。到了 1918 年，巴达赫已经是俄国南部最著名的医生，即使在西方各国的首都，提起他的名字，人们也都充满了敬意。

西班牙流感的病例数字在 5 月份一度飙升，到了 6~7 月才慢慢下降。那年夏天，敖德萨人常说的一句话就是“把握当下（Carpe diem）”，过往的经验似乎在与人们合谋以帮助他们忘记所有的烦恼。6 月，一位奥地利军官来到这座被占领的城市，他将敖德萨形容为活力四射、粗率随意且热情奔放。同月，维拉·霍洛德纳亚（Vera Kholodnaya）来到敖德萨。这位 24 岁的女演员是毫无争议的俄国银幕皇后，凭借一双灰色的令人着迷的眼睛而闻名于世，就像她所饰演的那些美丽却总受到背叛的角色一样。莫斯科与彼得格勒的政治和经济混乱已使电影工业完全中断，她也是纷纷离开这两个地方的艺术家逃难者中的一员。当她的最后一部电影《发明爱情的女人》（*The Woman Who Invented Love*）在 8 月份上映时，崇拜者们欢欣鼓舞，仿佛人人都被那迷人的凝视所催眠。关于这位影星牵涉地下活动的流言给人们带来了另外一种奇妙的消遣。在基辅，根据作家康斯坦丁·帕乌斯托夫斯基（Konstantin Paustovsky）的说法，她“像‘圣女贞德’一样招募了一支队伍，骑在一匹白色战马上引领着她的胜利之师攻入了普里 130
卢基（Priluki），宣告自己为乌克兰女皇”。[8]

随着穷困的布加耶夫卡（Bugaevka）郊区的一个弹药库发生

了一连串大爆炸，这些迷人浪漫的幻象在 8 月 31 日被击得粉碎。据说这是白俄势力的行动，他们企图阻止这批炮弹按计划被移交给德国人和奥地利人。爆炸毁坏了方圆 7 公里范围内的建筑，包括谷仓、一座糖厂和几百户民居。路透社（Reuters）报道说死亡人数“有限”，但是它造成了数千人缺乏食物，并且因无家可归而露宿街头。9 月的第一天，流感病例悄然出现，很快就有如潮的病人涌进了犹太医院。

现在，除了流感，敖德萨还要应付由奥地利运兵船在 8 月份带来的霍乱。此外，还有在农村地区流行的斑疹伤寒。德奥占领军根本没有兴趣处理这座城市的健康问题，这就好比对犯罪问题置之不理一样。他们唯一的目标就是攫取这个地区存储的粮食，然后将其运回国内解救自己的同胞，所以他们只采取了足够保证这项任务顺利完成的最低限度的安全措施。结果就是，这座曾经谙熟检疫隔离措施的城市虽然自 5 月开始就跟踪流感疫情，却没有任何付诸实践的控制疫情的策略。咖啡馆和剧院照常营业，人们聚集在这些地方寻求短暂的遗忘或至少能有一时的消遣。在他们离开家的时候——甚至是当他们还在家的时候——“小日本幼熊”的凶徒会闯进来将家里的一切打劫一空。

巴达赫竭尽全力的工作。在主持敖德萨医生协会的一次扩大会议时，他告诉大家，他们在穷人和工人阶级中与流感斗争所付出的所有个人努力，如果没有全城范围的疫情控制方案，则没有丝毫的用处。与科普兰在纽约的做法如出一辙，他讲道，只有当有证据显示儿童待在学校里比待在家里更容易感染流感时才应该关闭学校。他还指出，“通过空气传播”实际上受到了错误的理
131 解。他知道，在这座城市的贫困社区里，住房都是既阴暗又潮湿，人员拥挤，简直就是病菌的避难所。即便是家境良好和受过教育

的家庭也不明白新鲜空气的重要性。他告诉与会的医生，一定要让人们真正领悟到不仅要注意避开咳嗽的人，新鲜空气同样也是保证良好健康状况的关键。

鉴于这座城市并未禁止公众聚集，巴达赫决定继续开展他的公众教育项目，以激发一场自下而上的抗击流行病的运动。当年秋季，他和其他高水平的同行在电影院、犹太会堂和有名的普里沃兹市场（Pryvoz Market），甚至还跑到这座城市的歌剧院，在《浮士德》（*Faust*）的幕间休息时间里向公众发表讲话。巴达赫向听众们强调，这次暴发的疾病并不像他们所害怕的那样是某种新的可怕瘟疫，而只是一种恶性的流行性感冒，所以人们是可以进行自我防护的，最重要的就是保持家里的空气流通。可有些人并不愿听这种理性的解释，于是，敖德萨在 10 月 1 日举行了一场黑婚仪式。

在意第绪语（Yiddish）① 中，“黑婚”被称作“shvartze khasene”，它是一种驱除致命流行病的古老仪式，要在墓地里为两个人举行婚礼。按照传统，新郎和新娘都要从最不幸的人中挑选。“要从整个地区选择最吓人的残废、身份最低贱的穷人和最不中用的废物”，一位 19 世纪的敖德萨作家门德勒·莫凯尔·塞弗里姆（Mendele Mocher Sforim）在自己的小说中对这种婚礼进行了描绘。

随着基辅和其他城市纷纷举行黑婚，一群敖德萨商人在 9 月聚到一起，为了应对同时变得愈发严重的霍乱和流感，他们决定自己也组织一场黑婚。犹太聚居区里也有一些人表示强烈反对，

① 犹太人，而且主要是发源于莱茵兰一带的阿什肯纳兹犹太人的语言，起源于欧洲中部和东部，属日耳曼语族西日耳曼语支，通常用希伯来字母书写，目前约有 300 万人使用。

他们认为这是一种异教徒的亵渎上帝的行为，但是这座城市的拉比却表示赞成，紧接着市长也同意了，他认为这不会对公共秩序构成威胁。搜寻者被派往犹太公墓，在出没于此的领取救济品的
132 乞丐中寻找两位候选人，最后确定下来两位花里胡哨、衣衫褴褛的新郎和新娘。待他们同意在这个“工作场所”为他们举行婚礼后，商人们便开始为黑婚仪式筹措资金。

下午 3 点，仪式在犹太公墓举行，有好几千人前来观看。之后，游行队伍在音乐的伴奏下向市中心进发。当队伍到达举办招待会的礼堂时，大量的观众拥挤过来争相目睹新人，以至于他们俩根本无法下车。最后，人群终于退去，他们才下车走进礼堂，参加了为这场婚礼举办的盛大宴会，并且收到了无数昂贵的礼物。[9]

早在 1910 年，敖德萨的犹太医院就被形容为沙俄边疆地区最富有的医院；而现在，本地报纸发出呼吁，号召人们捐款以维持这家医院的运转。与此同时，儿童医院过多的患者也给它带来了一个悲剧性的结果。作为这座城市最主要的一份日报，《敖德萨简报》(*Odesskiy listok*) 在头版上发问：“护士有罪吗？”一个发烧的孩子从二楼的阳台上坠落后死亡，一个护士因此受到指责。文章的作者倾向于原谅这个护士：这家医院的二层一共有 75 个生病的孩子，却只有 2 名护士照料他们。护士们 24 小时不停歇地工作，她们不可能随时随地盯紧每一个孩子。

整个秋季，斯特凡斯基一直在监控着疫情的发展。虽然大多数人在生病以后都选择躲在家里，他还是以入院情况的变化为基础，判断出流感秋季波次的峰值出现在 9 月底前后。10 月 8 日，巴达赫宣布这次流行病的顶峰已经过去，这也就使得黑婚的组织者可以声称他们的努力得到了回报。他预测，随着天气转冷，

霍乱疫情也会停止。在这两件事上，他都说对了。10 月的第二周，当敖德萨人从他们的报纸上得知英国首相大卫·劳合·乔治（David Lloyd George）也因流感而病倒，有人建议专门为他举办 133
一场黑婚。一位拉比回应说，这根本没有任何意义，因为这种仪式只能在本地举行，不能远距离生效。

11 月，停战协定签字，德国人和奥地利人离开了敖德萨。乌克兰民族主义武装开始掌控基辅。但是在敖德萨，不同派系的争权夺利持续了数个星期，"小日本幼熊"的帮派分子继续填补着权力真空。电力供应时断时续，有轨电车停驶，燃料奇缺，然而医院还在继续发挥作用，尽管人员流失十分严重。医生们认为流感疫情已经过去。11 月 22 日，巴达赫告诉敖德萨医生协会，这次的疫情比 1890 年发生的所谓"俄国流感"更加严重。他还补充说，这种西班牙品种的特别之处在于相伴而来的神经系统和呼吸系统的大量并发症。12 月，法国人来到敖德萨，在白俄势力的帮助下赶走了这里的乌克兰武装力量。此时的城市淹没在大量的难民中，如同一辆"拥挤的巴士"，由于国内的供应渠道已被切断，食品价格飞涨。[10] 为穷人免费提供食物的施食处被开设起来。犹太复国主义者平哈斯·鲁滕贝格（Pinhas Rutenberg）曾在 1919 年亲身体验过敖德萨的生活，在他的记忆中，那一时期的"生活成本疯狂上涨，到处是饥饿、寒冷、黑暗、瘟疫、贿赂、抢劫、袭击和杀戮"。[11]

尽管或因为即将到来的厄运感，敖德萨人继续追求享乐。而就在死亡和狂欢作乐之间，西班牙流感悄然返回。2 月初，浑身散发着明星光环的维拉·霍洛德纳亚来到文学艺术俱乐部参加了一场慈善音乐会，为失业的艺术家筹款。[12] 她与搭档奥西普·鲁尼奇（Ossip Runitsch）联袂表演了他们的电影《最后的探戈》（*Last*

Tango）中的一个片段。俱乐部里面很冷，观众都蜷缩在毛皮大衣里，但是霍洛德纳亚只穿了一件薄薄的晚礼服。在演出结束返回酒店的路上，拉着她的四轮马车的马匹跌倒了，她只好下车徒步走完剩下的一段路。第二天，她就生病了。请来为她诊治的那些名医没有一位能挽救她的生命。在完成最后一次表演后的第八天，
134 霍洛德纳亚与世长辞。她的家人要求对遗体进行防腐处理，以待旧政权复辟——他们相信这一旦发生就可以将霍洛德纳亚运回家乡莫斯科。管理老城医院太平间的病理学家 M. M. 蒂森高森（M. M. Tizengausen）有幸将西班牙流感作为死因填在了她的死亡证明上。

2 月 18 日，即霍洛德纳亚病故后两天，城里的主教座堂为亡者举行了传统的东正教祈祷仪式。庞大的人群中有很多的犹太人，于是一场争执爆发了：主持仪式的司铎和女影星的朋友都不想让犹太人参加。但是犹太人拒绝离开，他们要向这位同样给自己带来欢乐的女士表达敬意。一位更高级别的圣职出面解决了这个问题，他下令仪式继续举行，同时犹太人也可以留下。

霍洛德纳亚的葬礼在第二天举行，地点还是这座教堂。整个过程被摄影机记录下来，这恰好符合敖德萨作为俄国电影工业的临时首都的地位。出席葬礼的一位记者后来写道：我仿佛身处这位银幕皇后出演的一部电影的拍摄现场。他回忆起最后一次观看霍氏的电影，当她第一次露面，观众中就爆发出热烈的掌声。主教座堂再次挤满了人，人们排在通往第一基督徒公墓的道路旁。霍洛德纳亚的遗体将安置在公墓教堂的地下室，直到日后移往莫斯科。一些仰慕者为敞开的棺椁抬灵，霍洛德纳亚躺在里面，身穿一条在她最受欢迎的影片《炉边》（*U Kamina*）中穿过的裙子。

霍洛德纳亚的遗骨最终并未送回莫斯科，从某种意义上讲而是消失了。最有可能的一种解释是，当第一基督徒公墓在 1930 年代被拆毁，并在原址铺上沥青时，她的遗骨还保留在那里。但这种神秘的消失引起了很多有关她死亡的阴谋论，至今还萦绕不散。根据其中的一个说法，她是被白百合毒死的，那是她最喜欢的花。给她买花的是一个怀疑她是红军间谍的法国 135
外交官。葬礼结束后没过几天，当场拍摄的纪录片就在前一年夏天放映《发明爱情的女人》的同一家电影院播出了。帕乌斯托夫斯基写道，“小日本幼熊”的匪徒怀揣着赃物，拥挤在敖德萨的夜总会里，“唱着讲述维拉·霍洛德纳亚之死的令人心碎的歌曲”。

战争和瘟疫都结束了，不知疲倦的巴达赫把自己的家变成了根除斑疹伤寒和霍乱的全国性战役的地方指挥部。虽然供应短缺仍在持续，他还是一如既往地适应环境，并继续进行自己的研究工作。“1921~1922 年的冬天，敖德萨的生活十分艰难，实验室没有供暖，”他写道，“结果，我们只能研究那些能够在低温下繁殖的细菌。”[13] 在他的领导之下，这座城市的新俄罗斯大学（Novorossiya University）成为苏联最重要的细菌学研究中心。

巴达赫在 1929 年去世，被埋葬于敖德萨第二犹太公墓，“在阿什肯纳兹犹太人（Ashkenazis）、盖森家族（Gessens）和埃弗吕西家族（Efrussis）中间，周围有光鲜亮丽的守财奴和豁达洒脱的享乐者，也有物质财富的创造者和敖德萨城市奇闻的制造人”，巴别尔这样描述道。1970 年代，这座公墓被拆除了，其中的亡者也随之湮灭。只有个别人因家属的抗议而幸免，后被转往第二基督徒公墓，巴达赫就在其中。他的墓穴在一片林立的十字架中紧挨着另外一位杰出的犹太人门德勒·莫凯尔·塞夫里姆。塞氏在《书商门德勒的故事》（*Tales of Mendele the Book Peddler*）中写道，操办一场黑婚是因为相信“在堂区亡者的坟墓中缔结婚姻，这场传染病就终将会停止”。

第 10 章　慈善的撒玛利亚人

为了得到最大的生存机会，你需要做到完全彻底的自私自 136
利。假设你有一个可以被称为家的地方，最佳策略就是待在那里（并非自我禁闭），不要给任何人开门（尤其是医生），并小心翼翼地守护你所囤积的食物和饮水，不要理会任何人的求助。这不仅能提高你自己的生存机会，而且一旦每个人都这么做，易感人群的密度就会迅速下降到维持疾病流行的最低门槛以下，到时，流行病将会自行消亡。然而，总的来讲，人类是不可能做到的。人们总是要互相接触，这种表现被心理学家称为“集体复原力（collective resilience）”①。[1]

针对 1665 年伦敦暴发的鼠疫，丹尼尔·笛福（Daniel Defoe）在 1722 年写道：“我不得不承认，即使在如此糟糕透顶的时刻，还是发生了大量的抢劫和恶行。”但是他后来又继续描述：“附近村庄里的居民给他们带来食物，放在一定距离之外，可怜的他们如果够得着，就自己伸手过去拿起来。”[2]西班牙流感期间也可以看到同样的模式，有很多反社会行为的例子。比如，坦桑尼亚西南部的警官，一位名叫威尔斯（Wells）的少校就报告了犯罪行为，包括偷牛案件的上升，他把这些情况归结于流感的大流行，当食品和药品短缺，甚至棺材都不够用时，大量牟取暴利的行为就会出现。[3]但从整体上看，这些仅是证实这一惯例的例外。

---

① 也称“集体弹性”或“集体顺应力”，是一种共享身份认同的途径，使幸存者群体能够表现和期盼团结与凝聚力，从而协调和利用集体的支持以应对逆境。

能够给我们的心灵带来温暖的是，大部分人在危机时刻都能展现“慈善的”行为，但是这一点揭示了我们在看待流行病的方式中所显现的本质上的非理性。法国的和平主义者罗曼·罗兰（Romain Rolland），作为曾在1915年获得诺贝尔奖文学奖的作家，
137 在居住于日内瓦湖畔的一家酒店期间，身上出现了西班牙流感的症状，随后，这家酒店的服务员拒绝进入他的房间。如果不是年迈的母亲恰好过来探访，并对他作了一番悉心的照料，恐怕罗兰就活不下来了。我们可能忍不住要去谴责这家酒店的员工那种冷漠无情的态度，但实际上，他们的行为可能恰好限制了疾病的传播，甚至由此挽救了一些人的生命。在无意之中，他们为罗兰周围设下了一道小小的局部范围内的防疫封锁线。

在疫情暴发期间，医生告诉我们要远离患病的个体，可我们还是反其道而行。为什么会这样？害怕遭到天谴可能是其中一个原因，特别在人类历史的早期更是如此。三种主要的一神教——伊斯兰教、犹太教和基督教——都强调家庭、慈善和互相尊重的重要性。而当病人去世以后，对社会排斥的恐惧可能是另外一个原因。又或者这只是一种简单的惯性使然：在平时，甚或另外一种不同的灾难的背景下，比如地震发生后，帮助他人是最恰如其分的反应。只是，这种行为的基本原理被接触性传染病所颠覆。我们的动作太迟缓，抑或是我们在遭到打击后过于茫然，而未能重新找回行为合理性的依据。心理学家则提出了更复杂的解释。他们认为，当人们意识到自己的生命受到威胁，就会生发出“集体复原力”：他们不再被视作个体，而是作为某个集体——一个被定义为受灾者群体——中的一员。按照这一理论，在这个集体内部帮助其他成员依然属于自私，只是这种自私的基础对自我的定义更为宽泛。这是一种我们都在一起的理念，地震也好，流感大

流行也罢，它对于任何一种灾难都没有区别。只是，在其中一种情况下，它是理性的反应，而在另外一种情况下则不是。

以卫生工作人员为例。这些人处在抗击流行病的前线，政府常常会担心，在发现生命受到威胁时，他们是否会逃离工作岗位，从而背弃自己“救死扶伤的职责”。[4] 西班牙流感中的情况恰恰相反：大多数医生坚持工作，直到他们的体力无法再支撑下去，或 138
者他们已经对病人构成了威胁。“然后流感把我们击倒，”新泽西州拉瑟福德（Rutherford）的一位诗人—医生威廉·卡洛斯·威廉斯（William Carlos Williams）写道，“我们这些医生每天要看 60 个病人。好几个医生都累倒了，其中有一个年轻人已经病故，其他人也都染上了流感。我们没有任何有效的办法来对付这种传遍全世界的剧毒。”[5]

“我们都乘着同一条船，颠簸在瘟疫的海洋上，伤感而沮丧，”在英格兰的赫尔（Hull），一位名叫莫里斯·雅各布斯（Maurice Jacobs）的医生这样写道，“不止一位医生表示过对那些在流行病期间被关起来的人，他们忍不住想要犯下一点小小的罪行。不用说，这些想法并没有付诸实践。”[6] 在日本，来自东京医学会的志愿者在深夜里给穷人和“部落民”① 免费接种疫苗；在德

① 日本德川幕府时代，从事屠宰业、皮革业等所谓贱业者和乞丐、游民与监狱看守等被视为贱民，前者被辱称为“秽多”，后者被辱称为“非人”。他们社会阶级低下，世代居住在对外隔绝的村庄或贫民区（多不适于农耕），并被排斥在士农工商四民等级之外，比如“秽多”若犯罪，武士阶级可杀之而不受惩罚。久而久之，这些人及其后代所聚居生活的贫困地区逐渐形成“部落”，这些人因而被称作“部落民”。部落民无法参与正常的社会活动，也不能与一般人交往，只能从事粗贱的工作以求生存，永世无法翻身。

国的巴登（Baden），天主教会开展了一项计划，将年轻女子培训成护士。因为她们被要求进行家访，这些女子很显然是出于热心而承担起自己的职责。1920 年，一位佚名的德国医生抱怨过于热心的天主教护士因为太逞能而给乡村医生制造了很多麻烦。

当没有医生和传教士，也没有修女和其他宗教角色来接手这些工作，或者人手不足时，就会有普通人介入其中，即使这些人在正常情况下被深深的社会鸿沟相互分割。理查德·科利尔的一名记者是南非的白人，他曾写到在今西开普省（Western Cape）的农村地区，自己小妹妹的生命是由他们家隔壁一个“有色”家庭的母亲救下的。当时他的父母都病倒了，那个女人正在哺乳自己的小孩，后来也把他的小妹妹接过去喂养，直到他的父母康复。

这里再次出现例外，但有趣的是让我们来看看他们是谁。在印度，一个从流感中康复的英国士兵讲述了自己的经历，“医院的清洁工开了小差，拒绝靠近他们所谓的‘白人的瘟疫’”。如果他
139 们已经在医院里工作了四年以上，可能就会记得英国人在暴发于 1896~1914 年的夺取了 800 万条生命的鼠疫期间的所作所为。他们知道不能指望英国人的协力支持。同样，在里约被雇来挖掘墓穴的犯人可能也觉得自己根本就没有失去什么。如果谣言属实的话，这些人甚至还对尸体犯下了十恶不赦的罪行。

根据“集体复原力”理论，群体的认知在某些时候会发生分裂，人们又返回到个体的认知上。它往往发生在最严重的情况刚刚过去，生活开始回归常态之时。此时，那些真正的“不道德”行为才最有可能出现。瑞士红十字会曾一度满足于大量不合格的女性志愿成为护士，却遗憾地发现其中一些人这么做是出于“道德上值得怀疑的”原因。据报道，当流行病已经过去，这些假冒者依然扮演着她们的新角色，“把自己伪装成有经验的护士，

穿上各种制服，有时还会伪造执业资格证书，以蒙骗公众和医疗队”。[7]

1919 年，里约狂欢节的主题是“神罚”，参加的人数破了历史纪录。流感已经从这座城市里销声匿迹，但死亡的场景依旧在呈现。狂欢节上的歌声流露着经久不去的伤痛，一些社区的狂欢节队伍给自己取了与流感相关的名字，如“圣家方阵”和“午夜茶方阵”。到了狂欢节周六，参与者发生了变化，这可能源自一种宣泄的欲望。报纸上记载了这种弥漫全城的“非比寻常的欢乐气氛”。一个记录者以古怪的轻描淡写的语调写道：“我们举行了一次聚会。”另一个人说：“狂欢节很热闹，彻夜不停，习俗和庄重变得陈旧、过时而又离谱……人们开始做事情，思考事情，感受着一些闻所未闻甚至是恶魔般的事情。”[8]

类似的事情，或许也在 14 世纪因黑死病而曾经发生过。“不仅是世俗的人们，”乔万尼·薄伽丘（Giovanni Boccaccio）在《十日谈》（*The Decameron*）中描述佛罗伦萨的插曲时这样写道，“就 140
连隐居在修道院里的修士，也认为别人公然做得的事，他们同样做得，因此竟违背了誓愿和清规，去追求那肉体的欢乐。这样，为了想逃过这场灾祸，人们变得荒淫无度了。”

回到里约，气氛已然不同寻常，行为的边界变得模糊不清。有人提到发生了许多奸污事件，以致后来有一群孩子被谑称为“流感之子”。这些传闻很难查证，但是一位名叫苏安·考尔菲尔德（Sueann Caulfield）的历史学家在搜寻了有关档案后发现，在大流行刚刚结束的那段时间，里约确实出现了强奸案的发案高峰，其数量超过了同时期的其他类型案件。[9] 有人认为这些下流行为是那些无人关爱的死者的报复，另一些人则认为这是无法压制的生命力的令人震惊的重现。不论它到底是什么，它所带来的结果是：大流行结束了。人类开始进入一个流感过后的世界。

四处游荡的恶狼

对于“最好的”和“最坏的”两种人类行为，或许在阿拉斯加的布里斯托湾（Brostol Bay）能够找到最恰当的例证。当西班牙流感在1918年秋迅速传遍阿拉斯加，有两个爱斯基摩人（Eskimo）的群落得以幸免：一个居住在阿留申群岛（Aleutian chain）的外岛上，这是你不用打湿双脚就可以抵达的北美大陆的最西端；另外一个是位于布里斯托湾的尤皮克人（Yupik）。阿留申人（Aleut）有太平洋作为他们的天然防疫封锁线，但是位于白令海最东端的布里斯托湾却处于另外一种偏僻的环境中。南面以阿拉斯加半岛为界，北面是几条山脉和内陆的冻土荒原，即使在今天，这里也是很难轻易到达的，何况在那个年代，蒸汽轮船和狗拉雪橇是仅有的交通方式。白令海在冬季封冻，海路运输从而中断。但是在次年，即1919年春，海冰开始融化，当季的第一条捕鱼船抵达，流感便接踵而来。

141 那年春天，凯瑟琳·米勒（Katherine Miller），一位在西雅图受过培训的护士，第一次把目光落在布里斯托湾，“四周一片极地景象。除了荒草和苔藓，没有其他植物。大片的沼泽和苔原向四方伸展开去，一望无垠”。[10] 一位曾在两年前的冬季勘察了阿拉斯加海岸的圣职也说过类似的话：“总体来看，我所走过的是我认为地球上能够看到的最为枯燥而赤裸的，气候也最为恶劣的一片土地；这里并不缺乏很美丽的甚至是令人叹为观止的风景，而且冬天的景象蕴含着难以形容的魅力；散射的光线下，淡蓝色和粉红色的光泽将凹凸不平的冰面与寒风吹过的雪原装点成了大理石、雪花石膏或者是水晶石。”[11]

实际上，布里斯托湾并不属于真正的北极地区，只是处在亚北极地带。这里的夏季短暂且温暖，而冬季的气温可以降到零下 40 摄氏度以下。南方人会认为这里不适于居住，但是布里斯托湾有着丰富的自然资源。当库克船长（Captain Cook）为了探索西北航道（Northwest Passage）① 无功而返，于 1778 年经过这里时，他凭直觉判断注入这个海湾的几条河流是世界上规模最大的红鲑鱼产卵地。注视着这些河口，他想象着“一定有大量的鲑鱼，因为在到达河口以前，就能看到有很多鱼在海中跳跃；而且在我们捕到的鳕鱼的胃里也有发现”。[12] 尤皮克人不像其他阿拉斯加人那样以游猎生活为主，因为他们在自家门口就能尽取所需。基于此，再加上他们的孤立状态，使这个群落在相当晚的时候才与外人发生接触。

几千年以来，他们的生活随季节而变。自 10 月落下第一场雪，他们就聚集在村庄里，开始依靠温暖季节里积攒下来的储备物资过冬。到了春天，他们以家庭为单位组成较小的团队，四散外出狩猎或设置陷阱，住在用灌木或帆布临时搭建的窝棚里。到了 6 月，他们会返回村子捕捞鲑鱼。8 月时，人们又会出去打猎，直到降雪为止。

他们的村庄由“巴拉巴拉（barabara）”组成，这是一种用草 142
皮覆盖在圆木框架上建造的住宅，有三分之二的部分位于地面以下。女人和孩子住的“巴拉巴拉”要小一些，环绕在中间的一座

① 指从北大西洋经加拿大北极群岛进入北冰洋，再进入太平洋的航道，它是连接大西洋和太平洋的捷径，发现于 19 世纪中叶。

大型住宅被称作“夸斯奇克（qasgiq）”。“夸斯奇克”由男人占据，是单身男子睡觉的地方，但是在冬天的时候往往就成为一个公共空间。人类学家玛格丽特·兰蒂斯（Margaret Lantis）于1950年写道，这是人们度过黑暗的日日夜夜的地方，他们在这里“以盛宴、舞蹈和面具取悦动物的灵魂”。[13] 尤皮克人生活的世界里充斥着无数的灵魂，既有人的，也有动物的。正如一位老人的解释：“当尤皮克人迈步走进苔原，或驾着独木舟驶入河流或白令海，他们就进入了一个灵魂的国度。”[14]

最先侵入这个世界的是俄国人。在注入布里斯托湾其中一个小海湾的努沙加克河（Nushagak River）河口，坐落着一座亚历山德罗夫斯基棱堡（Alexandrovsky Redoubt），俄国人于1818年在这里建立了一个皮毛贸易站，后来其慢慢发展成了今日的现代城市迪林厄姆（Dillingham）。1867年，美国从沙俄手中买下了阿拉斯加，之后的几十年间，商业捕捞就在这个海湾里蓬勃发展起来。其主导者是以旧金山为基地的阿拉斯加包装商协会（Alaska Packers’ Association，APA）。俄国人带来了东正教，美国人则带来了新教，同时双方也都带来了疾病。这一系列严重的流行性疾病在1900年以其中最为致命的病种达到高潮，被阿拉斯加人称为“大病（Great Sickness）”的流感和麻疹给阿拉斯加西部地区带来了双重打击，夺去了三分之一到一半的生命。

1919年，尤皮克人正处在转变之中。他们依然主要以渔猎维生，通过萨满为自己解读神灵的世界，特别是当人们生病的时候。今日，他们中已有很多人住到现代的房屋里，穿着从商店买来的衣服，并在努沙加克地区遵从着东正教的信仰。但在1918年夏，鲑鱼歉收，按照当地渔业局的观点，这是过度捕捞所致。它导致尤皮克人在接下来的冬季里储备不足，因此，他们会比往年更加饥饿，而这种状况将一直持续到次年春季。

阿留申群岛就好像是阿拉斯加半岛的一条尾巴，其中最靠近 143
陆地的一个岛屿叫作“乌纳拉斯卡岛（Unalaska Island）”，因其地理位置而自然成为向北航行的船只的一个停靠地。流感就是从这里入侵阿拉斯加的。而阿拉斯加正有一个传说，讲述了流感如何从乌纳拉斯卡岛向东北方向传播到布里斯托湾。一位俄国神父迪米特里·霍托维斯基（Dimitri Hotovitzky）——信众们更熟悉他的绰号“热威士忌神父（Father Hot Whiskey）”——为了主持庆祝东正教复活节，而从乌纳拉斯卡来到海湾。据说有个人参加了他的祈祷仪式后回到家里就病倒了。[15] 或许是他传染了海湾地区的人群，但是这种可能性并不大。流感的潜伏期，即一个人已被传染但尚未出现症状的时间是 1~4 天。1919 年，东正教的复活节是 4 月 20 日，就像有些年份一样，恰好与“西方的”复活节在同一天。布里斯托湾的第一个病例出现在 5 月 12 日，已经是三周之后了。即使有些早期病例没有得到记录，长达三周的潜伏期也是不合情理的。所以更有可能是“热威士忌神父”之后的人把病毒带了进来。

阿拉斯加在 1919 年还只是美国的一块领地，尚未成为一个正式的州。时任领地总督托马斯·里格斯（Thomas Riggs）在国会里并没有投票权，他的声音总是无法与当时 48 个州的代表相匹敌。在 1918 年秋季波次的大流行中，里格斯想方设法地劝说政府提供资金，在整个领地中实行检疫隔离措施。但是这一举措在次年 3 月就被解除了。几个月之后，当流感再次悄然现身，里格斯重新提出的请求被置之不理，因为在全美的 48 个州中，第三波次的疫情都已相当温和。阿拉斯加包装商协会下属的鲑鱼罐装工厂散布在海湾各处，这些工厂里的医生们就要与迪林厄姆的政府医院共同肩负起在阿拉斯加抗击新疫情的重任。

这座医院由一位名叫莱纳斯·海勒姆·弗伦奇（Linus Hiram French）的医生负责。他非常喜爱阿拉斯加，并对这片地区有很深的了解，早前就曾作为罐装工厂的医生在这里工作。1911 年接受这一政府职位后，他对所负责的广大区域作了一次调查——在整个冬季不停地跋涉，乘着狗和驯鹿拉的雪橇或者穿着雪地靴
144 步行。在 1912 年春返回城市后，他向政府里的上级汇报说，总体来讲，自己造访过的住宅都是温暖、潮湿且昏暗的，“因为原住民想要保持室内温度并节约木柴”，而且狗和人共享着同一个空间。肺结核和梅毒（syphilis）都是常见病，还有颗粒性结膜炎（trachoma，也称“沙眼”）等眼部疾病。他治疗了一些病人，而另一些病人则被送进了医院，同时他还对如何预防可以预防的疾病给出了忠告。令他感到惊讶的是，他遇到的很多人都以为阿拉斯加仍是沙俄领土：“每间屋子里都挂着俄国圣职或沙皇的画像，而且他们都还在使用俄历计时。”[16]

流感甫一出现，弗伦奇就在本地实行了检疫隔离措施。在这种情况下，那些还没有回到自己村庄参与捕鱼季的尤皮克人，发现自己被隔离了。如果他们曾经到过疫区，就要在“拘留棚屋”被关上十天，还要自行承担费用。阿拉斯加包装商协会的医生也宣布在每个村子周围设立检疫隔离区，并为遭受磨难的村民提供食物、燃料和药品。尽管有这些措施，迪林厄姆的医院还是很快就进入满负荷状态。与此同时，包装商协会的医生们在木制平台上支起一些帐篷，建立了一座临时医院。5 月底，当疫情发展到最高峰，弗伦奇和助手，即两名护士都病倒了，他马上发电报给美国海岸警卫队的一艘巡逻舰**乌纳尔加号**（Unalga），请求紧急援助。

一个月之前，**乌纳尔加号**离开旧金山，执行日常的海岸巡逻

任务。它偶尔会在沿线的停靠地搭载乘客、邮件和物资。这条巡逻舰的舰长弗雷德里克·道奇（Frederick Dodge）对阿拉斯加非常熟悉，但是对于**乌纳尔加号**上新来的厨师兼值班军官，即有个不吉利姓氏的尤金·考芬（Eugene Coffin）① 来说，这还是他第一次在这片水域航行。考芬后来在日记中写到道奇舰长喜欢俄国的圣像和茶炊，这在很多阿拉斯加人的家里都能找到，所以他就收集了一路，“我想，毫无疑问，他为这些东西付出了某种代价”。[17]

乌纳尔加号上也有一位医生。5 月 26 日，当巡逻舰抵达乌纳 145
拉斯卡岛上的主镇乌纳拉斯卡时，船员们发现这座城镇已深陷流感的泥淖中。道奇舰长组织了一次救援行动。考芬在 5 月 30 日的日记中写道：“**乌纳尔加号**为整个镇子提供了食品和护理，并将死者埋葬。”据船上正式的航海日志记录，道奇此时已经给弗伦奇发去一条讯息，称**乌纳尔加号**已疲于应付现有的任务，无法再向他施以援手。弗伦奇似乎并没有收到这条讯息。有两位罐装工厂的负责人也向**乌纳尔加号**发出了“SOS”的求助讯号，但他们也说一直没有收到对方的回复。6 月 7 日，乌纳拉斯卡的疫情跨过了顶点，道奇却又从里格斯总督那里收到消息，另一艘救援船美国海军**马布尔黑德号**（Marblehead）将于 6 月 17 日抵达，带来新近由美国红十字会提供的补给物资。于是，他停留在那里等候这艘救援船的到来。

马布尔黑德号与另外一艘救援船是联邦政府针对阿拉斯加的新一轮灾难所提供的仅有的帮助。**马布尔黑德号**上还有一位重要的乘客，就是瓦伦丁·麦吉利库迪。这位医师以印第安人事务官的身份而声名鹊起，但其非同寻常之处在于，他的同情心至少有

---

① “coffin”在英语里意为“棺材”。

一部分是放在苏人（Sioux）① 身上的，因为他曾被派去对苏人进行“教化”。麦吉利库迪曾作为“疯马（Crazy Horse）”的朋友，在其于 1877 年遇刺去世的当晚，陪伴在这位伟大的苏人首领的床边。当美国加入第一次世界大战时，他觉察到新的冒险机会，便向战争部申请以外科医生或侦察官的身份前往欧洲战场。官方以他的岁数太大为由予以拒绝。他又向红十字会提出申请，同样遭到拒绝。只有当西班牙流感暴发后，美国公共卫生局才对他产生了兴趣，并由驻旧金山的一位代表约见了他。他对这位代表承认“自己一点也不了解这该死的流感”。代表回答说：“我也没法给你出什么主意，我们谁都不了解这该死的流感。”[18] 就这样，这位 71 岁高龄的老医生放下了退休生活，首先来到加利福尼亚的新爱德
146 里亚汞矿投入抗击流感的斗争中。他就是在那里发现了汞气可能具有预防疾病的作用。现在，他又来到了阿拉斯加。

马布尔黑德号抵达乌纳拉斯卡后的第二天，麦吉利库迪与同船的另外两名医生、三名药剂师的助手以及四名护士登上了**乌纳尔加号**，带着他们携来的部分物资，乘着这艘巡逻舰，用了两天时间驶往布里斯托湾。“当巡逻舰抵达港口时，医生站在甲板上扫视着海岸，”医生的妻子兼传记作家朱莉娅·布兰查德（Julia Blanchard）写道，“一阵轻风从岸上拂来，带着一股尸体的味道。医生说，肯定有什么不对劲的事发生，就在离岸边很近的地方。”[19]

乌纳尔加号于 6 月 19 日在迪林厄姆靠岸抛锚。紧随其后的**马布尔黑德号**带着船上乘载的余下的医生和物资驶向海湾的另一边。据一位罐装工厂的医生讲，两条船都“来得太晚，什么也来不及

---

① “Sioux”系“纳杜苏人（Nadouessioux）”的略称，亦称“达科他人”，为北美大平原的印第安人部族联盟。

做了”，因为当时最严重的局面已然结束。弗兰奇与他在政府医院里的两位护士罗达·雷（Rhoda Ray）和梅恩·康奈利（Mayme Connelly）都重新站立起来。另外，从阿拉斯加港口城市瓦尔迪兹（Valdez）又来了两名护士。她们长途跋涉了 800 公里，先是乘船，后又乘坐狗拉雪橇。其中一位，就是前已述及的凯瑟琳·米勒，将自己抵达迪林厄姆时的所见记录下来："这里，还有伍德河（Wood River，布里斯托湾的另一条支流）上游，流感造成的灾害最为严重。有些村庄被完全抹去……救援队发现一家人全都无助地躺在棚屋里的地板上。”[20]

乌纳尔加号的航海日志上记载了船员对有需要的地方进行了援助，但是当地的渔业主管提供了事情的另外一种说法。他称巡逻舰驻锚在一个远离受灾村庄的地方，并派出一支登陆小分队。但是这支上岸的小分队与其说是来提供帮助，不如说是在搜寻纪念品，“他们闯入爱斯基摩人的房子，犯下了近乎故意损毁他人财物的罪行，有时候简直就是在公然抢劫”。在迪林厄姆，这位主管写道，四名护士确实前来报到，“然而，她们来了尚不足一个小时，只是为了邀请政府医院里的两名护士去参加当晚将在巡逻舰上举行的舞会。”[21]

雷和康奈利向这四名护士抱怨说，即使算上来自瓦尔迪兹的 147
帮手，她们也已忙得不可开交，要照看病人，还有不断涌来的孤儿，同时还要负责浆洗织物，并打扫医院里的卫生。她们拒绝了邀请，来访者离去。两天以后，当这些人再来之时，雷和康奈利表明态度，不需要这样的服务，因为医院不想给更多人提供饮食。渔业主管未提及姓名地称赞了救援方的一位医生，可能就是麦吉利库迪，说他临时接管了医院，“高效而全身心地履行职责”，使被替换下来的弗伦奇可以出外走访各个村庄。

乌纳尔加号未能在布里斯托湾载誉而归，但是它还有最后一次机会作出一点贡献。6 月 25 日，弗伦奇带领着一伙人，包括考芬和麦吉利库迪在内，沿阿图岛（Attu Island）溯伍德河而上。次日凌晨，一个村庄出现在他们眼前，名字可能是“伊吉亚拉穆伊特（Igyararmuit）”，意为“住在咽喉之处的人”，因为这里非常靠近河流从伍德湖（Wood Lake）流出来的位置。那里有一艘统计鲑鱼数量的政府驳船，阿图小分队将自己的船与驳船连在一起。尽管受到大量蚊子的攻击，船上的人还是抓紧时间睡了一会儿。上午，他们登岸后发现这个村庄已被废弃。难闻的气味从一座“巴拉巴拉”中散发出来，他们壮着胆子进去一探究竟。考芬这样描述了接下来发生的事：“走进低矮狭窄的房门，进入相连的两个房间的其中一间，出乎意料地迎面蹿出三条爱斯基摩犬。我们赶紧退出来关上房门，然后从屋顶上打破窗子，开枪打死了狗。有两个头盖骨和许多大块的骨头散落在地上，都被啃得干干净净。显然，这几条狗曾为了争食这些尸体而发生过打斗。”[22] 这种令人惨不忍睹的景象也曾出现在另一个美国人面前，那是在 1900 年的“大病”期间，“徘徊不去的野狗撕咬着死尸，从山脚下传来恐怖的狼嚎声，说明狼群就在附近”。[23]

小分队于当天晚上返回，之前他们又打死了三条壮硕如北美森林狼的大狗，然后在村庄里泼上煤油，点燃一把大火将其付之
148 一炬。火起之后，他们掉转船头顺流而下。6 月 28 日，**乌纳尔加号**起航驶向乌纳拉斯卡。厨师写道：“大家都如释重负。”后来，考芬又两次返回白令海，但是再也没有和道奇舰长一起航行。三天以后，**马布尔黑德号**向南返航旧金山，麦吉利库迪的阿拉斯加冒险随之结束。直到他于 90 岁高龄辞世，在生命中的最后二十年里，他一直在位于加利福尼亚州伯克利（Berkeley）的克莱尔蒙特

酒店（Claremont Hotel）做一名酒店医生。

大流行在 7 月时逐渐收尾，到那时已可以肯定，鲑鱼的洄游再一次逊于往年。布里斯托湾是整个阿拉斯加领地受西班牙流感侵害最严重的地区，它失去了全部人口的 40%。幸存的尤皮克人回忆起这段时期，称其为“图库纳派克（Tuqunarpak）”，翻译过来就是“大死亡时代”。努沙加克地区似乎是其中受损最严重的地方。有一些村庄，包括伊吉亚拉穆伊特，干脆就从此不复存在；其他村庄也遭受了沉重打击，以致幸存的村民将之遗弃。在 1912 年的考察之旅中，弗伦奇曾沿着努沙加克河看到过 19 个村庄（地图上只标注了其中的 3 个），大小、规模各异，所住居民从 15~150 人不等。假设平均每个村庄有 70 人，可以估算出总人口约为 1400 人。1920 年，霍托维斯基神父称，在努沙加克堂区，所有村庄里的居民总数不会超过 200 人。[24]

有一些恶毒的谣言，因那次复活节旅行而对霍托维斯基纠缠不休。显而易见，他对此采取了视而不见的态度。他正准备接待阿留申群岛和北美大主教，即亚历山大・尼莫洛夫斯基阁下（His Eminence Alexander Nemolovsky，Archbishop of the Aleutian Island and North America）对阿留申总铎区（Aleutian Deanery）①的视察。尽管有殉道者和廉施圣人圣潘捷列伊蒙（St Pantaleon）的仁慈干预，他所负责的堂区范围在 1919 年还是明显萎缩了。“凭着上帝的恩典，那些幸存的堂区居民虔诚地度过了这一年，”他又补充道，“因为东正教的消失，努沙加克的教堂都已关闭。在疫情期间，教堂里有很多东西都被美国人偷走了。”[25]

① 一些教区会由 30 个以上的堂区组成，为了方便管理，所以整个教区会被再度划分为数个总铎区。

149 疫情期间，在海湾各地，共有 150 名孤儿得到救助。阿拉斯加包装商协会的会长在报告里写道：“他们在冰冷的棚屋里瑟瑟发抖，没有火，也没有吃的东西，衣衫单薄，甚至只裹着床单，很多人蜷缩在死去的亲人身边，痛哭不止。”[26] 疫情退去后，更多的孤儿被人发现，虽然数据不一定准确，但是最终送入迪林厄姆医院的孤儿接近 300 人，而这个小镇上的居民总共也只剩下不到 200 人。[27]

起初，护士们遇到的主要困难是如何给这些孤儿提供衣物。“很多人的衣服是由从贸易站的空地上捡来的旧面袋改成的”，米勒写道。[28] 弗伦奇呼吁政府提供资金建设一座孤儿院，政府批准了这个提议。这也是这位医生的最后一次努力：疫情结束后过了几个月，他就离开了布里斯托湾，并且再也没有回来。近半个世纪后，一位名为詹姆斯·范斯通（James VanStone）的人类学家在一项针对尤皮克人的研究中发现，一旦这些流感孤儿长大成人，他们中的大多数都不愿待在迪林厄姆或附近地区，而宁愿回到自己的家乡。今天，所有迪林厄姆地区的原住民都自称是这些孤儿的后代。

第五部分　事后的分析

1917年，埃塔普勒，英军士兵在海水中嬉戏。

第 11 章　追踪零号病人

“在这份初步报告中，我们希望提醒读者认真考虑本次疫情与 153
1910 年暴发于哈尔滨，并在当时快速而持续地传遍中国北方的肺鼠疫之间的相似性。我们认为本次疫情属于同一种疾病，并因种族和地理差异而有所改变。”[1]

美国陆军医疗队詹姆斯·约瑟夫·金上尉（Captain James Joseph King）在 1918 年 10 月 12 日如此写道。早在 1918 年，医生们就开始怀疑芬斯顿兵营是“西班牙”流感的发源地，因为厨师阿尔伯特·吉切尔于 1918 年 3 月 4 日在这座位于堪萨斯州的军事基地里病倒。当疫情还在肆虐之时，某些替代性理论即已纷纷浮现，首先，人们把矛头指向了中国。由金上尉打头阵，其他人随后跟进。西方当时对东亚人的态度，被统称为荒诞不经的“黄祸论（Yellow Peril）”[①]。如此迅速地将指责指向东方，很可能就是受到这种态度的影响，尽管它经常在不经意间发生。“黄祸论”最极端之处就是把欧洲的生育率降低、犯罪率增加、绑架妇女而进行白奴贸易等都归罪到亚洲人头上，甚至说吸血鬼也是从中国沿着丝绸之路抵达特兰西瓦尼亚（Transylvania）的。[2]

金上尉无疑是真诚的，但是他可能并不知晓，其实这次大流行最早是从他的国家美国开始的。因此，他自然认为美国人只是受害者。“当我们的士兵和海员从法国的战场返回，”他写道，

---

① 成形于 19 世纪的一种极端民族主义理论，于 19 世纪末 20 世纪初甚嚣尘上，宣扬黄种人对于白种人是威胁，白种人应当联合起来对付黄种人，矛头则具体指向中国和日本等国。

“[疾病]在全国各地的军营和城市里开始流行且日益严重。”然
154 而，关于中国在第一次世界大战中所扮演的角色，近年有许多新的历史证据浮出水面。随即，大流行的“中国起源论”又重新登上舞台。尽管有“黄祸论”的影响，但也还是存在一定的可能性，即流感大流行可能真的起源于东方。这也就是我们为什么要回溯1910年在中国东北地区暴发的鼠疫，即金上尉在他的“初步报告”中提及的前一次暴发。

1910年的中国被视作“东亚病夫”。这里的“病”字实际上指的是中国在公共卫生领域存有巨大的问题；与此同时，它也比喻自19世纪中叶以来，面对外国列强而发生的割地赔款和主权沦丧。在东北这个敏感的边疆地区，疫情的暴发模糊了上述的真实与隐喻之间的微弱差别。当疫情的消息传到北京的官员耳中，他们明白这意味着什么——这是在远方为清朝统治敲响的第一声丧钟。革命正在蓄势待发，而帝国已经摇摇欲坠。俄国和日本都已经在富饶的东北地区修建了铁路，而日本还新近吞并了朝鲜，从此与其宿敌只隔有一条窄窄的边境线。一场瘟疫不仅对这几个国家，也对欧洲和美国构成威胁，因为它们都在中国有自己的利益。因此，现实情形给这些国家提供了入侵的口实，而领头冲锋的将是那些穿着白大褂的人。朝廷大员们很清楚，必须在没有外国人干预的前提下稳住疫情。这件事不得不交给他们信得过的自己人，而且必须是一位医生。他们挑选的这个人就是伍连德。

作为一个华人金匠的儿子，伍连德于1879年出生在槟城。那里在当年是英国的一块殖民地，现在属于马来西亚。1902年，伍连德作为第一位华人医学生从剑桥大学毕业。之后，他与梅契尼可夫一起在巴黎进修，后来又在德国的哈雷（Halle）与科赫的学生卡尔·弗赖恩克尔（Carl Fränkel）同窗学习。回到东方后，伍

连德接受了在天津北洋军医学堂培训军医的教职。1910 年 11 月，他就是在这里接到了外务部发来的命令他北上前去对付流行性传 155
染病的电报。

当伍连德到达靠近中俄边境的东北城市哈尔滨时，他发现那里的条件的确难符人意，后来回忆道："地方官肯定是个鸦片鬼，以自己是个业余医师而豪，却根本不懂微生物理论，也不相信外国医学。"[3] 哈尔滨没有医院，只有"肮脏的"瘟疫房，疑似病例被往里一扔了事。很多人已经惊慌失措地逃跑了，有些人正在准备南下与家人团聚共度春节。伍连德暂停了所有不必要的火车旅行，把学校、戏院和澡堂子改为消毒站。寺庙和废弃的旅店成了瘟疫医院，闲置的火车车厢则被用作隔离病房。700 名巡警和 1000 名士兵被划拨给他指挥，伍连德使用这些力量强化了挨家挨户的搜寻和检疫隔离。本地人并不愿意合作。对检疫隔离的恐惧是理所当然的，因为人们发现从隔离场所活着出来的机会极为渺茫。人们还受到孝道的约束。当病人还活着时，家里人通常不会将其作为病例上报。而在病人（他或她）死去以后，亲属有时候甚至会将尸体藏起来。

很快，伍连德就怀疑自己所对付的是肺鼠疫。病人显现发烧和胸痛的症状，很快就开始咯血，皮肤也逐渐发紫。发病的人没有一个幸存下来，典型的状况是，病人在几天内就会死去。可是，仅仅怀疑是鼠疫还远远不够。伍连德知道，要想确诊这种疾病，自己必须分离出鼠疫菌，因此，这意味着必须要进行尸检。在辛亥革命前的中国，毁尸属于重罪，会被处以死刑。但是鉴于它在防控疫情中的必要性，朝廷大员们给了伍连德一道进行尸检的官方特许状，由此可见，疫情在当时已十分严峻。对一位在哈尔滨附近做客栈老板的日本女性进行尸检后，伍连德对从其肺部组织中培养出来的细菌作了分析，确定这名女性感染的就是鼠疫杆菌。
156 与此同时，鼠疫病亡者的尸体已经在城外堆积如山。气温降到了零下 20 摄氏度，地面冻得硬邦邦的，根本不可能进行掩埋。伍连德获得了第二道特许状，火化尸体，这又是有悖于中国传统的一种行为。1 月底，恰逢阴历新年，焚尸的柴堆整整燃烧了两天。

4 月，疫情开始逐渐趋缓，伍连德的主子们终于高兴了。虽然鼠疫早已远远传播到河北及其邻近的山东省，并且造成了 60000 人死亡，它却没有跨出中国的国境线。邻国遭到入侵的可能性被消除了。“一夜之间，我被提升为北洋军的高级军官，佩戴了少校的蓝色纽扣，”伍连德夸口说，“于是我再觐见皇帝时就不必经过那些不必要的手续了。”[4] 可是清朝的统治只延续了很短的一段时间。当年 10 月，清政府被推翻了，中华民国诞生。个头矮小却能说会道的伍连德（他穿着袜子站直以后身高只有 5 英尺 2 英寸，相当于 1.6 米）受到新政权的信任。1917 年，他再次受命出征，去抗击另一场致命的呼吸系统流行病。

这次的疫情暴发在山西，也就是前述省长阎锡山的地盘。伍连德的抗疫队伍中也包括传教士万德生。伍氏即将发现，相比于七年之前，他的观念在乡村里面并没有变得更容易为人所接受，尤其是在保守的山西。他在未征得死者亲属同意的情况下试图解剖尸体，愤怒的人群包围了他的车厢并放了一把火。正是这次事件促使万德生在一年以后作出不在王家坪进行尸检的决定，而那次尸检本可以让他作出确切的诊断，“因为伍连德博士前一年在北方［山西］取得这样一个标本时引发了大的麻烦”。

伍连德逃了出来并回到北京，随身带着他想方设法拿到的两
157 个组织样本。1918 年 1 月 12 日，他宣布已经在这些样本中发现了鼠疫菌。同样去过这次疫情暴发的中心地区的医生，以及山西

的地方官员立刻对伍连德的判断进行了批驳。虽然具有那种疾病的种种标志性症状，包括血痰、胸痛和发热，他们还是认为这次疫情比 1910 年那次要温和。引人注目的是，在这次疫情中，死亡只是例外而并不是规律。官员们坚称这仅仅是一种严重的“冬季病”，也就是说更像是流感。

如果的确是流感，则有一件事确定无疑，那就是伍连德没有办法进行证实。他仍然声称自己看到了鼠疫菌。有些人推断，他夸大了对自己诊断的信心，这是为了劝说当局同意实施他认为至关重要的控制措施；或者更简单来说，他已经相信自己就是在和鼠疫打交道。不论真相是什么，在 1917 年冬季蹂躏了山西百姓的这场疾病，其性质依然存疑。这个疑问促使人们推测，事实上这就是西班牙流感的最早呈现。果真如此的话，它又是怎么从闭塞的山西散播到世界各地的呢？根据重新登台的“中国起源论”，中国劳工旅（Chinese Labour Corps，CLC）就是其中的关键。[5]

当流行病在山西肆虐之时，在地球的另一边，战事正酣。交战各国都在中国境内拥有租借地，束手束脚的中国只好在 1914 年宣布中立。最终，中国才在 1917 年对德宣战。然而，中国政府从战争伊始就试图在不损害中立地位的前提下找到一种办法为战争作出贡献，以便在注定要到来的和平进程中于谈判桌上取得一席之地。他们把这样的和平进程视为一个绝好的机会，可以夺回清朝皇帝向外国列强割让的土地。通过与英法两国政府的合作，他们制订了一项计划，组建了一支并不实际参加战斗的劳工队伍，在战线后方承担各种劳动任务，如挖战壕、修坦克、收集弹壳等。这就是中国劳工旅从 1916 年开始的这项大规模秘密行动，使多达 158
135000 人被运往法国和比利时，另有 20 万人前往俄国。

这些人都是从北方各省挑选的，因为普遍认为北方人的平均身高更高，也比南方人更适应寒冷气候。其中大多数都是山东和河北两省的农民，还有一些来自更远的山西。河北位于山西和滨海的山东之间，这三个省份都受到了1917年冬季疫情的波及。英国人通常用传教士招募这些人。美国记者兼特工约瑟夫·华盛顿·霍尔（Josef Washington Hall）在山东旅行时遇到一个人“正在寺庙前的空场上，以绝妙的演说招募苦力”。这是一位在当地非常有名的圣职，被中国人称为“费牧师（Pastor Fei）”。霍尔记下了费牧师对人群的讲话：

> 我要告诉你们，这是一个见世面的机会。你们之中身体强壮的人可以跨过两个大洋，到地球的另一边，那里的人望向天空的方向与你们相反，那里的房子大得像是有围墙的村庄，城里就像你们的打麦场一样干净。你们每天只需工作三分之一的时间，也就是八个小时，可是每个人都能挣三个人的工资，你们的家人每个月在这边都能领取口粮钱。你们不会遇到任何危险，因为有一种像三根房梁的房子那么大的钢铁巨人会保护你们。当大英帝国的国王取得了胜利，他就会把你们送回家，发给你们足够的钱，让你们可以买一块土地，让你们的美名在邻居和后代中受到尊敬。我以我的名誉起誓，这些都是真的。如果有一句假话，你们回来拿我是问。[6]

不幸的是，这些并不是真的。只是历史并没有记载被牧
159 师说服的人是不是回来拿他是问了。作为种族低劣的“中国佬（chinks）”，他们将会受到虐待和剥削，也并不一定被安排在远离前线的安全地带。从1917年开始，招募主要在英国占领下的青岛

进行。应征者在通过身体检查后才能开始环球之旅。起初，体检过程相当的严格和彻底，直至应征者的数量大幅上升迫使原有的体检机构难以应付。体检的目的是要筛查被认为是亚洲人所特有的那些疾病——例如可以导致失明的沙眼——而并非针对普通的感冒，何况他们对感冒也没有办法进行检测。派往法国和比利时的劳工一路向东经过加拿大，或者向西绕过好望角。如果他们取道东线，就会在不列颠哥伦比亚省（British Columbia）的维多利亚（Victoria）入境加拿大。在三个星期的航程中，劳工们像沙丁鱼一样挤在通风不良的船舱里。上岸以后，他们将被关在温哥华岛（Vancouver Island）上的威廉黑德检疫隔离站（William Head Quarantine Station），而那里的条件也好不到哪儿去。之后，他们会像牲口一样被塞进武装守卫下的封闭车厢，横穿北美大陆，抵达蒙特利尔（Montreal）或哈利法克斯（Halifax）。从那里，他们将再次登船，开启最后一段航程，抵达欧洲的杀戮战场。取道西线的劳工则从马赛（Marseilles）进入法国。

有一些碎片化的间接证据对“中国起源论”提供了支持。1917~1918 年的冬天，青岛应征劳工的数量大幅增加。到了 1 月，有很多人感到喉咙疼痛。当费牧师在山东展开招募时，空气中已可以闻到流感的气息。虽然霍尔没有提到看见费牧师的具体日期，但我们可以确定那是 1918 年春的某一天。当天夜里，霍尔在一阵寒意中惊醒。“第二天早上，”他写道，“我已经出现了流感的全部症状。虽然这种疾病已杀死了 100 万 ~ 200 万中国人，他们还是称其为‘小瘟疫’。”那年春季，有几千名中国劳工从青岛出发。有一些证据表明，在温哥华岛上奉命看守他们的士兵中出现了一连串的呼吸系统疾病。这可能只是季节性流感，但不论是哪一种，这些士兵与本地平民混杂在一起，很可能就把这种疾病传染给他们。

160 然而，现存的仅是这些间接证据，因为我们不知道1917年底在山西暴发的究竟是哪种疾病。它在1918年4月结束，夺去了16000人的生命。伍连德是最接近于确认这种疾病的人，但是他的可信性被一团迷雾笼罩。他冒着生命危险取得的两份组织样本早已不存，因此，正如我们知道的，这团迷雾仍将继续飘浮在那里。

“中国起源论”独自存在了很长时间，但是进入21世纪以后，又形成了两种与之对立的理论。根据其中之一的观点，“零号病人（patient zero）”[①]，或称“标识病例（index case）”，也就是第一个患上西班牙流感的病人，并非出现在中国，甚至也没有出现在欧亚大陆广阔的大草原上，而是出现在从西线开出的一列短途列车上，就位于欧洲战场的核心地带。[7]

从1916年至战争结束，英国总共向西线战场运送了超过100万名战斗人员。这条战线从比利时延伸到瑞士，横向切开法国，包含有纵深16公里的复杂战壕体系。但是这一壮观的工程也在后勤保障方面给他们带来了相当大的挑战。当法国人、德国人和俄国人都有数千平方公里的地域为增援部队提供住处，并储备给养和照顾伤病员时，英国人却只能把他们的全部补给行动局限在从前线到大西洋之间的一片狭长地带。他们的解决办法是在埃塔普

① 指第一个染上传染病，并开始散播病毒的患者。在流行病调查中，其也被称为“初始病例”或“标识病例”。

勒（Étaples）建立一座军营，这是位于滨海布洛涅（Boulogne-sur-Mer）南面的一个小渔港。

至今还可以在埃塔普勒看到这座军营的遗迹。它紧挨着镇子的北边，沿着海岸向北铺展开去。在几十平方公里的土地上，时不时有废弃的军火物资从地面冒出来。当你乘着一架 1916 年的军用飞机从上空飞过，低头一看，康什河（Canche River）从这里注入英吉利海峡。映入眼帘的可能还有正在训练的新兵，或许会有一小股逃兵藏匿在环绕四周的沙丘中。继续向北，你会经过“斗牛场（Bull Ring）”。就是在这块臭名昭著的训练场地，士兵在逼迫之下于 1917 年发生了哗变。除了射击场和拘留营，最明显的就是一排 161
排单调的营房。最后，在整个营地的最北边，看着一字排开的 12 座医院，你会不由自主地感到一阵沮丧。这里所拥有的总共 23000 张病床，使埃塔普勒成了当时世界上最大的医疗建筑群之一。

每天，这座杂乱无章的临时城市中都住着 10 万名男男女女。日日都有增援部队从大英帝国的四面八方赶来，附近还有德国战俘营和来自印度支那（即中南半岛）的法国部队。向南 50 公里，在滨海努瓦耶勒（Noyelles-sur-Mer），靠近索姆河（Somme River）河口，坐落着中国劳工旅的总部和属于它的一座医院，其正式名称为“第三原住民劳工总医院（Number Three Native Labour General Hospital）”。总之，有大约 200 万人在这个法国北部的角落里安营扎寨。到了 1916 年，埃塔普勒已经变成一圈拥挤不堪的待宰围栏，这里的人知道他们很快就要死去。英国诗人维尔浮莱德·欧文（Wilfred Owen）曾在这里待过，他在给母亲的一封信中形容这座军营所特有的“奇怪样貌”时写道：“它不是绝望，也不是恐惧，它比恐惧还要更恐惧，如同被蒙住了双眼，面无表情，就像一只死兔子的脸。”[8]

1916 年 7~11 月，在索姆河会战期间，一个晚上就有 10 列救护列车抵达埃塔普勒。很多伤员曾暴露在芥子气中，肺部开始水肿。到了 12 月，也就是在山西的“冬季病”发作整整一年之前，这座军营中就暴发了某种与流感非常相似的疾病。天气随后在 1917 年 1 月底转冷，感染比例则达到了一场小型流行病的规模，尔后，它就随着 3 月的雾气消散了。1917 年 7 月，在医学杂志《柳叶刀》（*Lancet*）上，由 J. A. B. 哈蒙德中尉（Lieutenant J. A. B. Hammond）领导的一个英国陆军军医三人小组对这场疾病进行了描述。他们称其为“化脓性支气管炎（purulent bronchitis）”，并指出其特点是面部会呈现微黑的蓝色。三人小组解剖了一些死者的尸体，发现肺部已充血发炎，而这正是西班牙流感的一个明显特征。[9]

162 化脓性支气管炎是西班牙流感的前兆吗？英国病毒学家约翰·奥克斯福德（John Oxford）给出了肯定的回答。幸运的是，第一次世界大战中有很多兢兢业业保存记录的军医，基于此，奥克斯福德博士提出了一个有说服力的理由。与他进行合作研究的历史学家道格拉斯·吉尔（Douglas Gill）对位于法国城市鲁昂（Rouen）——一个几乎和埃塔普勒同等重要的住院治疗中心——的英国军医院的死亡记录进行了研究，并发现那里差不多在同一时间也发生了流行病。而在 1917 年初，位于英格兰奥尔德肖特（Aldershot）的营地也暴发了几乎完全相同的疾病。[10]

不过，“埃塔普勒起源论”还是存在一个问题：当时没有法国北部地区平民阶层暴发疫情的记录。这种情况看起来十分反常，如此危险的传染性疾病在几个不同的军营里同时发生，而这些军营之间的平民社区却没有被感染，尤其是埃塔普勒军营的生活与市镇并未相互隔绝。[11] 英军士兵与本地女性保持着“友好往来”，且经常拜访镇子里的商店、酒吧和妓院（其中最受追捧的那位女士自称“伯爵夫人”）。但是对此也可能存在一个更为简单的解释：在法国当时的民政体系中，为了保护个人隐私，死亡原因是与死亡讣告分开记录的。当年的死亡登记簿虽然留存至今，但经常提及死亡原因的医生证明则皆已不存。换句话说，或许平民社区中暴发过疫情，但即使真的有，现在也找不到任何记录了。[12]

哈蒙德对化脓性支气管炎作了详尽的描述，但是和伍连德一样，他也没有办法将这种病毒分离出来，所以“埃塔普勒起源论”也只能成为一种推测。奥克斯福德博士既然提出了一个发生得这么早的先兆，他就必须要解释清楚这次大流行缘何经过了如此长的时间才真正暴发。他的观点是，法国北部地区在 1916 年的各方面条件虽然都非常有利于一种新的流感病毒毒株暴发大流行，但结果却截然相反——同样的条件反过来却遏制了大流行。旅行只限于前线与军营之间的往返——当然，只有拥有足够的好运气，你才有可能从前线返回——最多也就是跨过海峡。从哈蒙德所说 163
的暴发到 1918 年春季全球大流行的第一波次，在这一年多的间隔期中，病毒可能保持着一种只在某个地区小范围流行的态势。在此期间，它发生了某种分子水平的改变从而具备了更强的人际传播能力。

如果 1918 年的大流行并非起源于中国或法国，而是起源于更西边，也就是循着第一个有记载的病例的那条轨迹呢？第三种理论认为，零号病人并非埃塔普勒的一个在毒气战中受伤并康复的士兵，也不是在山西的山壁和沟壑间劳作的中国农民，而是在位于美国的地理中心附近的“向日葵之州（Sunflower State）”堪萨斯进行劳作的美国农夫。

芬斯顿兵营的征兵范围包括往东500公里远的哈斯克尔县（Haskell County）。该县是堪萨斯州当时最穷的地方。本地人居住在草皮屋中，以种植玉米、饲养家禽和猪维生。1918年1月，这里的人们开始生病，其中一些人发展成肺炎并死去。即便流感在当时的美国尚不属于应上报的病种，但当地的一位医生洛林·迈纳（Loring Miner）对疾病暴发的严重性十分警觉，立即将情况上报给了美国公共卫生局。3月中旬，流行病消退，除了悲伤中的哈斯克尔县居民，也就没有人再琢磨它了。但是，此时的芬斯顿兵营的医务室却挤满了生病的士兵。

3月30日，兵营的首席医务官致电华盛顿特区汇报自己发现的疫情。就在同一天，更早发生在哈斯克尔县的疫情出现在公共卫生局的周刊上。将近九十年过后，美国记者约翰·巴里（John Barry）① 认为，这两个事件之间可能存有关联——来自哈斯克尔的年轻人可能是个在农场里长大的小伙子，只知道敬畏上帝而从来不知还有其他的生活方式，便在不知不觉中将病毒带进了美国的
164 战争机器，之后进一步输往世界各地。[13]

当人们试图追踪大流行春季波次的传播，那就从芬斯顿兵营的第一个病例开始，向东一直到法国，这是一条令人满意的单向

---

① 巴里的作品《大流感：最致命瘟疫的史诗》（*The Great Influenza: The Story of the Deadliest Pandemic in History*）在2005年被美国科学院评为年度科学和医学类图书。

直线。可是，请不要忘记，那年春季还有守卫森严的火车运载着大批的中国劳工横贯北美大陆。虽然我们没有理由相信他们与所经过地区的居民发生了接触，但是也不能排除会有个别的卫兵出现短暂的松懈，或是出于同情而让可怜的乘客下车舒展筋骨。士兵接到的命令是将这些人尽可能在隔绝的状态下运往东部，并没有意识到自己同时也在守卫着一条防疫封锁线。到了 1918 年 4 月，中国已经陷于又一场流感样症状的疾病中。很显然，这是一场新的流行病，尽管它在时间上与前一年冬季在山西开始的上一次疫情有所重叠。[14] 按照中国医学界的一致意见，这场新的流行病肯定属于“冬季病”，而不是鼠疫。它并不致命，而且一般情况下四天就能过去。（伍连德对此并不认同，他确信这还是在山西暴发的同一种疾病，都是鼠疫。但是只有很少数人同意他的观点。）因此，就的确有可能是中国劳工将流感带到了北美东海岸。更让人迷惑的是，有证据表明纽约人是在 1918 年 2 月底开始患病的，先于吉切尔被芬斯顿兵营医务室收治的时间。这就使一些人认为纽约是被从法国返回的部队传染上流感的。

到目前为止，所有三种有关西班牙流感的起源理论都已摆到了桌面上。为了从中作出选择，我们需要将假定的先兆事件中不同流感病毒的毒株与 1918 年秋季传播的毒株进行对比，而这已几乎不可能发生。到了 21 世纪，科学家们发现了一项新的证据，说明其中一种理论比另外两种具有更大的可能性，我们在后面将会 165
继续谈到它。只是，这种证据虽然很有诱惑力，却并非确定无疑。于是，我们只能在 2017 年说出这么一句更有确定性的论断——西班牙流感并非起源于西班牙。

那么现在就要注意了，如果“中国起源论”是正确的，严格来讲这次全球大流行就并非由战争所致。零号病人是中国内陆偏远山村中一个可怜的农夫，当他病倒之时，所从事的生计是祖辈们世世代代已重复了无数次的，他甚至都不知道有一场战争正在进行。如果流感是从堪萨斯起源，情况也同样如此。只有当它的起源地是法国，这次大流行才能被称为是一种冲突的产物。因为在那种情况下，它是从一座聚集了很多男人（和一些女人）的军营里发酵出来的，这些人聚在这里有着明确的目的，那就是要去杀死别人。还存在着最后一种可能性，就是这三种理论都是错误的，这次大流行的真正源头仍有待于我们进一步去探索。

第 12 章　统计死亡人数

死了多少人？当疫情甫一结束，人们就想搞清楚这个问题，166 并不只是为了估量全球大流行对人类造成的影响，以便留下直接的历史记录，也是为了从中吸取有益于未来的经验和教训。对上一次大流行，即 1890 年俄国流感的死亡人数，人们有一个大致的概念，它杀死了大约 100 万人。如果西班牙流感的死亡人数也处在这个范围之内，那它就仅是定期发生的一次普通流感而已，人们也就知道该如何应对了。可是，如果它的死亡数字比俄国流感要高出很多，结论就肯定有所不同：是这次流感疫情本身，抑或是 1918 年整个世界的状况，甚或是与这两方面都有关的某些东西共同造就了一场异乎寻常的悲剧。

在 1920 年代，美国细菌学家埃德温·乔丹（Edwin Jordan）[①]估算有 2160 万人死于西班牙流感。从那时开始，人们逐步了解到这还只是最乐观的结果。但是它已经高于第一次世界大战的死亡人数，而且相当于俄国流感死亡人数的 20 倍。现在，我们知道乔丹的数字是低估了的，但是这个数字七十年来一直为人们所接受，这就意味着在事件发生后的如此漫长的时间中，人类对所遭受的损失仅有一个模糊的概念。

不必苛责乔丹。在 1920 年代，流行病学还很稚嫩。流感和肺炎的诊断标准是模糊的，许多国家在和平时期并没有死亡人口的

---

① 著名细菌学家，对建设美国公共卫生体系作出了杰出的贡献。针对西班牙流感的死亡人数，著有《流行性感冒》（*Epidemic Influenza*）一书。

统计数据，更何况还有国界的变动和战争造成的动乱。在数据完备的国家，也有可能计算出过高的“死亡率（mortality rate）”——这项指标是一种量度，可以反映实际死亡人数比“正常”的，或者说是未暴发疫情的年份中的死亡人数多了多少——但是这里隐
167 藏着大量的诊断错误。在 1918 年，并没有“实验室确认死亡”这样的概念，因为还没有人知道流感是由病毒引起的。而且，流感的全球大流行并没有明确的开始和结束。它闯入季节性流感的周期中，将“患病率（morbidity rate / sickness rate）”① 和死亡率的曲线严重扭曲，然后消退，直到这些曲线再次显现它的降临。即使在今天，我们已经掌握了用以分辨季节性感冒和全球大流行毒株的工具，确定大流行的范围基本上也还是一项主观武断的工作。

1991 年，两位美国流行病学家戴维·帕特森（David Patterson）和杰拉尔德·派尔（Gerald Pyle）将乔丹的估算提高到 3000 万人。虽然这还并没有超过造成了 2 倍于此死亡人数的第二次世界大战，但也说明这是一次比之前人们所认为的更大的灾难。他们将一些在乔丹之后的年代里呈现的新数据包括在内，但是只计算了秋季第二波次的死亡数据。世界上某些地区的数据也并没有比乔丹所掌握的更好。他们接受了乔丹的一些推测，比如苏俄的死亡人数是 45 万，以及他的附带说明——这个数字只不过是一种猜测，如同“在黑暗中胡乱开枪”。“对中国的数据则一无所知，”他们写道，“但是在 4 亿 ~ 4.75 亿的庞大人口中，死亡人数一定也十分惊人。”[1] 俄国和中国都是人口众多的国家，计算它们的死亡人数时出现的误差会对全球数据产生严重的影响，所以，有必要更为详细地检验帕特森和派尔对两国数据的估算。

---

① 指一定时期内某病新旧病例人数之和占同期暴露人口数的比例。

45 万的死亡人数占苏俄当时总人口的 0.2%。如果这是正确的，那么俄国的流感死亡率在欧洲各国中就是最低的。对于一个处在内战中的国家，日常生活的基础设施已全部崩溃，这一比例似乎有悖于我们的直觉。从敖德萨的例子中我们就可以看出，这个数字并不真实，实际数字很可能要高出很多。我们知道当时的敖德萨人往往会同时感染不止一种疾病，所以误诊的概率相当大。老城医院的病理学家蒂森高森发现，肺部充血是这种流感的标志 168
性特征，出现在很多生前并没有被诊断为流感的死者身上。蒂森高森在城市中的殡仪馆还有一份工作。在那里，他发现同样的特征也出现在被误诊为霍乱，甚至只是被模糊地诊断为"瘟疫"的死者身上。他还看到已被确诊为西班牙流感的一些人，同时也感染了伤寒、痢疾（dysentery）、肺结核以及其他的严重疾病。

维亚切斯拉夫·斯特凡斯基曾经是巴达赫的学生，也在老城医院工作。他注意到在所有因流感而入院的病人中，约有 8% 最终会因病死亡，而其他医生在犹太医院也记录下相似的"病死率（case fatality rate）"①。相比之下，全球的病死率只有 2.5%。[2] 1950 年代，由 V. M. 日丹诺夫（V. M. Zhdanov）领导的一支苏联流行病学家团队作出估算，在 1918 年 10 月有 70000 名敖德萨人感染了西班牙流感。[3] 如果他们是正确的，并且斯特凡斯基和他的同伴在犹太医院计算出的病死率是真实的，那么敖德萨就有 6000 人在当月死于西班牙流感。这个数字占当地人口总数的 1.2%，6 倍于帕特森和派尔将苏俄的整个秋季波次作为一个整体所估算出来的死亡率。

日丹诺夫认为敖德萨因流感而遭受的损失在苏俄所有主要城市中最为严重。所以，如果俄国只是由城市组成，我们就要将此

---

① 指一定时期内因病死亡人数占同期发病总人数的比例。

数据向下调整。但俄国当然并不只是由城市组成。实际上，城市人口只是少数，在一些地区只占总人口的 10%~20%。如果敖德萨的流感疫情很严重，那么周边地区的乡村一定也同样糟糕，那里的情况往往是数万居民只依靠一位缺乏药品的医生。而且我们也看到了，药品并不管用。但是，医生本身，更重要的还有护士，**能够**带来很大不同，可是他们是十分缺乏的。1919 年，红十字国际委员会（International Committee of the Red Cross）派遣法国官员欧内斯特·莱德雷（Ernest Léderrey）前往乌克兰检查卫生状况。莱德雷在报告中提到，有些村庄在过去一年中已有 15%
169 的居民死于斑疹伤寒和西班牙流感，现在又添上了痢疾（医生们注意到西班牙流感常常能使饥饿结束）。随着冬季的降临，残存的“zemstvos”，即十月革命前的地方自治局，努力通过建立临时医院来提供帮助。“但是，当每家都至少有一个病人需要隔离时，这 50~60 张床位又能有什么作用呢？”莱德雷写道，“杯水车薪而已。”[4] 如果我们用 1.2% 的死亡率乘以这个国家的全部人口，得出的数字是：有 270 万俄国人死于西班牙流感。

因为无法确定在中国暴发的是哪一种流行病，所以中国的死亡数字仍是一个难解之谜。在这个国度里，没有哪一年不发生一场流行病，西班牙流感很有可能夹在了两次肺鼠疫的流行之间；分别发生于 1917 年 12 月、1918 年 10 月和 1918 年 12 月的这三个波次的呼吸系统疾病，也有可能均是由流感病毒引起；还有一种可能，即一种尚未确定的致病微生物造成了其中一个或多个波次的疫情。

美国和英国这些富裕国家在西班牙流感中损失了 0.5% 的人口。通过对贫困国家所作的推算，假定中国遭受的损失小于印度（印度的数据是美国的 10 倍），帕特森和派尔得出了中国的死亡人数在 400 万 ~ 950 万之间。但是他们找不到来自中国的原始数据，因为在军阀割据时期，中国缺少集中上报的健康数据，而匆忙赶去帮助病人的传教士也没有进行系统的数据收集工作。在当时的中国，只有外国人控制下的个别地区，统计健康数据才属于一项日常工作。1998 年，日本学者饭岛涉利用这些数据作出了一项新估算。基于对外国控制下的中国香港和东北地区南部的计算，并辅以大量的附加说明，他推测只有 100 万中国人死于西班牙流感。[5]

可是，饭岛涉的估算并非没有问题。他所作的一个假设是
流感从港口传入，而落后的交通条件阻挡了它对内陆的入侵。但 170
是，远在内陆的山西省省会太原在 1918 年时已经通过一条铁路与北京相连，而传闻中的一些证据也说明山西的疫情远非温和可以形容。1919 年，作为对致命流行性疾病有第一手经验的人，万德生将暴发于 1918 年 10 月，并在当地肆虐了三个星期的疫情描述为“过去的一年中，医学文献所披露的最为致命的流行病之一”。[6] 1918 年 11 月，针对同一次疫情，《北华捷报》（*North China Herald*，又名《华北先驱周报》或《先锋报》）报道，在山西有一座名为“太古”的小镇，死了好几千人。中国邮局所保存的当时的报告也提到了邻近两省的受害者很多，包括东边的河北和西边的那个在名字上跟山西容易引起混淆的陕西。在河北省，相比于 1918 年初暴发的肺鼠疫，这次的流感造成了更多邮政工作者的死亡。如此看来，至少存在一定的可能性，流感在 1918 和 1919 年曾在中国广泛传播，而且也是循着与世界上其他地区相似的模式——温和的春季波次、严重的秋季波次以及可能在 1919 年初暴发的第三波次——因此，至少在中国的部分地区，实际上死亡了很多人。所以，就中国的情况而言，帕特森和派尔的研究可能更贴近于实情。

1998年，适逢这次全球大流行80周年纪念，澳大利亚历史学家尼尔·约翰逊（Niall Johnson）和德国流感历史学家尤尔根·穆勒（Jürgen Müller）再次将全球死亡人数上调。他们的理由是，此前的估算只代表了真实情况的冰山一角，被感染的农村人口和少数族裔存在不成比例的大量漏报，而且有迹象表明，部分缘于历史上的隔绝状态，这些人群遭受了非常严重的减损。至此，单是印度死亡人数的估算就已高达1800万，是当时印度人所相信数字的3倍。对比之下，乔丹的全球死亡人数共计2160万的估算数据看上去就“低得离谱”了。约翰逊和穆勒得出的死亡人数估算数据是5000万，其中亚洲有3000万。但是，他们强调：
171 “即使是如此巨大的数字，也依然大大低于实际情况，有可能被低估了100%。”[7]

100%的低幅意味着死亡人数可能高达1亿，而如此之大、如此之整的一个数字，好像轻而易举地就从有关人类痛苦的各种观念中滑过，以致根本无从想象在这一长串的零中包含着多少悲惨和伤痛。我们所能够做的，只有将它与其他的一串串零进行比较——尤其是第一次世界大战和第二次世界大战——从而使其化为一个简单的数学问题，最后得出结论说，这是20世纪世界人口遭受的最大灾难，也可能是整个人类历史上的最大灾难。

在流感全球大流行的历史记录中，西班牙流感独一无二。目前，大多数科学家都同意，触发西班牙流感的事件——这次大流行的病毒毒株从鸟类向人类溢出——无论是否存在战争，都迟早会发生，但是战争使它具有了罕见的致命性，同时，战争也帮助它传播到世界各地。很难想象出还有比这更有效的散播机制——在严重的秋季波次中，大规模的部队遭到遣散，成千上万的士兵踏上前往世界各地的旅程，所到之处都有狂喜的人们举办的各种欢迎回家的聚会活动。西班牙流感教给了我们什么呢？从本质上来说，另一场流感的全球大流行是不可避免的，但是它会杀死 1000 万还是 1 亿人，则取决于它将出现在一个什么样的世界中。

第六部分　科学的救赎

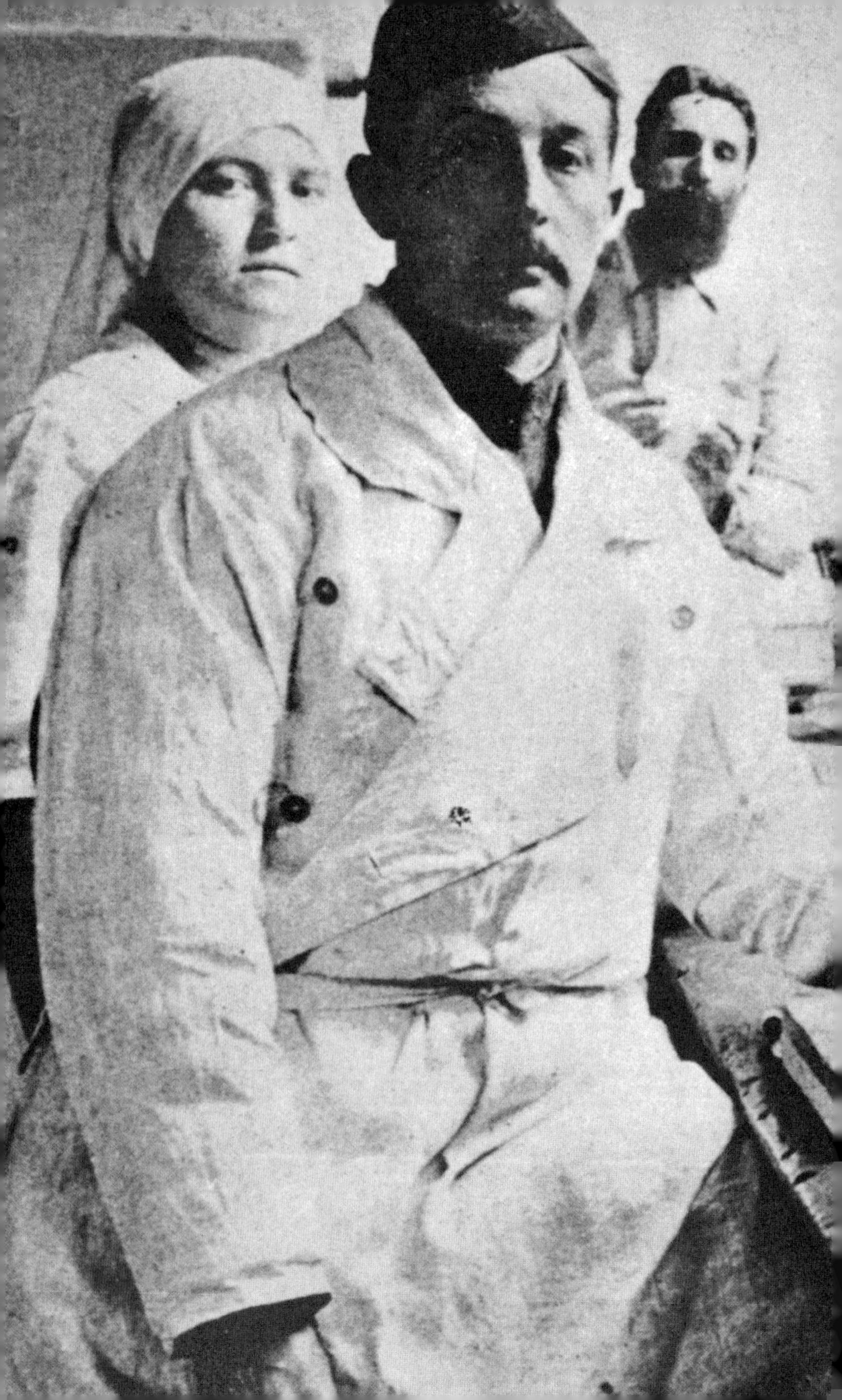

1915 年，加来，一所陆军实验室中的勒内·杜贾里克·德·拉·里维埃。

第 13 章　谜一样的流感

在 1914 年 8 月的盛夏酷暑中，沙俄流亡者、诺贝尔奖获得者埃黎耶·梅契尼可夫历尽千辛万苦，穿过笼罩在战争阴云下的巴黎，抵达了巴斯德研究所（Pasteur Institute）[①]。他是路易·巴斯德的助手，也是雅科夫·巴达赫、伍连德等人的导师，而这个机构是世界领先的传染病研究中心和疫苗生产基地。一进门，他就发现这里已经被军队接管。大部分年轻的科学家去服现役，所有的试验动物都被灭杀。作为一个在年仅 8 岁时就宣布放弃信仰上帝的人，梅契尼可夫热情地相信文明的发展有赖于科学的进步。但在当时，审视着眼前空无一人的研究所，他气得浑身哆嗦。 175

路易－费迪南·塞利纳（Louis-Ferdinand Céline）在小说《茫茫黑夜漫游》（*Voyage au bout de la nuit*，也译《长夜行》）中为梅契尼可夫塑造了一个不朽的形象。那是一个名叫谢尔盖·帕拉皮纳（Serge Parapine）的古怪疯狂的天才，“总在脸颊上留几撮毛，看上去像个逃犯”，他在巴黎一所著名的研究所里工作，在充斥着难闻味道的走廊中，他时而大声咆哮，时而喃喃自语。研究所里的其他人员都是“花白头发的老学者，会提着雨伞姗姗走到自己的工作岗位，他们被过分认真的刻板程序、令人厌恶的操作搞得呆头呆脑。他们为了微薄的工资长年累月被困在这里与细菌打交

① 巴斯德研究所成立于 1887 年，总部位于巴黎，是法国的一个私立非营利性研究中心，致力于生物学、微生物学、疾病和疫苗的相关研究，其创建者路易·巴斯德于 1885 年研发出第一剂狂犬病疫苗。

道，守着瓶瓶罐罐，没完没了地拨弄蔬菜屑、窒息的豚鼠和其他腐烂物”。但是，在那个夏天，梅契尼可夫凭直觉感到自己的时代将要结束。在那样的时代里，就像塞利纳曾尖锐形容的，人们对科学的信心一路高涨，相信人类终将战胜“人群疾病”。

176 首先，即便正处在战争中，人类也必须阻止疾病的侵扰。年轻的科学家勒内·杜贾里克·德·拉·里维埃（René Dujarric de la Rivière）在战争爆发之际离开了巴斯德研究所。作为一位来自佩里戈尔（Périgord）的 29 岁贵族，他与同龄人一样被吸收进了军队的实验室系统。四年以后，当西班牙流感的第二波次暴发，他正在特鲁瓦（Troyes）的中央陆军实验室工作。“当一支炮兵部队经过香槟地区向前线挺进时，我正在那里，眼看着这些人再也没有离开。所有的人，包括士兵和军官，全都突然倒下，不得不紧急入院治疗。”[1] 军方发起了一场疫苗接种运动，使用的是大流行开始之前由巴斯德研究所研发的抗肺炎致病菌疫苗。杜贾里克曾在位于布雷斯劳的理查德·费佛的实验室工作过一段时间。在那里，费佛就像“枢密顾问（Geheimrat / privy counsellor）”一样，被同事们给予极大的尊敬，但杜氏现在开始怀疑费佛氏杆菌并非引发流感的真正原因。

并不是只有杜贾里克抱有怀疑。费佛氏杆菌的拉丁语学名为“Haemophilus influenzae”，它确是存在于鼻腔和喉咙中的一种细菌，能够导致感染，有些情况下还是很严重的感染。虽然在许多流感患者身上发现了它，却并非在所有患者身上都能发现。纽约市卫生局的细菌学家威廉·帕克（William Park）和安娜·威廉姆斯（Anna Williams）从数十位流感病故者的尸体上采集了肺部组织样本，然后在凝胶状的培养基中培养细菌，以确定是否存在这一物种。他们发现，即便培养基中出现了费佛氏杆菌，它好像也是存在于不同的菌株中。这十分反常：因为在一场大流行中，人们始终会发现相同的菌株。而在这个集合体中，它肯定不是唯一一种细菌，还包括大量的链球菌（streptococcus）、葡萄球菌（staphylococcus）和肺炎球菌（pneumococcus），这些也都可以引发呼吸系统疾病。当时还是英国王家陆军医疗队上尉的亚历山大·弗莱明（Alexander Fleming）[①] 利用来自其他地方，包括埃塔普勒的组织样本确认了帕克和威廉姆斯的实验结果。有些结果甚至更进了一步。早在 1916 年，一位波士顿的医生米尔顿·罗西瑙（Milton Rosenau）[②] 就提出了自己的怀疑，流感的病原体 177
（causative agent）可能是病毒，即一种非常微小的生物体，甚至可以穿过当时用来从液体中捕获细菌的由陶瓷制成的“张伯伦氏滤菌器（Chamberland filter）”的细孔，于是便被通俗地称为“滤过性病毒（filterable virus）”。

杜贾里克可能知道弗莱明的工作，甚至也了解帕克和威廉姆斯的工作，以及罗西瑙的怀疑。1915 年，在去特鲁瓦之前，他曾负责运营位于加来（Calais）的北方地区陆军实验室。正是在那里，英国伤寒疫苗的发明者阿尔姆罗思·赖特（Almroth Wright）可能与他产生了交集。赖特征用了邻近的布洛涅（Boulogne）的一家赌场，将其改成了实验室。病床替代了赌桌，枝形吊灯被亚麻布裹上。他还派下属弗莱明等人到那里工作。他们与哈佛大学

---

① 生于苏格兰的英国细菌学家和生物化学家，于 1928 年首先发现了青霉素，并因此获得了 1945 年的诺贝尔奖生理学和医学奖。

② 美国公共卫生专家，欧美公共卫生学界权威性著作《罗氏卫生学》（*Rosenau Public Healthand Preventive Medicine*）的初版作者。

建立的一家美国医院共享这个地方。当时赖特已经非常出名，人们络绎不绝地前来拜访这个赌场。弗莱明的法语传记作家安德烈・莫洛亚（André Maurois）当时在英军里做翻译和联络官。据他所说，尽管英国人和法国人对待战争的态度存在差异，但弗莱明与法国人相处融洽。对于法国人来说，战争近乎宗教仪式，所以必须严肃对待；而英国人在履行职责的同时则不会错过任何休息放松的机会。据莫洛亚讲述，弗莱明和另外一个人，有可能是赖特，某天正在摔跤取乐，房门突然被推开，进来了一支法国高级军医代表团。两位摔跤手赶紧站起身来，即刻投入与来访者的学术交流中。但是，一位亲历者回忆说："我不会忘记法国军医在看到这个场景时脸上呈现的那种表情。"

他们可能无法认同把战场当作接触式运动的竞技场，但在流感并非由费佛氏杆菌引发的观点上，他们达成了共识。1918 年 10 月初的某一天，当杜贾里克在特鲁瓦街头散步时，他偶然遇上了一位老朋友，巴斯德研究所的安托万・拉卡萨涅（Antoine
178 Lacassagne）。他们两人上次见面还是在战争开始之前，当时，拉卡萨涅正被派到特鲁瓦帮助部队进行疫苗接种工作。"聊了一会儿后，他向我提出一个奇怪的建议，"拉卡萨涅几年后回忆道，"杜贾里克让我帮他注射经过过滤的一个流感病人的［血液］，他认为这个试验可以验证他的假设。我向他指出这将给我造成道德上的困境，但是他最后说服了我，让我给他注射而不是由他自己进行，这是最好的办法，反正他已经下了决心一定要做这件事。10 月 8 日，星期二上午，在他的陆军实验室，我为他进行了注射。"[2]

第二天，拉卡萨涅有事去了巴黎，所以直到几个月以后他才知道这次试验的结果。杜贾里克在两天内没有什么变化，之后就出现了第一个症状。他试图描述这种疾病的病程："第三天和第四天，突然发病，严重和持续的前额头疼，全身酸痛……体温在 37.8~37.9 摄氏度之间……第四天晚上焦虑不安，做噩梦，盗汗。第五天，疼痛消失；在过去两天里那种难以名状的不适感消失后，出现了令人非常愉快的轻松感……此后几天，一切回复正常，只留下一点疲乏的感觉。第七天，出现了持续的心脏症状：间歇性但非常不舒服的胸痛、脉搏不规则、稍一用力就觉得气短。"

在几天之后进行的第二次试验中，杜贾里克将一个流感患者的痰液涂抹在自己的喉咙里，之后却没有等来进一步的症状出现。他因而得出结论，第一次试验使他对第二次感染拥有了免疫力。出乎意料的，他现在处在健康状态，而身边却一团糟。杜贾里克努力写下了自己的发现，并在几天内交给了巴斯德研究所所长埃米尔·鲁。10 月 21 日，在鲁向法兰西科学院（French Academy of Sciences）代为提交的报告中，杜氏认可这仅仅是一个初步的研究，但关键问题在于他给自己注射的血液是经过过滤的，也就是无菌的。这从而提出了一种可能性，流感是由病毒引 179
起的。[3]

杜贾里克所说的"病毒"指的是什么呢？他自己可能也不确定。他能说出来的仅限于这是一种比细菌小的能够传染疾病的东西。可是，在把它描述为一种活有机体时，杜贾里克可能也会犹豫再三（实际上，有关病毒是死的还是活的的争论一直持续到今天：如果一种有机体不能依靠自身进行繁殖，那么还能否将它称为活的呢？）；另外，他至少同意还存在另一种可能性，即他用来感染自己的是一种更像有毒液体的东西。

凑巧的是，在法兰西科学院的同一进程中，另外两位研究人员夏尔·尼科勒（Charles Nicolle）[1]和夏尔·勒贝利（Charles Lebailly）也上报了同样的结论。他们俩供职于巴斯德研究所突尼斯分所。9 月初，他们以一名西班牙流感患者的痰液为一只猴子和两名志愿者做了预防接种。给猴子用的是没有经过过滤的痰液，而给人接种的是经过过滤的。猴子的接种部位是内眼皮和鼻腔（这两处都被认为是空气传播的路径之一），几天后，猴子出现了流感样症状：高烧、食欲减退、倦怠。接受皮下注射的那个志愿者也在同一天发病，而接受静脉注射的另一个志愿者则安然无恙。尼科勒和勒贝利得出结论，这种疾病是由滤过性病毒引起的且不能通过血液传播。

不约而同，杜贾里克·德·拉·里维埃以及尼科勒和勒贝利都在第一时间公布了他们的新发现：流感可能是由病毒引起的。此后，在 1918 年底之前，德国、日本和英国的科学家也都进行了相似的试验，得出了近似的结论。和杜贾里克一样，德国科尼希斯贝格大学（University of Königsberg）的胡戈·塞尔特（Hugo Selter）也在自己身上进行了试验。20 世纪上半叶是一个自我试验的年代（梅契尼可夫就曾故意让自己感染过霍乱等致命性疾病），那正是
180 战争的时代，当周围的人都在用自己的生命冒险时，你这么做或许就会容易一些。并没有在自己身上进行试验的英国研究团队，也在 1918 年 12 月公布了他们的初步发现。其中有一位格雷姆·吉伯森（Graeme Gibson），他正在靠近埃塔普勒的阿布维尔（Abbeville）的军队实验室里准备后续的报告。在长时间的工作后，他染上流感病倒了。当这份报告在次年 3 月发表时，他已经去世了。

---

① 法国细菌学家，因辨认出虱子是传染斑疹伤寒的媒介而获得 1928 年诺贝尔奖生理学和医学奖。

尽管这些科学家非常勇敢，但他们的发现在可靠性上还是受到了影响。这些试验都是在大流行期间进行的，在那段时间里，他们不可能确定自己的实验室没有被无所不在的流感病毒所污染，所以很难知道他们的试验对象是从哪个途径被传染的。只要仔细看一下，任何人都会发现杜贾里克与尼科勒和勒贝利的结果是相互矛盾的：杜贾里克认为他是通过将过滤液注射进血液使自己染上流感的，而突尼斯的那两位排除了血液作为传播途径的可能性。事实上，尼科勒和勒贝利是对的：流感并不能通过血液传播，所以杜贾里克不可能是通过拉卡萨涅为他进行的注射而患上流感的。他可能是在为试验作准备时，躬下身子为四名病情危重的士兵采血，于是经由通常的途径——空气——感染了流感，并像通常情况一样在接种后 2~3 天发病。换句话说，这是一种在科学研究中经常发生的现象，杜贾里克从错误的原因推导出正确的结论。

在严峻的秋季波次中，罗西瑙和他在波士顿的同事约翰·基冈（John Keegan）也曾试图证明流感的病原体具有滤过性，但是他们未能成功地传播这种疾病。还有一些人也失败了，但是他们的结果和法国同行们的一样靠不住。举例来说，接受试验的志愿者未能如预想的那样生病，这可能是因为他们都曾在春季波次中接触了病毒，进而获得了一定的免疫力。然而，在当时的科学界，人们只是依据自己所倾向的理论来解读这些试验结果的。枢密顾问本人，理查德·费佛仍然坚持认为“他的”杆菌是最有可能的 181
致病候补者。他的支持者认为，如果罗西瑙没有找到病毒，那是因为根本就不存在病毒等着让他去寻获（出于对数据的信任，他同意这些人的观点——这是一个因正确的原因而作出错误结论的例证）。此外，当人们感到很难解释为什么在一些流感病故者的肺部组织中很难发现费佛氏杆菌时，费佛阵营把这归咎于落后的工具和方法。抗菌疫苗在对付流感中起到了一定作用，因为它有效地对抗了致命的次生感染，但这一点并无助于我们拨开笼罩着流感的那团迷雾。

直到 1930 年代，这团迷雾才开始散去。1918 年流感的一个特别之处在于，与此同时，猪身上也发生了一场非常相似的疫情。确实是非常相似，以至于这场猪瘟也被称为“猪流感”。当时，兽医认为这对猪来说是一种新的疾病，但从那以后，这种病在兽群里周期性地暴发。1931 年，在这样的一次疫情过后，美国病毒学家理查德·肖普（Richard Shope）在更加困难的条件下证实了杜贾里克和塞尔特以及其他人早先试图证明的，即流感是由滤过性病毒引起的。两年后，在位于伦敦的英国国家医学研究所（National Institute for Medical Research），一支英国科学家团队在人身上进行了同样的试验。其中有一个人叫威尔森·史密斯（Wilson Smith），当一只雪貂在他面前打过喷嚏后，他就被传染上了流感。他们进一步展示了一种滤过性病原体可以将流感从雪貂传染给人，还可以再从人传染给雪貂。（这种病原体到底是一种有机体还是一种毒素，在当时仍是一个有待回答的问题。到了 1950 年，这支伦敦团队才开始相信，是的，他们与之打交道的是一种有机体。）

从区区一只雪貂的喷嚏开始，有关流感的纷繁复杂的生物学图景渐次铺陈开来。当一种病毒感染了一个人，他或她的免疫细胞就会分泌一种微量的、被称作抗体的蛋白质。抗体会将自己附着在病毒上，使病毒失去活力。感染过去以后，抗体可以在血液中继续存留长达数年，作为曾经发生过感染的证据。到了 1930 年代，科学家已经具有从血清（serum，即供血液中的其他成分漂浮其间的澄
182 明液体）中检测抗体的能力。当他们发现，在某一次流感暴发中产生的抗体并不一定能在下一次暴发中为人们提供保护时，他们才意

识到流感是以不同的变种一次次地来到人间。科学家们最终确定了三种不同类型的流感（最近又增加了第四种类型）。甲型（A）、乙型（B）和丙型（C）流感都可以成为流行病，但是只有甲型会造成全球大流行。丙型流感比其他两种都要温和，传染性也相对较低。[①] 不用说，导致西班牙流感的正是甲型流感病毒。

科学家之所以很难相信是病毒导致了全球大流行，原因之一在于：与许多侵入流感患者肺部的条件性致病菌不同，也不论人们使用什么样的培养基，都没有办法在培养皿中将它培养出来。在这里，“培养（grow）”的意思就是使它采取行动制造出更多自身的副本。然而，众所周知，病毒的繁殖无法离开宿主的细胞。为了进入宿主的细胞，病毒表面被称作“抗原（antigen）”的蛋白质结构首先要与细胞表面的受体结合。这二者一定要互相适合，就像一把钥匙开一把锁一样。但是，当它们这么做的时候，会引起一连串的分子层面的事件，使病毒能够进入细胞内部（抗体的作用就是把自己附着在这样的一个抗原上，从而防止它再去附着宿主细胞的受体）。一旦进入细胞内部，病毒就会征用细胞的增殖机构来生产自身成分的副本。这些成分就会组成新的病毒。新病毒冲出细胞，并在此过程中将细胞杀死，然后它再去感染其他细胞。对于人类，流感病毒入侵的是呼吸道黏膜细胞，当这些细胞被杀死后，呼吸道黏膜就遭到了破坏，其结果就是出现流感的症状。

---

① 流行性感冒病毒（influenza virus）包括人流感和动物流感病毒，分甲（A）、乙（B）、丙（C）、丁（D）四型，是流行性感冒的病原体。其中，甲型在动物中广为分布，能造成全球大流行；乙型仅在人与海豹中发现，常引起局部暴发，但不会导致全球大流行；丙型仅在人与猪中发现，以散在形式出现，一般不引起流行；丁型仅在猪和牛中发现，但尚未有人受到感染的报道。

1931 年，即肖普确定猪流感是由病毒引起的同一年，美国病理学家爱丽丝·伍德罗夫（Alice Woodruff）和欧内斯特·古德帕斯丘（Ernest Goodpasture）成功利用一枚受精的鸡蛋培养出一个病毒。之前，他们发现鸡蛋可以被感染上一种由病毒引起的叫作“鸡痘（fowlpox）”的禽类疾病。他们的成功意味着从那时开始可以在实验室中大批量地生产病毒而不会再受到细菌的污染。
183 更进一步地说，也就意味着科学家可以在未发生流行性传染病时安安静静地对病毒进行研究，进而开发出抗病毒用的疫苗。1936 年，第一支流感疫苗被一位俄国人 A. A. 斯摩罗丁塞夫（A. A. Smorodintseff）制造出来。他把一个流感病毒放在鸡蛋中培养，再将繁殖效果比较差的病毒后代提取出来，放在另一只鸡蛋中培养。这一过程被反复操作了 30 次，直到最终得到一种完全不能自我复制的病毒，换种方式说，就是温和的病毒。之后，他把这种病毒注入了人体。第一个接受试验的人类志愿者只出现了几乎难以察觉的发热症状，但是针对流感的再次感染却使他获得了保护。

斯摩罗丁塞夫的疫苗被用于俄国工厂的工人，以期减少呼吸系统疾病导致的缺勤。同样的疫苗此后在苏联使用了五十年，有超过 10 亿人被接种过。但是它只能预防甲型流感，并且还有其他的局限性。尤其是病毒会在接种者体内继续繁殖，并有可能重新具有毒性。后来，科学家发现，他们可以通过化学物质甲醛进行处理，从而使病毒停止繁殖。虽然要求注入体内的病毒数量很大，但这种“灭活的（inactivated）”病毒终究还是能够预防再次感染的。

后来，“多价疫苗（polyvalent vaccine）”被开发出来，即能够预防不止一种类型流感的疫苗。1944 年，抵达欧洲参加第二次世界大战的美国军队第一次大规模接种了包含多种类型灭活病毒的流感疫苗。乔纳斯·索尔克（Jonas Salk）当年就参与了这项工作。

他后来以脊髓灰质炎疫苗的发明者身份而名扬天下（在 1950 年代，他的名字甚至比美国总统还要闻名）。20 世纪初，他的纽约同乡中那些世界级的病毒学家曾为解开西班牙流感之谜付出过不懈的努力，他对病毒的着迷正是受到他们的激励。

于是，科学家们在 1940 年代对流感作了分类。他们研究了形形色色且毫不相干的动物身上的流感病毒，甚至为了向人类的聪明才智致敬，而研发出对付它们的疫苗。但是，即使对于流感病毒的所有质疑都已消除，也还是存在一头神兽，就像是爱尔兰 184
民间传说中的矮妖（leprechaun，也称“魔法精灵”和“矮精灵”，或音译“拉布列康”），或是 2012 年公布的希格斯玻色子（Higgs boson，俗称“上帝粒子”）①，因为没有人看见过它。这种生物所归属的范畴，就像埃米尔·鲁在 1903 年写的一篇颇有预见性的文章中所称的“理论上的存在（êtres de raison / theoretical beings）”：这种有机体的存在可以从它产生的作用中推断出来，虽然其本身并未被直接观察到。[4]

问题是，即使有了光学显微镜的帮助，观察对象也只能小到一定程度而已。从根本上来讲，它不可能看到任何小于可见光的波长的事物。红细胞可以在光学显微镜下看到，同时还可以看到一些感染红细胞的细菌，但是病毒无法被观察到，因为它太小了。有两位德国人，马克斯·克诺尔（Max Knoll）和恩斯特·鲁斯卡（Ernst Ruska）在 1930 年代发明了电子显微镜，一举打破了这道藩篱。一个电子，有如光子一样，具有“波粒二象性（wave-particle duality）”，但是电子的波长是光子的几百分之一。在杜贾

---

① 粒子物理学标准模型预言的一种自旋为零的玻色子，不带电荷、色荷，极不稳定，生成后会立刻衰变。

里克·德·拉·里维埃冒着生命危险证明了流感病毒存在以后，人们终于在 1943 年第一次亲眼看到了它。

在它的同类当中，流感病毒的体型属于中等大小，接近于球形（有时候它的形状也可以像一根棍子）：一小粒蛋白质包裹着更小的含有基因信息的内核。它的整体披覆着一层外膜，顶端是最为重要的抗原，被称作“血细胞凝集素（haemagglutinin）”，简称“H”。这个 H 看起来就像一支棒棒糖。抗原的“茎结构域（stalk domain）”向下插入覆膜，回旋卷曲的圆形“头部结构域（head domain）”则突出在外。实际上，一部分流感病毒，包括导致全球大流行的甲型病毒，表面带有不止一个而是两个主要抗原。可以将其中的 H 抗原比作撬棍，因为它可以使病毒强行进入细胞，而另一个主要抗原，即“神经氨（糖）酸苷酶（neuraminidase）”，简称“N”，就像一把玻璃切割刀，负责让病毒脱离细胞。

相对于构成人类遗传物质的“双链脱氧核糖核酸（double-stranded DNA）”，流感病毒的遗传物质由“单链核糖核酸（single-stranded RNA）”组成，内含 8 个片段（为了方便起见，我们称其为“基因”）。其中 2 个基因生成① 表面蛋白 H 和 N，而另外 6
185 个，即所谓的内部基因，其编码蛋白质具有调节病毒“自我复制（replicate）”或抑制宿主“免疫应答（immune response）”的功能。当流感病毒自我复制时，这些基因也都会被复制。但是，鉴于核

① 此处原文为“translate”，系生物学术语。众所周知，DNA 是通过字母组合来记录信息的，因而在某种意义上，其可被视同为“语言”。例如，从 DNA 到 RNA 的过程，即从 4 字母（AGCT）核酸组合变成另一组相关的 4 字母（AGCU）核酸组合，故而可被称作“转录（transcribe）”；而从 RNA 到蛋白质的过程，则是从 4 字母的核酸组合变成用新语言表示的 20 字母氨基酸组合，因而可被称为“翻译（translate）”。

糖核酸（RNA）在化学稳定性上不如脱氧核糖核酸（DNA），并且复制机制很粗率，因而差错经常悄悄混进了复制过程。这种复制过程中的粗率是流感病毒那种臭名昭著的不稳定性的关键。它具有自行产生无限新变种的能力，因为遗传层面的错误会翻译编码蛋白质在结构上的变化，即使是很小的错误也能产生很大的影响。举例来说，流感病毒表面蛋白的组成部分，即所谓的“氨基酸（amino acid）”，每年会有约 2% 被替换。这就足以改变 H 抗原的形状，而使曾经依附其上的抗体不能再很好地附着。一部分病毒“逃过”宿主的免疫系统，进而造成了新的季节性暴发。正是这个原因，流感疫苗才必须每年进行更新。

这种缓慢积累的错误被称为“漂移（drift）”，但流感也会以一种更彻底的方式改头换面。当两种不同的流感病毒在同一个宿主体内相遇，就会通过基因的互换生成一种新的病毒，例如 H 和 N 两种抗原以一种新的方式进行组合。这种变化被称作“转变（shift）”，为了更容易记忆，也可以将其称作“病毒的性交”。这种“转变”更容易引起全球大流行，因为一种完全不同的病毒就需要一种完全不同的经过一段时间才能调动起来的免疫应答。如果新病毒的“双亲”来自不同的宿主，譬如说一方是人，另一方是鸟，这两种病毒的相遇就可能给人类原本已经适应的某种病毒引入一个对人类来讲的全新抗原。在已经过去的 20 世纪，每一次流感大流行均由甲型流感的一种新 H 抗原的出现所引发：1918 年是 H1，1957 年是 H2，1968 年则是 H3。

一旦人类的免疫系统被动员起来对抗这种新型病毒，它与宿主就会进入一种更为稳定的平衡状态。全球大流行过去了，但是病毒继续以一种温和的、季节性的态势传播。它以“漂移”的方式进化，也会引起偶尔的暴发。这种平衡状态会一直维持

到另一种新型病毒的出现。但是过时的 H 抗原也可能再次带
186 来一场大流行，前提是它出现在一个再次处于“免疫初始状态（immunologically naive）”的人群中，也就是那些从未暴露于这种病毒中的新一代人。换句话说，它可以大致按照人类的生命周期进行循环，其证据包括：H3 带来了 1968 年的“香港流感（Hong Kong flu）”，也导致了 1890 年的俄国流感；H1 带来了 1918 年的西班牙流感，也导致了 2009 年的所谓“猪流感”[其实那是一场“人流感（human flu）”]。一种新型的 N 抗原也可能具有引发一场全球大流行的能力（这一点目前还存有争议）。截至目前，共有 18 种已知的 H 抗原变体和 11 种已知的 N 抗原变体。但是，现在的甲型流感是根据病毒携带的两种抗原的变体而被分成不同的亚型。一个特定的亚型还可以根据其内部基因的编排方式被进一步区分为不同的毒株。造成西班牙流感的亚型是 H1N1——所有这些，对于法国军医给它的称呼“第 11 号病”，这个亚型的编号就像是从知识鸿沟的另一边传来的幽灵的回响。

第 14 章　小心农家场院

导致 1918 年西班牙流感的 H1N1 亚型毒株在 2005 年之前已经灭绝。可是，直到今天，它还被关在佐治亚州亚特兰大（Atlanta）的一处高度安全的封闭设施内，并活得好好的（如果我们可以说一个病毒是活的）。它被复活是出于科学研究的目的，虽然并非每个人都相信这是个明智的举动。对此负有责任的人被各方科学家指责说“这可能是迄今所知最有效的生物武器制剂”。鉴于对它进行重组的方法在互联网上可以随便查到，他们认为，“它被一些流氓科学家生产出来的可能性是真实存在的”。[1] 187

赋予这一病毒新生命的研究者（迄今有两个团队）对此反驳说，他们的这一做法有助于针对 1918 年发生的事情回答一些重要的问题，以阻止类似的灾难再次发生。病毒被安全地妥善保存在他们的生物安全四级实验室（Bio-Safety Level 4 Lab，BSL-4）① 里，

① “生物安全水平（Biosafety level，BSL）”是指在封闭的实验室环境中隔离危险的病原体所需的一套生物安全防护措施，按研究对象的不同共分四级。一级系基础实验室，适用于已确定不会使成年人立即感染任何疾病，或是对于实验人员及实验室的人员造成最小危险的病原体；二级也是基础实验室，其生物安全水平与一级类似，但所研究的病原体为对于人员和环境具有潜在危险的中度病原体；三级系防护实验室，适用于临床、诊断、教学、科研或生产药物，这类实验室专门处理本地或外来的病原体，且这些病原体可能会借由吸入而导致严重的或潜在的致命疾病；四级系最高防护实验室，需要处理危险或未知的病原体，其可能造成经由气溶胶传播之病原体或造成高度个人风险，并且至今仍无任何已知的疫苗或治疗方式。

没有人能将它释放出来，而它的确可以阐明 1918 年全球大流行的真相。所以，目前来看，成本—效益分析的结果似乎支持那些将病毒复活的一方。[2]

直到 1990 年代，依然还有许多关于西班牙流感的问题悬而未决。我们记忆当中的所有的流感全球大流行，甚至也包括那些我们仅能从历史资料中了解到的，西班牙流感是其中最奇怪的也是最致命的一次。虽然感染者中的大多数只不过仅仅像是经历了一次季节性流感，却有比季节性流感中多得多的人死去。相比于其他流感大流行中 0.1% 的病死率，西班牙流感的病死率至少达到了 2.5%（也就是说，它在致死性上高了 24 倍）。它本身就已经很恶毒了，还可能被肺炎变得更加复杂，而肺炎通常是最终的死因。
188 它的死亡率曲线是 W 形，而不是流感典型的 U 形，而且年龄在 20~40 岁的成年人是最容易被感染的，同样也包括低幼和老龄人群。它看起来似乎有三个波次，但是前两个波次的表现形式非常不同。第一波次与季节性流感相混淆，第二波次则与肺鼠疫相混淆，这就使得很多人以为它也是由同一种微生物引起的（第三波次在毒性上介于前两次之间，引起的好奇心并不太多）。然而，上一次流感大流行用了三年时间传遍了全球，而这一次充其量也只用了两年。最后的问题是，它的起源地尚未查清。人们提出了各种各样的解释，比如起源于法国、中国或者美国。

唯一得到大部分人认同的是西班牙流感来自于鸟类。从 1970 年代开始，野生水禽被认为是甲型流感的自然宿主。当时，美国有一位名叫“理查德·斯莱蒙斯（Richard Slemons）”的兽医从野鸭身上分离出该病毒。[3] 他的这一发现鼓励了其他人对野生鸟类种群展开研究。正是得益于他们的努力，我们现在知道水禽身上携带着各种类型的流感病毒，并非像人类一样存在于肺部，而是存在于它们的消化道内，而且一般来讲，它们并不会出现任何生病的迹象。它们通过粪便将病毒传播到水中，随后，其他鸟类又从中吸取病毒。于是，不同的毒株在同一只鸟的身上相遇，就可能会发生基因交换而制造出新的毒株。鸭子是一种特别好的流感孵化器。紧随着斯莱蒙斯的发现，当法国病毒学家克劳德·汉努讷（Claude Hannoun）在索姆河河口考察了五种迁徙性野鸭，他发现这些鸭子携带着大约100种不同的流感病毒毒株。通常情况下，一只鸭子身上至少携带一种毒株，有些则是与所有已知亚型都不匹配的“杂交”毒株。汉努讷捕捉到了流感的进化行为，可以说是当场抓住了现行犯。[4]

然而在1990年代，没人会怀疑“禽流感（bird flu）”病毒会传染给人类，或者是引起一场全球大流行。人的肺部黏膜细胞上的受体与鸭子的消化道黏膜细胞上的受体的形状并不相同。普遍接受的观点是，病毒如果要传染到人类身上，就需要有一个中间 189
宿主，使它可以从一种受体转而适应另一种受体。猪被认为就是这个中间宿主。猪的呼吸道黏膜细胞既带有人流感病毒可以结合的受体，同时也带有禽流感病毒可以结合的受体，这也就是说，猪提供了一只理想的坩埚，熔炼出感染人类的新型病毒。

沿着这条思路，提出了西班牙流感“法国起源论”的约翰·奥克斯福德指出，埃塔普勒距离索姆河河口仅有50公里，那里是水生鸟类从北极向非洲迁徙路线上的重要停留地，而且军营还有自己的猪圈。营地的饮食服务商从周边的村庄里购买活禽送到营地里。这些驯养的家禽在与经过河口地区的野生鸟类相互混杂的过程中，可能有些已经被感染了。[相较而言，一般认定的流感大流行的起源地堪萨斯州的哈斯克尔县，离它最近的大面积湿地有200公里远，即巴顿县（Barton County）的夏延洼地

（Cheyenne Bottoms）；而对于山西省省会太原，距离最近的湿地远在 500 公里外，已经超出了省界。] 1997 年，当一个香港小男孩死于一种此前认为只存在于鸟类身上而不会感染人类的流感病毒亚型 H5N1 时，人们才惊恐地发现某种流感可以从鸟类直接传染给人类。此时，就要提出一个问题：同样的事情会不会也曾发生在 1918 年？

1990 年代，基因测序已经成为一项强大的工具，科学家们开始希望它能有助于解决西班牙流感的迷局。一个基因包含着几千个被称作“碱基（base）”的单位。如果他们能够对流感病毒的全部 8 个基因中的所有单位进行测序，并将结果与其他流感病毒进行比较，或许就能发现那次大流行如此异乎寻常的原因。可惜的是，到了 1990 年代，西班牙流感已经是一个遥远的记忆。科学家们面临的第一个挑战就是获得一份病毒的样本，也就是要找到已
190 经保存了将近八十年的受感染的肺部组织。不仅是保存下来的组织，还必须附有相关的记录。于是一场竞赛开始了，病理学家在全世界四处搜罗这种罕见的微生物。

成功的第一缕微光出现在 1996 年，生物学家安·里德（Ann Reid）和病理学家杰弗里·陶本伯格（Jeffery Taubenberger）几乎就是在眼皮底下发现了它，因为当年军队的病理学家取得这份样本后就一直将它保存在美军病理学研究所（US Armed Forces Institute of Pathology，AFIP）中。而里德和陶本伯格就在这座位于华盛顿特区的机构里工作。这是一份肺部切片，来自一位 21 岁的二等兵罗斯科·沃恩（Roscoe Vaughan），他在 1918 年 9 月于南卡罗来纳州的一座军营里死亡。这份样本已经用甲醛进行了防腐处理，并嵌入石蜡中。甲醛已经破坏了病毒的 RNA，所以科学家只能对其中的一些碎片进行测序（之后他们又从美军病理学研

究所找到了第二份包含流感病毒的样本），并在 1997 年首先公布了部分结果。一位名叫“约翰·胡尔廷（Johan Hultin）”的旧金山医生恰好看到了他们的论文。

当时已经 70 多岁的胡尔廷多年来一直对西班牙流感抱有兴趣。1951 年，作为一名充满热情的年轻医学生，他独自踏上了寻找病毒的旅程。他知道在阿拉斯加的部分地区有很多人死后被集中掩埋。他就想，如果永久冻土能将这些人的尸体保存下来，他就可以从这些尸体上提取病毒样本。他组织了一次前往苏厄德半岛（Seward Peninsula）上的布瑞维格米申（Brevig Mission）的考察。这个地方距迪林厄姆以北 800 公里，在 1918 年损失了 85% 的人口。他得到了村公会的同意，挖掘了埋葬着当年那些病故者的坟墓。他将找到的肺部组织带回了实验室，准备进行分析。但那是在 1951 年，科学家们知道病毒的存在，也在电子显微镜里观察到病毒，还能在鸡蛋里培养出病毒，可他们没有办法从几十年前的组织样本中提取脆弱的有机体。虽然是埋在所谓的永久冻土下面，但是不要被这个词迷惑，这些组织还是在一轮又一轮冰冻和融化的循环中受到了严重的破坏。胡尔廷只好将这个项目搁置， 191
转头去做别的事情。

将近五十年之后，看到这样一篇论文，他的心跳几乎停止。于是，他又独自回到了那座大型坟墓。这次，他找到了一个生前超重的女子的遗体。她躯干上的脂肪对肺部提供了保护，从而避免了尸体腐烂造成的严重破坏。他把这个女子的肺部组织包装起来寄给了陶本伯格。为标记这座坟墓，他在 1951 年树立的两个大十字架已经腐烂，他便换上了两个新的十字架，然后乘飞机回到了旧金山。虽然这份样本也在冰冻和融化的循环中受到了部分破坏，陶本伯格还是成功从中提取了病毒的 RNA，并对更多的碎片进行了测序。2005 年，经过九年煞费苦心的工作，这些基因序列的片段被“缝合”在一起，他和里德公布了第一个完整的西班牙流感病毒的基因测定序列（几周之后，陶本伯格的团队又应用更新的也是更为强大的测序技术重复进行了这项工作）。在伦敦的医院档案室存储的样本中，人们又获得了更多的基因序列片段。

在这一序列中，里德和陶本伯格首先注意到的是它与已知的禽流感病毒的序列是多么相像。病毒保持了大部分禽流感样病毒的结构，这就可以解释它为什么如此致命：它是一个非常陌生的入侵者，一举战胜了人类的免疫系统，但它仍然可以被识别，也就是仍然可以与人类细胞相结合。换一种说法，它就是一种可怕疾病的运输载体。下一步当然就是对它进行重组，虽然这耗费了他们很长时间的努力。与位于亚特兰大的美国疾病控制与预防中心（Centers for Disease Control and Prevention，CDC）的特伦斯·塔姆佩（Terrence Tumpey）等人一起，他们将这个病毒序列“喂”进培养皿中生长出来的人类肾脏细胞，强迫这些细胞制造病毒，就像在一般的传染过程中一个病毒强迫其宿主细胞所做的那样。然后，他们用这些病毒使小鼠感染，以观察它到底有多么可怕。

传染上流感的小鼠的主要症状是食欲减退和体重下降。塔姆佩用复活的病毒使小鼠感染两天后，小鼠的体重降低了 13%。感
192 染四天后，这些小鼠肺部里面的病毒颗粒是感染了普通季节性毒株小鼠的 40000 倍。感染六天后，它们全部死亡，而对照组的小鼠都还活着。小鼠不同于人类，但是无论如何，这样的对比很是令人吃惊。

当一种病毒侵入人类体内，身体的免疫系统在刺激下就会采取行动。几分钟之内，免疫细胞开始分泌一种叫作“干扰素

(interferon)”的物质，它可以妨碍新蛋白质的合成，以阻止病毒的制造。但是，经过几千年与人类的共同进化，病毒也发展出了对付干扰素的办法。通过掩盖细胞的增殖机制已经被绑架了的证据，它们就能使干扰素不会关闭增殖机制。陶本伯格的团队发现，1918 年的流感病毒在这一点上做得非常好，在自我复制方面领先了一步。

干扰素是身体的第一道防线，当免疫系统集合起来对相关的入侵者进行有针对性的抵抗，干扰素是一种普遍的快速反应。如果干扰素发挥了作用，入侵就会被阻止，而人也不会感到有什么不舒服。如果它失败了，则意味着病毒开始自我复制，身体里的第二道防线就会被动员起来。抗体和免疫细胞会集聚到感染的部位。免疫细胞会释放出一种被称作“细胞因子 (cytokines)”的化学物质，与其他物质一起增加受到影响的身体组织的血流量，从而使更多的免疫细胞到达那里。必要时，它们也会杀死宿主细胞，以阻止感染的蔓延。其结果就是发红、发热、肿胀和疼痛，这些症状被统称为“炎症 (inflammation)”。

1918 年，全世界的病理学家都见证了大面积的炎症，就是那些红色肿胀的肺部，一碰之下就会渗出水汪汪、血淋淋的液体。1940 年代以后，重读着那些病理学家的报告，免疫学家们认为其中所记载的“细胞因子风暴 (cytokine storm)”效应，就是因过于热心的第二道防线的免疫反应所致，它比自己想要摧毁的病毒造成了更大的破坏。在感染了这种复活的病毒的动物身上，陶本伯
格和同事们观察到了同样的现象。一种温和的季节性流感病毒只 193
会造成短暂的细胞因子反应，给肺部带来一定区域内的表面损伤。而相比之下，1918 年的流感病毒变种造成了强烈且持续的细胞因子反应，带来了严重的深度破坏。它越过作为主要呼吸通路的支

气管进入肺部，深达那些构成肺部结构的肺泡囊或肺泡。

陶本伯格的团队已经完成测序的全部病毒都来自死于 1918 年秋季大流行最严重波次的患者遗体。[5] 但是美军病理学研究所的库存中还保存着春季波次受害者的组织样本。2011 年，陶本伯格已经转到位于马里兰州贝塞斯达（Bethesda）的美国国立卫生研究院（National Institutes of Health，NIH）传染病实验室工作。他在当年公布了两个波次的流感病毒中编码 H 抗原的基因序列的对比结果。从中可以清楚地了解到，在从春季波次到秋季波次之间，病毒发生了微小但十分重要的变化，H 抗原变得不再那么适应鸟类而更加适应人类。在春季波次中，有四分之三的病例具有适应鸟类的 H 抗原，而在秋季波次中，则有四分之三的病例具有适合人类的 H 抗原。

因为大多数感染西班牙流感的人都能康复，所以过度聚焦于少数的死者就有扭曲事实真相的风险。于是，国立卫生研究院的团队也研究了美军各基地所保存的 1917~1919 年的医疗记录，其中既涵盖死亡病例，也包括康复病例。记录显示，虽然在 4~8 月，也就是春季和秋季两个波次之间，总体病例减少，但是流感病人中并发肺炎的比例却比历年同期要高。流感病毒对呼吸道黏膜造成的损伤使之进一步受到细菌的感染，从而引起肺炎。以陶本伯格的观点来看，作为基础的流感越严重，就越有可能招致条件性致病菌的入侵。于是，他把 1918 年的肺炎当作一个标识，它表明
194 了高致命性、全球大流行病毒的出现。如果陶氏说对了，那么在
1918 年夏季，病毒便获得了更易于人际传播的能力。[6]

把所有这些证据放在一起，陶本伯格相信，在 1917~1918 年的冬天，以季节性流感为背景，病毒开始浮出水面，并在 1918 年春呈现低水平的传播。它到底是直接来自鸟类，还是通过猪这个

媒介，陶本伯格还不确定。但在 1918 年夏，病毒发生了突变，具备了在人与人之间的高度传染能力。整个夏季，这种新型的更加致命的类型在病毒种群中传播扩散，进而促使疾病在秋季暴发。那时，充当背景的季节性流感已经消退，没有其他东西再来稀释这次“纯粹的”大流行变种了。

尚不清楚是什么原因在那个夏天使得病毒发生了突变，但正如我们所见，流感并不需要太多的推力就能发生改变，而且是否由环境诱发也尚存争议。世界上很多地区都处于饥馑之中，有一些证据表明宿主的营养不良可以促使流感病毒发生基因变化，使其更加致命（同时也削弱了宿主的免疫应答）。[7] 如果我们认可第二波次疫情起源于西线战场或其附近区域，那么将前线洗刷过一遍的化学品，特别是其中的芥子气，也可能造成了这种突变。这意味着这些化学物质能够诱导包括病毒在内的有机体发生基因变化。而且，这些气体同样也损害了聚集在那里的年轻人的肺部组织，使其更容易遭到病毒的入侵。

进化生物学家保罗·埃尔瓦德（Paul Ewald）甚至认为，那个夏天里流感病毒的致命性大幅提升正是对当时西线战场上的物质环境的直接反映。[8] 人们经常说，对于直接从一个宿主转移到另一个宿主的传染性疾病的病原体，其最佳策略是降低自身的致命性，以便被传染的宿主能将生存状态维持得足够长久，从而将疾病传播得更广。但是，如果可资利用的宿主的移动性并不强——人们的活动被限制在狭窄拥挤的战壕里——而且有些宿主又死于其他原因，那么促使病毒降低其致命性的进化压力就减少了。在那样 195
的条件下，埃尔瓦德说，维持宿主的生命对病毒就不再有什么益处。当然，从字面意义上讲，病毒并不会有意识地制定战略。还不如说是通过自然选择的过程，高致命性的毒株在病毒种群中占据了支配地位，因为它们更有可能存活并继续自我复制。

人类的免疫系统需要几年时间才能成熟，且在年老之后会逐渐丧失机能。这就可以解释为什么流感的死亡率曲线在通常情况下会呈现 U 形。但是在 1918 年，年富力强的成年人也大量死亡。有些人认为，恰恰是因为他们的免疫系统太过强大，反而使成年人在这种病毒面前变得脆弱，因为其体内的“细胞因子风暴”极具攻击性。然而，这个解释存在一个问题。据我们所知，15 岁的人的免疫系统和 28 岁的人一样强健。可是在 1918 年，15 岁的人在死亡率曲线中所处的位置是 W 形的第一个波谷，也就是说，虽然这些人大量患病，但因病死亡的却相当少。还有另一个问题需要解释：这个 W 形并非左右对称。右半部的向上行程有所减弱，这意味着从总体上讲，与此前十年发生的季节性流感中的一般情况相比，老年人在西班牙流感中受到了更多的保护。

这个迷局的答案或许就在于不同年龄段的人群在过往的流感面前的暴露情况有所不同。有一类观点认为，免疫系统针对曾遭遇的流感病毒的第一个版本所作出的应对最为有效。随后的所有暴露都会引起这种反应的变化，而这种变化从来就不能与新的毒株达到完美的匹配。确实存在一些这方面的提示。保存至今的从生活在 20 世纪上半叶的人身上抽取的血液样本，针对其中出现的抗体的检测表明，造成 1890 年俄国流感的亚型是 H3N8。如果真是这样的话，1918 年时那些年龄介于 20~40 岁之间的人，俄国流
196 感是他们第一次暴露于流感病毒之中，而现在则要作好准备对付西班牙流感这种非常不同的病毒亚型，于是其免疫系统持续作出不恰当的反应。按照同样的逻辑（尽管目前还没有血清学数据支持这一假设），那些上了年纪的人，凭借着曾暴露于 1830 年前后在人类中传播的包含 H1 或 N1 抗原的病毒亚型，他们在 1918 年

便得到了一些保护。

那么西班牙流感究竟是从哪里起源的呢？我们想要知道这个问题的答案，因为它能够帮助我们确定是什么样的条件引起了所谓的“溢出（spillover）”事件——即一种病毒“跨越（jump）”了物种的界限——并在尽可能的情况下减少其再次发生的机会。为了在现有的三种理论中作出选择，或是再确定一个目前尚未提出的地理源头，科学家就需要用该地区导致西班牙流感的病毒的基因序列，与此前该地区曾导致呼吸系统疾病的病毒的基因序列进行比较。可惜的是，这一点他们依然无法实现，因为有记录的最早的流感病毒基因序列就是西班牙流感。时至今日，在约翰·胡尔廷这样的“病毒猎手”的帮助下，科学家终于在所有他们搜寻过的地方基本上都发现了西班牙流感的病毒。既然如此，就一定还有希望发现更多的病毒，从而使科学家最终能够作出这种比较。那就如同是杰弗里·陶本伯格的“圣杯（Holy Grail）”[①]。与此同时，科学家们也没有闲着，一些研究人员已经使用一种新的技术，对哪一个地方是最有可能的起源地进行了有根据的推测。

他们所应用的技术基于“分子钟（Molecular clock）”的理念。每一种生物体都要复制自身的遗传物质进行繁殖，但是如我们所见，这种复制所倚靠的机制并非完美无缺，流感病毒的复制机制就很容易出错。有些错误对病毒产生了一定的影响，即所谓累积的“漂移”，而大多数错误都是“默默无闻的”，也就是对病毒的

---

① 指耶稣受难前在最后的晚餐上所使用的杯子。后人认为这个杯子具有某种神奇的能力。如果能找到这个圣杯而喝下其盛过的水就将返老还童、死而复生并且获得永生，这个传说曾出现在很多文艺作品中。此处，它比喻陶本伯格所要寻找的是一件非常重要的东西，而且寻找的过程将非常困难。

结构和功能没有影响。在任何特定的宿主体内，这些默默无闻的错误以恒定的速度积累。那么，通过清点两种相关病毒在基因上
197 的不同之处，就可以计算出它们从共同祖代那里分离后所经历的时间。这就是所谓的分子钟，除了也是一种计算时间的工具外，它与真正的钟表并没有其他共同之处。

流感并非只感染人类，它也会感染很多动物，除了鸟和猪，还有狗、马、蝙蝠、鲸和海豹。在亚利桑那大学，进化生物学家迈克尔·沃罗贝（Michael Worobey）对正在流行且过去一个世纪里曾经流行于不同宿主身上的，所有已知的流感病毒的基因序列进行比对，用它们构建了一幅流感病毒的系谱图。在不同的宿主体内，病毒的错误以不同的速度积累，但沃罗贝已经计算并掌握了这些不同的速度，从而可以对历史上不同毒株的出现时间及其世系作出回溯性的预测。2014 年，沃罗贝宣布，在 1918 年的流感病毒的全部 8 个基因中，有 7 个都与在西半球的——确切地说，就是北美洲的——鸟类身上发现的流感病毒的基因非常相似。[9]

这一发现能否让其他热门的有关西班牙流感起源地的猜测都偃旗息鼓呢？它真的就是起源于堪萨斯吗？沃罗贝的工作是揭示性的，却并非决定性的。一般来讲，分子钟并不像对比实际的基因序列那么可靠。无论如何，他们还是曾经正确过一次。1963 年，迈阿密赛马场里的马匹暴发了流感，最后蔓延到美国全境。沃罗贝发现，“马流感（horse flu）”的毒株与当时在南美洲鸟禽类中流行的毒株有所关联。这一点有当时兽医的报告证实，可能是从阿根廷运到迈阿密的一批纯种马将流感带到了那里。

但是问题依然存在，它不仅是关于那个麻烦的编码 H1 抗原的第 8 个基因，而且似乎是给我们讲述了一个不同的故事。流感病毒的系谱图显示，从 1918 年以前到这个基因在一次“转变”中

与其他 7 个基因结合形成西班牙流感病毒时，它已在人类社会中流传了十年甚至更长的时间。如果事情真是这么发生的，也就可以解释那个麻烦的 5~15 岁年龄段人群，他们陆续被感染却并未发生死亡，因为他们在婴儿时期已经暴露在 H1 抗原面前，从而具 198
有了抵抗力。然而，这种设想本身存在一些问题，尤其是这个抗原出现在人类社会中为何没有更早地引发一场全球大流行呢？科学家们继续为这个问题绞尽脑汁，分子钟虽然可以提供更多的见解，但这些问题可能是迄今为止最不容易解决的。

目前的一致意见是，即便不是几百万年，也是几十万年以来，野生鸟类的体内携有一种流感病毒的“原始汤（primordial soup）”①，其中一些病毒偶尔会感染人类。有这样一种假设，就像来自于栖息在非洲丛林中的猴子身上的人类免疫缺陷病毒（HIV，又称“艾滋病病毒”），我们在无意中打扰了某一种早就存在的宿主，使得病毒被转移到人类身上。但事情的发生也可能是以不同的方式，在流感的生态系统中，人类比我们所认为的更像是个主角。

巧妙地获得了流感的系谱图以后，沃罗贝注意到很多禽流感世系的支系出现得都相当晚近，也就是说从进化的角度来讲，鸟类是一种年轻的动物宿主。晚近至圣经时代，抑或是公元前 212 年，当流感在西西里的罗马军和锡拉库萨军中横行时，人类可能是从马身上感染了流感。自农业革命以来，马是另外一种与人类紧密生活在一起的动物。在最近的 2000 年中，鸟类于某个时间点

① 系苏联生物化学家亚历山大·奥巴林（Alexander Oparin）于 1924 年提出的生命起源假说。在该假说中，“原始汤”是一种有机化合物的理论混合物——自然生成的简单有机物浸泡在暖水里，构成蛋白质和核酸等分子，并形成原始生命。

变成了更加重要的宿主。看起来，当1872年从多伦多暴发的马流感疫情席卷整个北美大陆时，为1918年人流感毒株贡献了大部分基因的禽流感世系就已经同时在北美形成了（根据报纸上的描述，华盛顿特区的街道上几乎没有人，费城的铁路终点站堆满了积压的货物，因为生病的骡马都退出了流通）。沃罗贝仍不敢称流感是从马转移到鸟类身上的，反之亦然。但我们可以推测，这种转移是在19世纪末和20世纪初发生的马匹被机械化的运输方式所代替，以及禽类养殖扩大化的结果。它在1918年之前即已发生，但所留下的后遗症是马和人类一样，都在禽流感的传染中变得脆弱。
199 实际上，在几个交战国里，也包括中立但随时准备参战的荷兰，军队兽医都报告了马流感在骑兵部队中暴发，时间上正好与人流感同时。[10]

作出这种推测的理由是，人类主动地通过对野生动物的驯化将流感病毒的动物宿主引入自己的生活，甚至还创造出新的宿主。如果是这样的话，那么在下一次流感的全球大流行中，对人类的健康所构成的最大威胁就可能不再是鸟类，而是距离我们更近的动物。如克劳德·汉努讷以及其他人在1970年代所发现的，鸭子并非唯一携带流感病毒的鸟类，只是其中特别有效率的一种。考古学证据表明，鸭子是在距今4000年前后的中国南部最先被驯化的。今天，全世界有10亿只家鸭，也就是说它们很可能已经在数量上超过了野鸭，而这二者之间并不存在生态屏障。例如，中国人在稻田里放鸭子，让它们吃里面的害虫和其他昆虫，在那里它们与野生鸟类相互混杂。至少已有150年的时间，也就是早在西班牙流感之前，流感病毒基因就从家禽转移到野生鸟类身上，与此同时，反向的转移也在发生。要感谢我们的畜牧业实践，换一种说法就是，现在是人类在将流感病毒的基因注入自然界中。

1918 年的流感病毒或许是从一种野生鸟类传染到人类身上的（可能是直接地，也可能是通过猪），但是也同样可能来自于农场里的养殖家禽。

我们指责别的物种的权利看上去显然已摇摇欲坠。如果分子钟是正确的，人类对于自己在 1918 年及以后的悲剧就责无旁贷。20 世纪又发生了两次流感的全球大流行，包括 1957 年造成 200 万人死亡的“亚洲流感（Asian flu）”，以及 1968 年造成 2 倍于此死亡人数的香港流感。这两次大流行分别由 H2N2 亚型和 H3N2 亚型引起，而这两种亚型都从 1918 年流感的毒株中继承了绝大部分的内部基因。因此，陶本伯格和他的一位同事，流行病学家戴维・莫伦斯（David Morens），一起给西班牙流感封了个尊号：“所有大流行之母”。[11] 1930 年代，曾证明流感是由病毒引起的英国和美国团队又让同行们大吃一惊，他们宣称可能是人类将西班牙流感传染给了猪，而不是相反。后来，人身上和猪身上的流感病 200
毒的基因序列的对比结果证实了这种怀疑。1918 年之后曾经在猪之间传播的 H1N1 亚型，到了 2009 年又改头换面重新在人间暴发，带来了 21 世纪的首次全球大流行。由于显而易见的原因，它被称作“猪流感”。其实，在更长的时间范畴内，是人类将它传染给人类的，猪仅仅充当了中间宿主的角色。

第 15 章　人的因素

201 依然还有一个很大的疑问没有解决。的确，20 多岁的人属于易感染群体，但为什么同样是 20 多岁，有些人就比其他人更脆弱呢？为什么西班牙流感造成的影响因地而异又因时而异呢？作为处在同样年龄段的人，为什么肯尼亚人比苏格兰人死得多，而印度尼西亚人比荷兰人死得多呢？在未来的一次大流行中，你会死吗？生活在另一块大陆上的你的姐妹会死吗？在你的孩子们中，哪一个更有可能幸存下来呢？如果知道哪一个孩子更脆弱，我们就可以向他或她提供更多的保护。

为了理解是什么原因导致有些人在流感中死去而其他人却轻易将它摆脱，我们必须循着数字的脚步前进。1918 年，流感似乎是以一种令人毛骨悚然的随机性选择它的牺牲品，将人们惊得目瞪口呆。直到科学家开始对患病率和死亡率进行比较，他们才识别出一定的模式。基于这种模式，他们得出的结论是，人类通过自身在社会中的不平等地位、建立家园的位置、饮食结构、风俗习惯，甚至是各自的 DNA 形塑了这场全球大流行。

首先，让我们以一次数字形式的环球旅行来概述下它在地理上的不均衡——确切地说就是超额死亡率的不同。这一数字在不同地区的变化之大达到令人惊奇的程度。如果你是在亚洲的某些地区，你死于流感的概率相当于欧洲某些地区的 30 倍。从总体上看，亚洲和非洲是死亡率最高的地区，欧洲、北美洲和大洋洲的死亡率最低。但是，每块大陆内部的不同地区之间也存有巨大
202 的差异。丹麦失去了 0.4% 的人口，匈牙利和西班牙的数字是它的

3 倍。撒哈拉以南的非洲国家承受的死亡率是大沙漠以北国家的 2~3 倍，而亚洲各国的死亡率也大不相同，从菲律宾的 2% 到波斯的 8%~22%（这个数据中如此大的不确定性恰好反映了当时的波斯正处在巨大的危机中，因而无人认真收集统计数据）。印度，当时还包括巴基斯坦和孟加拉国，流感病亡者占总人口的比例为 6%，从绝对人数上讲，印度的死亡数字是全世界最高的。有 1300 万 ~ 1800 万人死亡，这意味着仅仅死于西班牙流感的印度人就要高于第一次世界大战中的全部死亡者。

城市遭受的打击往往比农村地区严重，但是在同一个国家内部，有些城市的损失比其他城市严重。芝加哥的损失比华盛顿特区要少，而后者又比旧金山要少。城市内部也有所不同。以挪威首都克里斯蒂安尼亚（Kristiania，1925 年改为现名），即奥斯陆为例，死亡率随着公寓面积的减小而上升。[1] 在里约，损失最大的是如雨后春笋般在城市周边杂乱无章地扩展的棚户区。刚刚到来的移民的死亡人数往往比早先到来且已经扎下根基的人要高。但是这一模式有时候不易识别，因为很难获取涉及移民的数据。1920 年，一份有关美国康涅狄格州情况的报告显示："在疾病流行期间，意大利裔的死亡率几乎是全州平均死亡率的 2 倍。"正如我们所知道的，意大利裔是美国移民人口中最晚到来的。事实上，在康涅狄格州的居民中，意大利裔的死亡率要高于具有爱尔兰、英格兰、加拿大、德意志、俄罗斯、奥地利和波兰等国血统的人。[2]

是什么原因造成这样的不平等呢？部分来自于财富和社会地位上的不同，以及这二者的表象，即肤色的不同。[3] 优生学家指出，这是因为"低等"种族在体质上的劣势，这些人缺乏人生动力而甘于蜗居在廉租公寓和贫民区里，而那些他们容易患上的疾 203
病自然也就尾随进入这样的地方（换句话说，这些人认为意大利裔之所以易受感染就是因为他们是意大利人)。实际上，是低劣的饮食、拥挤的生活条件和医疗保健的缺乏迫使体质下降，使穷人、移民和少数族裔更易感染疾病。这也就是为什么在朝鲜，本地人和日本人之间患病的比例基本相同，但是朝鲜人的死亡率是日本人的 2 倍。[4] 同样还有印度古吉拉特的当斯（Dangs），在这样一个偏远的丛林地区，总人口中的死亡率高于绝大多数的印度城市（在 1911~1921 年高达 16.5%，主要死因是西班牙流感）。作为这一地区原住民群体“阿迪瓦西（Adivasi）”①的家乡，当斯在“乡村优先（rural advantage）”运动中逆势而为，原因可能是英国人和其他印度人都把这里蔑视为落后的丛林部落。[5]

在巴黎，死亡率的峰值出现在最富裕的社区，这个现象使统计学家迷惑不解。后来他们才意识到死在那些区域里的都是什么人。躲在“奥斯曼建筑（Haussmannian Architecture）”② 富丽堂皇的外立面后边咳嗽的人，并非属于贵族阶层的房屋主人，而是女佣房间里的仆人。如特蕾莎·麦克布赖德（Theresa McBride）在她那本《家庭革命》(*The Domestic Revolution*) 中所作的解释：“这些佣人所住的房间与其雇主的房间足够靠近，但是位于较低的楼层，把她们隔绝在一个只属于他们自己的社会中，在保证能让主人随叫随到的同时，她们又必须像个隐身人。”每天工作 15~18 个小时，有时候她们之间甚至还要共用睡觉的地方。“佣人的房间

① 一种涵盖印度与尼泊尔各原住民族的概括性术语，遍布印度各地，但主要分布于东北部和南部，多数是南亚语系棕色人种的后裔。

② 法国城市规划师乔治 - 欧仁 · 奥斯曼男爵（Baron Georges-Eugène Haussmann）因获拿破仑三世重用，在 1852~1870 年主持了巴黎的城市改造。巴黎今日的辐射状街道网络的形态即是其代表作。

通常很小，倾斜的天花板、通风不畅、没有供暖、肮脏不堪、缺少乏隐私和安全”，麦克布赖德写道。正如一位法国历史学家所指出的，流感或许是平等的，但是它所攻击的社会并不平等：巴黎死去的女性中有四分之一是女佣。[6]

还有另一个悖论。非裔美国人虽然在美国受到严重的歧视，却似乎并未遭受很大的损失。这个现象在当时就已为人所注意。“就‘流感’而言，那是白人自己要对付的一个大麻烦，” J. 富兰克林·约翰逊（J. Franklin Johnson）在给《巴尔的摩非裔美国人 204
报》（*Baltimore Afro-American*）的一封信中写道，否则的话，“我们就再也听不到前面那句话了，那些对有色人种的健康谈论都会被用 72 点字号大批量地刊载在日报上。” [7]时至今日，非裔美国人的这一迷局尚未解开。（是不是缘于他们在温和的春季波次中的暴露高于平均水平，因而在秋季波次中提前受到了一定程度的保护？）但是另一个问题已经解决：南非的兰德金矿区和金伯利钻石矿区间的死亡率差异。其因由似乎就是那黑色触手般的铁轨。[8]

兰德金矿是这两家企业中较大的一个，雇用的人员差不多是钻石矿区的 20 倍。为服务这些工人而建造的城市约翰内斯堡（Johannesburg）便成了一个很大的铁路枢纽。通过铁路网络，约翰内斯堡与这个国家的东部沿海，特别是纳塔尔省的主要港口德班联系在一起。虽然在南非并没有报出真正意义上的西班牙流感的“先兆”波次，但流行病学家丹尼斯·尚克斯（Dennis Shanks）却在故纸堆里发现了一些温和的流感样症状的病例，这些病人是在 1918 年 7 月乘船抵达德班的。从那个地方，这种传染病一路向北，沿着铁路线到达兰德。如此一来，当流感在几个月后再次光临兰德时，金矿里有一部分人已经得到了保护。而金伯利钻石矿并没有得到多少铁路线带来的好处。这里距西南方向的约翰内斯堡500公里远，却与开普敦联系紧密。于是，在两艘被感染的运兵船*雅罗斯拉夫号*和*沃罗涅日号*抵达开普敦后，金伯利很快便出现了第一个流感病例，而它没有经历过先前的暴露。随着惊慌失措的矿工带着流感病毒从工业中心向四周散去，纳塔尔省因为先前的暴露再次得到了保护。相比之下，在南非铁路系统中德班—约翰内斯堡支线辐射范围以外的地方，尤其是开普省（Cape Province）的特兰斯凯（Transkei）和西斯凯（Ciskei）地区，死亡率是纳塔尔省的4倍。

对于地球上那些最偏远的地区，隔离状态也是造成人们在流
205 感面前表现脆弱的原因。缺乏流感的暴露史被转换为更高的死亡率，这种效果又常常被贫穷和排外之类的问题进一步放大。载着感染者的*杜兰号*（Talune）轮船离开新西兰的奥克兰以后，将流感依次带到一连串的太平洋岛屿上，斐济（Fiji）因此损失了5%的人口，汤加（Tonga）是10%，而西萨摩亚则是惊人的22%。

城市之所以比农村地区在传染病面前更为脆弱，主要是因为人口密度，但不同城市间的差异又该如何解释呢？曾暴露于温和的春季波次的城市可能会受到一定的保护，但是一套行之有效的疾病防控策略也会产生一定的作用。一项2007年的研究表明，美国的一些城市，在像禁止大规模人群聚集和强制戴口罩这类的公共卫生举措的共同作用下，死亡人数降低了50%（美国在执行这些措施方面比欧洲做得要好）。然而，执行这些措施的时间很关键，它们必须尽早得到施行，并一直保持到危险情况结束。如果取消得过早，病毒就会获得一批处于“免疫初始状态”的新鲜宿主，而这座城市将会经历第二波死亡高峰。[9]

在西班牙萨莫拉，人群聚集却受到积极的鼓励，因而这里的死亡率高达3%，是全国平均水平的2倍。在西班牙的所有城市

中，萨莫拉的死亡率最高。事实上，各个地方的宗教仪式，或者是类似宗教仪式的世俗仪典，对于大流行的形态，可能还包括它的延续时间都产生了影响。例如，有人认为，其实只有两次患病的高峰期，就是 1918 年（北半球的）的春季和秋季，而看似第三波次的 1919 年春季高峰期只是第二波次的尾声，是年底的庆祝活动结束后形成了一个比较长的间隔期。譬如，在圣诞节和光明节（Hanukkah，也称“哈努卡节”）[①] 前后，孩子们都要放假，病毒也就失去了一群非常有价值的潜在宿主，直到新年过后，孩子们才返回学校。

潜在的疾病也会使人们在西班牙流感面前显得更加脆弱。医 206
学历史学家阿米尔·阿夫卡米（Amir Afkhami）指出，英军里的波斯人比本土士兵受到了更大的流感打击，因为他们更容易罹患疟疾及其并发的贫血症（红细胞或血液里起到携氧作用的分子，即血红蛋白的数量降低），这就使得他们的免疫力下降。[10] 流感的全球大流行还杀死了世界上非常多的肺结核患者，他们本可以在之后的几十年里逐渐离世。事实上，因在整个 19 世纪及 20 世纪初造成的悲剧而被形容为“死神之首”的肺结核，正是导致流感在全球范围内相较于女人，杀死了更多男人的一个主要原因。在 20~40 岁年龄段的易感人群中，患肺结核的男性要多于女性，其部分原因是男性更有可能在工作场合暴露在这种疾病中。[11]

因此，文化就是这样形塑生物学的：在很多国家，男人要更多地出去工作，女人则更多是待在家里。虽然总体上死于流感的男性要多于女性，但在某些国家的某一个年龄段，却有着相反的

---

① 犹太教的一个节日，以纪念犹太人夺回耶路撒冷。这个节日的特有习俗是由孩子们点燃拥有九枝灯盏的光明节灯台，所以深受孩子们的喜爱。

倾向。在印度，每一个年龄段都令人惊异地呈现了这种相反的倾向。印度的女性同样是传统的家庭妇女，那为什么她们会比男人死得多呢？其中一种观点是：当危机出现时，印度的女孩和妇女相比同龄男性更容易被疏于照顾和营养不良，可人们却还指望她们去照顾病人。如此一来，女性在缺乏抵抗力的同时还平添了更多的暴露机会，而饮食上的禁忌又加重了她们对疾病的易感性。

不仅是现在，印度教过去也是印度的主要宗教。印度教徒不一定是素食者，但素食与其精神上的安宁是联系在一起的。相比于男性，有更多的女性是素食者，并且寡妇必须吃素。美国人类学家兼传教士夏洛特·维亚尔·怀泽（Charlotte Viall Wiser）①在1920年代对印度北部的村庄生活作了详尽的分析。其中提到，在
207 村民的饮食结构中，其土地上能够出产的作物，包括谷物、豆子和蔬菜，占据主导地位。她惊奇地发现其中的大多数人竟然并不缺铁（铁元素的缺乏是导致贫血的主要原因），但是她也记述了人们是如何在食物上精打细算的。比如说，谷物并不磨成粉，而是直接煮制，从而保留了富含铁元素的麸皮。她感觉这些人们生活在食物匮乏的边缘，一点小小的破坏就能把他们推过饥馑的界限。[12] 1918年夏，由反常的西南季风带来的干旱就足以造成这样的破坏。

当所有其他条件都相同，无论财富、饮食、节庆，还是旅行习惯，都没有对两类人群构成差别，却仍是留有一项令人烦恼的差异。一个人可能被以“逢十抽一”的方式选中而死去，而其他幸存下来的人却或多或少地毫发无损，这就好像宙斯把他的霹雳

① 她与丈夫威廉·H. 怀泽一起作为传教士在1915年被派往印度，后在印度北部的卡里姆普尔村（Village Karimpur）进行了连续五年的研究，此后几十年间也一直对其保持关注。

闪电随手乱丢。以阿拉斯加领地为例，死亡给各个地区带来的打击极不均匀。布里斯托湾作为受害最严重的地区，损失了人口中的 40%，但是其他地方与美国的部分大城市相似，只有不到 1% 的人死亡。而且，还有很大一部分阿拉斯加人，相当于五个人里就有一个，完全没有患上流感。这是所有变量中最顽固的硬核，长期以来一直难以解释。很多人都想知道，答案是否在于对宿主与病毒相遇的方式产生影响的人类基因。但是该如何证明它呢？拥有相同基因的人往往处于相同的环境，也就是说一家人通常生活在一起，所以他们就会暴露在同样的致病微生物中。而将这两方面的作用分辨清楚并非一件易事。

在不经意中，摩门教徒提供了一个解开这个死结的方法。作为耶稣基督后期圣徒教会（Church of Jesus Christ of Latter-day Saints，摩门教的正式名称）的信众，摩门教徒相信，如果一个家庭中的每一个成员都受洗，那么这一家人就都可以在死亡中幸存，而且生前没有受洗的人还可以在死后接受洗礼。所以，他们就成了一丝不苟的系谱学家，认真地绘制自己家族的系谱图，然后将这些记录制作成几百万份微缩胶片，并收藏在一个保险库里。这座保险库就在靠近盐湖城的瓦萨奇山脉（Wasatch Range）的花岗 208
山（Granite Mountain）下，建于 1965 年，设有一道重达 13 吨的钢制大门，足以抵御核爆炸。现在，人们可以通过互联网访问这些档案。更有帮助的是，这些记录都与相对应的死亡证明实现了数字化的链接，可以一键查询某位摩门教徒的死亡原因。2008 年，弗雷德里克·奥尔布赖特（Frederick Albright）和犹他大学的同事一起找出了过去 100 年间死于流感的将近 5000 名摩门教徒。通过再建这些人的系谱，他们发现某个“标识病例”的血亲，相比与其不存在血缘关系的人更有可能因流感而死亡，即使两个亲戚并未曾生活在同一个环境中。[13]

这真是一个极具吸引力的暗示，流感可能存在某种可遗传的成分。但是其他方面的研究却未能重复这一发现。2011 年 1 月，就在每年的流感季节中，一名 2 岁大的小女孩在法国因“急性呼吸窘迫综合征”而被收入巴黎内克尔儿童疾病医院（Necker Hospital for Sick Children）的重症监护室。在成功挽救该名女婴生命的医生当中，让 – 劳伦 · 卡萨诺瓦（Jean-Laurent Casanova）对她的基因组进行了测序。这名医生想要知道其中是否存在着某种关键因素，使得原本健康的孩子几乎死于一种对大多数儿童根本不算什么的疾病。结果发现，这个女孩遗传了一个基因缺陷，使她不能生成在对抗病毒的第一道防线中起最重要作用的干扰素。于是，她的免疫系统在遭受围攻时径直启动了 B 计划，就类似于病理学家在 1918 年所看到的那种大规模的炎症反应。这个女孩的基因缺陷非常罕见，但卡萨诺瓦医生又进一步发现了一组相似的缺陷也会导致失去生成干扰素的能力。这些缺陷合在一起，他计算出来，在每 10000 人中就会有 1 人受到影响，这与每年流感暴发期的“急性呼吸窘迫综合征”的“发病率（incidence rate）”① 基本一致。[14]

卡氏发现的意义在于，无论文化、饮食、社会地位或收入如何，每 10000 人中就会有 1 人在流感面前显得特别脆弱，这种脆弱是从他们父母身上遗传下来的。在 1918 年的大流行中，这些人
209 很有可能是第一批死去的患者。但是，100 年过去了，我们已经有能力为携带这种基因缺陷的人打造一块平坦的运动场，给他们

① 指一定时期内某病新病例的发生频率，即新病例人数占同期暴露人口数的比例。

一个与流感抗争的机会。其原理在于，阻止某个人生成干扰素的基因缺陷并不会影响他或她产生抗体的能力。所以，从理论上来讲，只要接种每年的标准流感疫苗，这些人也可以在流感面前受到保护。卡萨诺瓦在内克尔儿童疾病医院的重症监护室里第一次遇到的那个女孩，从 2011 年起每年都会打一针流感疫苗，尔后，她就像同龄人一样顺利度过了一个个流感季。

卡萨诺瓦发现了与流感有关的遗传因素，这对于西班牙流感所造成的不均匀打击，或许就是整个拼图中的最后一块。他的发现如同一粒种子落在肥沃的土壤里。从此，科学家在思考传染性疾病时开启了一种全新的方式，即在一定程度上从遗传学方面进行考虑。他们为之努力的理念是：**所有**传染性疾病都具有遗传学方面的因素，但是对于其中一些疾病，由一个或几个基因负责控制对其的易感性，而对另外一些疾病，遗传因素中则包含着很多基因的微小累积的作用。在第一种情况下，这些相关基因的其中一个出现缺陷，就会使得易感性大幅提高；在第二种情况下，某个基因的缺陷只会带来很小幅度的易感性提高。如果这一理念得到证实，我们就不得不再次调整对这些疾病抱有的看法：不但传染性疾病可能在一定程度上与遗传有关，而且我们长期以来认为是遗传性或“与环境相关的”一些疾病，也有可能被证明在一定程度上具有传染性。例如，关于阿尔茨海默病（Alzheimer disease）的一种理论认为，它的病因是“朊蛋白（prion protein）”——这种传染源直到最近都还隐身在神秘中，就像 1918 年的病毒一样鲜为人知。

150 年前，在马略卡岛上，乔治 · 桑受到帕尔马本地居民的冒犯。因为人们认为她的恋人的疾病是传染性的而非遗传性的，所以就要把他们赶走。今天，我们知道肺结核源于一种被称作

“结核分枝杆菌（Mycobacterium tuberculosis）”的细菌，但是对这种细菌的易感性却是由遗传决定的。流感也有相似之处，它在100年前就曾被认为是由细菌引起的。截至2017年，据我们所知，
210 流感是由病毒引起的，但是也部分地受到人类基因的控制。这种认识有助于我们理顺它在1918年表现出来的让人们难以理解的异乎寻常的多样性。当时的人们只能看到它的表象；今日的我们才终于可以看到“引擎盖下面的样子”。[总有一天，科学也同样可以帮助我们解释那些让今天的人们迷惑不解的疾病，比如“自闭症谱系障碍（Autism Spectrum Disorder）”。]

我们对流感的看法似乎有了根本性的改变，但也许这种改变还并不是那么彻底。19世纪，路易·巴斯德在观察生病的蚕的时候，获得了两项观察结果：首先，被称作“蚕软化病（la flacherie）”（这个词的字面意思是“软弱无力”，其病因是进食了脏污的桑叶带来的衰弱性腹泻）的这种蠕虫疾病具有传染性；其次，后代会从它们的父母身上遗传这种疾病。在第一项观察结果引发的轰动中，第二项观察结果却遭到了人们的忽视。也许，巴斯德的第二项观察结果现在该受到重视了。

第七部分　流感之后的世界

1919 年，阿拉斯加，莱纳斯 · H. 弗伦奇和解救自布里斯托湾的流感孤儿。

第 16 章　复苏的迹象

1919 年 2 月，亚当·艾比（Adam Ebey）和妻子爱丽丝（Alice）乘火车进入古吉拉特山区，然后在柚树和竹林间跋涉了 40 公里，才到达他们即将接手的位于阿瓦（Ahwa）的弟兄会（Church of the Brethren）传教区。全球大流行的第三波次刚刚暴发，很多“巴格特（bhagat）”，即传统治疗者已经逃走。艾比所提供的服务遂成为人们所迫切需要的，他后来也以“外科医生先生（surgeon sahib）”这个称呼而闻名。这场疫情结束后，他才终于能够坐下来给位于伊利诺伊的家庭教会写信，叙述了拉克斯曼·海帕特（Laksman Haipat）的故事。 215

海帕特是一个 25 岁的农民，作为基督教皈依者，他曾是一名鳏夫，后在 1919 年 2 月再次结婚。第二次婚礼过后不久，他为了生计离开村庄。几天后，当海帕特返回时，发现村子好像被废弃了，他的新娘患上了西班牙流感，躺在一棵树下，已在弥留之际。他一直陪伴在妻子身旁，直到她死去。随后，海帕特挖了一个墓穴。“她是一个胖女人，”艾比写道，“他抬不动她，只好用一根绳子把她拖进坟墓。除此之外，他还能做什么呢？1919 年圣诞节后的第二天，海帕特又娶了第三任妻子。”[1]

在大流行之前，世界范围内的死亡率已呈下降趋势，部分原因是微生物理论给医学带来的巨大进步；而这场大流行将这一下降趋势反转，并维持了三年。印度付出了高昂的代价——如此之高，以至于后来获得诺贝尔奖的经济学家西奥多·舒尔茨

（Theodore Schultz）① 在 1964 年用印度所发生的不幸来检验某种理论：在传统的农业系统中存在着劳动力过剩。他的结论是否定的，因为与 1918 年之前相比，印度的农业产出在流感过后萎缩了 3%。
216 然而，人类拥有非凡的韧性，当冲击过去，复苏几乎是立刻就开始了。虽然 1919 年的新出生人口减少了 30%，但是从 1920 年开始，印度不但恢复了流感前的人口出生率，而且还超出了以往的水平，带来了所谓“人口革命”的开端。[2]

反弹不仅仅出现在印度。1918 年前后，欧洲的人口出生率虽大幅度下降，却在短短两年内就令人吃惊地恢复了，基本达到了 1914 年之前的水平。大部分观察家将此归因于战争，以及战后男人返家带来的那一波怀孕高峰。但这无法解释为什么中立的挪威也在 1920 年迎来了新生儿的激增。挪威男人并没有离家去打仗，但与其他挪威人一样，他们也遭受了流感的打击。有 15000 名挪威人在大流行中死去，1918 年的怀孕数据比预期减少了 4000 例，但是第二年的怀孕数据大涨，不但弥补了前一年的缺口，还另外多出了 50%。换句话说，1918 年每减少了两个孩子，1919 年就增加了三个孩子。[3] 是流感造成了全球性的新出生人口大幅增长吗？的确如此，其原因就在于流感选择其受害者的方式。

大流行需要一段时间才能消退：在 W 形的死亡率曲线上，根据人们在世界上所处位置的不同，中间的峰值在 1922~1928 年间慢慢坍缩，直到峰顶降至最低，整个曲线变成一个 U 形。[4] 西班牙流感终于被压制住了，但是留在它身后的是被大大改变了的

① 美国经济学家，芝加哥大学教授，芝加哥经济学派成员，他在经济发展方面作出了开创性研究，深入研究了发展中国家在发展经济中应特别考虑的问题，因此于 1979 年与威廉·亚瑟·刘易斯（William Arthur Lewis）一同获得了诺贝尔奖经济学奖。

人类。通过清除“不合格者”，即那些已经感染了疟疾、肺结核和其他疾病的人，流感在缩减了人口规模的同时提高了整体人口的健康水平，使人们可以更高效地繁衍后代。针对出生率的显著反弹，有一种理论认为：像拉克斯曼·海帕特这样的幸存者，现在就可以与那些顾名思义比病故者更健康也更强健的人结婚。

我们真的可以说是流感使人类变得更健康吗？虽然这看起来非同寻常，我们却可以大致这样说：人们的生物繁殖能力增强了，于是就生了更多的孩子。之所以这只是一种粗略的说法，是因为 217
在生物学之外还有其他因素影响着人们的孩子数量，譬如说宗教和经济方面的考虑。对于男人，还有其他指标说明他们变得更健康。1918 年之前，女性的平均寿命比男性高 6 岁。在每 10 万人中，流感造成的男性死亡人数比女性多 170 人。于是，到流感结束时，男女之间的预期寿命差异缩小到只有 1 岁。直到 1930 年代，当心脏病变得更盛行且在男性中更为多见时，女性才重新夺回在预期寿命上的优势。[5]

因此，总的来看，有理由认为流感后的人群更加健康。然而，如果进一步观察，我们就会看到更为细致的画面，即有些群体的情况肯定比以前更糟了。首先，请先考虑一下那些在 1918 年下半年尚孕育在母亲子宫里的人。如前所述，全世界的怀孕妇女在西班牙流感面前都尤为脆弱。根据 1919 年的一项估测，相比没有怀孕的女性，怀孕妇女发展成为肺炎的概率要高出 50%，如果发展成肺炎，她们的死亡概率也比未怀孕女性高出 50%。[6] 这其中的原因尚不清楚，但有一种观点认为它的成因不在于病毒本身，而在于由它引起的“细胞因子风暴”，即大量的化学警报信号将血液和免疫细胞转移到肺部。孕妇已然承受了孕育一个胎儿的生理压力，就可能更容易死于这种“风暴”。而且，大量的血液被从子宫中转出，也就可以解释为什么流产如此多发。这些未出生婴儿的死亡所造成的人口减少近些年才逐渐显现，因为最近才刚刚过了这些人的预期寿命。同时，还是有些孩子被生产出来，那么另一个问题就是：流感给他们留下了什么样的印记呢？如果真有这种印记的话。

一个出生于1919年的婴儿，在母亲的子宫里经受住了西班牙流感的投石和箭矢攻击，又在1941年出现在一个征兵站时，他不会察觉到自己的身高比那些出生前未暴露于西班牙流感的人平
218 均要矮1.3毫米。这看起来并非很大的差别，但是它说明了这种生理压力对胎儿的各个器官都产生了影响，包括大脑。当生命之路在面前铺陈开来，这个孩子顺利毕业并挣得一份合理薪水的可能性比常人要低，而坐牢和申请残疾救济金的可能性比常人要高，也更有可能在60岁后患上心脏病。[7]

1941年只有男性入伍参战，但同样的情况也适用于所有那些足够不幸的，在1918年初的几个月里孕育在母亲肚子里的人，不论其性别和肤色，他们都属于减少的一代。第一次世界大战期间，英国作家维拉·布里顿（Vera Brittain）[①]是埃塔普勒的一名护士，以“失去的一代（lost generation）”来称呼那些死在英军中的出身名门和受到良好教育的年轻人，如果他们活着回来，就能拥有远大的前程。但是，当西班牙流感袭来之时，那些尚在母亲腹中孕育的胎儿——经常被当作例子以说明关注孕妇健康的重要性——才是20世纪真正的“失去的一代”。

还有一些人的情况同样也很糟糕。举例来说，有充足的证据

① 英国女作家，1933年出版了畅销书《青春作证》（*Testament of Youth*），记述了自己在第一次世界大战中的经历以及向和平主义者转变的过程。“失去的一代”即出自这部小说。

证明，流感本身也是一种“慢性疾病（chronic disease）”。在起初的流感样症状消退后，它对一些人的健康所造成的负面影响持续了几个月甚至是几年。匈牙利作曲家巴托克·贝洛（Bartók Béla）就在流感痊愈后留下了一种严重的耳部感染，以致他担心自己也会患上永久性失聪——就像他的音乐英雄贝多芬的命运一样。他为了止痛而服用鸦片制剂，却无法消除此后长期困扰着他的幻听。对于美国女飞行员阿梅莉亚·埃尔哈特（Amelia Earhart），西班牙流感留下的是伴随终生的鼻窦炎，这在一定程度上影响了她的平衡和飞行能力。1928 年，她成为首个飞越大西洋的女飞行员，而九年之后，却在飞越太平洋的环球飞行中失踪遇难。

我们已经看到，患者在这种疾病的急性期往往伴有焦虑感，而且在一些极端的例子中，病人会在精神错乱的状态下自杀身亡。如果他们能从这一阶段康复，有些病人会发现自己陷入了一种持续性的萎靡不振和绝望中。这一波“忧郁（melancholia）”[①] 中有多 219
少是缘于流感，又有多少是因为战争呢？这是一个难以回答的问题。流感病毒可以作用于大脑，导致“抑郁（depression）”，但是抑郁也是面对丧亲之痛和社会动荡时的一种普遍反应。如何将这二者进行区分呢？再一次，来自中立国挪威的一项研究为我们提供了帮助。

挪威流行病学家斯文–埃里克·马梅隆（Svenn-Erik

① “melancholia”源自希腊语“melagkholia”，其中“melas”意为“黑”，“khole”意为“胆汁”，因为时人认为此症系黑胆汁过多所致。其在中文语境中一般被通译为“忧郁症”，但当代的精神病学文献已很少使用这一术语，而第四版《诊断与统计手册：精神障碍》（*Diagnostic and Statistical Manual of Mental Disorders*，DSM-IV，第 384 页）则将该术语形容为抑郁严重、有显著的精神运动性迟滞或典型内源性抑郁特征的抑郁症。

Mamelund）对该国 1872~1929 年的精神病院记录进行研究后发现，在每一个没有流感大流行的年份里，只有几例与流感有关的精神疾病患者的就诊记录。然而，在 1918 年大流行之后的六年时间里，此类就诊记录的年平均数比非大流行年份高出 7 倍。因为很难确切知悉这些患者的具体病情，也不可能回溯性地论证他们的精神病学症状与流感之间的关系，所以任何从这些数据中得出的结论都注定是不确定的。即便如此，马梅隆仍然推测，在这六年中入院的病人是西班牙流感的幸存者，他们罹患的是我们今天所称的“病毒感染后疲劳综合征（post-viral fatigue syndrome）”或“慢性疲劳综合征（chronic fatigue syndrome）”。他也相信这些入院的病人只是冰山一角，因为大部分患有“忧郁症”的人在那个时代并不会去看精神科医生。

有趣的是，一名挪威人似乎逃过了这场“忧郁症”，他就是爱德华·蒙克（Edvard Munch）。有人可能会觉得他实在是不走运，赶上了两次流感大流行，但我们实际上并不能确定他也是俄国流感的患病者。因而，认为其对蒙克创作《呐喊》（*The Scream*）产生了影响的想法纯属臆测。除此之外，我们几乎可以肯定蒙克感染过西班牙流感，并在痊愈后创作了一系列的自画像，其中的一幅描绘了面黄肌瘦的蒙克坐在一把藤椅里。有人认为，这些画像反映了他在感染病毒后陷入了“忧郁”状态，但他的传记作家苏·普里多（Sue Prideaux）却并不这么看。她称蒙克本来就患有“忧郁症”，是在流感后进入了一个创作的高峰期。蒙克在 1919 年
220 一共创作了至少 14 幅重要作品，均以它们的乐观主义和对自然的赞美而引人注目。普里多写道：“这些作品颜色分明、笔触沉稳，视觉想象和力量丝毫不逊于往日。”[8]

我们不知道有多少人因西班牙流感而罹患抑郁症，但是挪

威的这种情况应该不是个别情况。例如，在坦桑尼亚，人们认为是“病毒感染后疲劳综合征”引发了 20 世纪最为严重的饥荒。当 1918 年底的雨季到来时，人口数量本已因流感而大幅降低，幸存者又因为严重的疲乏倦怠而无法进行播种。所谓的“球茎饥荒”（这一称谓源自非洲妇女在饥馑时不得不用香蕉树的根部供全家糊口）一直持续了两年。

这些精神症状常常是暂时性的。譬如说，在 1919 年，有 200 名“已康复的”流感病人因为出现妄想和幻觉而进入波士顿精神病医院（Boston Psychopathic Hospital）治疗。其中有三分之一的病人被诊断为“早发性痴呆（dementia praecox）”——这是“精神分裂症（schizophrenia）”的旧称。早发性痴呆曾被认为是不治之症，但是五年后，这些病人中的大部分已完全康复。对这些病人进行追踪的精神病学家卡尔·门宁格（Karl Menninger）认为，需要制定新的诊断标准以针对这种随流感而来的、急性的、可逆转的精神分裂症状。[9]

还有另外一种神经病学状况被与西班牙流感联系在一起，那就是“昏睡性脑炎（encephalitis lethargica）”，通俗来讲就是“嗜睡病（sleepy sickness）”。1917~1925 年，昏睡性脑炎流行全球，在 1921 年达到顶峰。它与流感样症状同时出现，恰如其名，表现为一种无法抗拒的睡意。但这种昏睡很怪异：虽然病人表现了嗜睡的所有外部症状，却好像对周边事物仍保有知觉。在一部德国拍摄的纪录片中，一名女性患者在睡着时还能够接受协调性测试，用手指指向自己的鼻子。虽然稍有些不规律，但还是能够连续完成动作。[10] 在罹患昏睡性脑炎的患者中，有三分之一在几周内死去，据估计，全球范围内有超过 50 万人死于这种疾病。另外还有三分之一的患者复原了，其余的人则在拖延了长达几年时间后发 221

展成某种形式的麻痹，类似于晚期的帕金森病。

昏睡性脑炎的流行是否与西班牙流感存在关联呢？从 1920 年代起，这个问题一直存在争议。相信肯定答案的人提出了如下的“铁证”：虽然历史上的其他时期也出现过昏睡性脑炎的病例，但只有在 1920 年代它才如此大规模地出现；其中最早的病例发生在 1916 年冬的西线战场，大致与化脓性支气管炎的暴发同时；西萨摩亚在流感中遭受了惨重的损失，同时也经历了一波昏睡性脑炎的流行，但是在美属萨摩亚，二者却都不曾发生；还有，这两种疾病感染者的平均年龄都是 29 岁。

但是这样的铁证还算不上毫无疑问的证据。至今，科学家也未能在这两种疾病间建立因果关系。他们知道流感病毒可以从鼻腔沿着嗅觉神经到达大脑，引起脑部发炎，并可能引起癫痫和脑卒中（“encephalitis”指的就是这种大脑的炎症）。他们也怀疑昏睡性脑炎在发病早期也表现得像是一种病毒性疾病。但是，在死去的昏睡性脑炎患者的脑部组织中，科学家却没有发现病毒的 RNA。这或许只是因为他们的技术还没有灵敏到足够发现病毒。所以到目前为止，这依然是一个悬而未决的问题。[11]

对于这些继续遭受长期的神经病学和精神病学症状折磨的流感患者，将他们从人群中消灭的方式并非字面意义上的死亡。社会常常能找到其他方法将他们驱逐。例如，南特萨·诺昆夸（Nontetha Nkwenkwe）因为讲述发烧导致的噩梦而遭到囚禁。下一节，我们会讲到她的故事。最后，我们将以 P 先生罗兰·P（Roland P. Mr P）这个有说服力的案例来为本节画上句号。P 先生属于那群不幸的三分之一的昏睡性脑炎患者，这种疾病被牢牢地禁锢在他们体内。他们往往被收容进社会福利机构，在人们的遗忘中终老，而脸上却从来不曾出现皱纹。英国神经病学家奥利弗·萨克斯（Oliver Sacks）在畅销书《睡人》（*Awakenings*，1973）中讲述了一组这类病人的故事，包括他们因服用治疗帕金 222
森病的左旋多巴（L-dopa）而得到的短暂缓解。罗兰·P 就是其中之一。

1917 年，P 先生出生在纽约的一个颇富音乐气息的意大利裔新移民家庭中。3 岁时，他曾发烧长达四个月，并伴有深度的昏睡。当他从中“醒来”时，父母发现他发生了很大的变化：面无表情，不能动，也不能说话。几年后，他进入了一所心智不健全者学校，但是由于缺乏平衡感，给学校造成了越来越多的麻烦，父母最后只好让他退学。“从 11~19 岁，P 先生一直待在家里，整天守着一台维克多牌（Victrola）留声机的大喇叭。据他父亲透露，音乐成了唯一能给他带来快乐的东西，也是唯一能‘使他复活’的东西。”1935 年，P 先生住进了纽约的加尔默罗山医院（Mount Carmel Hospital），如萨克斯所说，“接下来的三分之一个世纪里，在医院后面的那间病房里，彻彻底底再也没有发生过任何事情”。[12]

南特萨的梦

1918 年秋，当被称作“乌姆巴萨拉拉（umbathalala）”［在科萨语（Xhosa）[①] 中意为“灾难”］的西班牙流感来到南非的西斯凯地区时，患病者中有一名科萨族妇女，名叫南特萨·诺昆夸。从高烧中恢复神智以后，她以为自己是死而复生。围在身旁的人弯下腰一边握住她的手，一边向她的脸上洒水。她开始讲述自己在

---

① 系非洲南部科萨人的语言，是今南非共和国的官方语言之一。

病中所做的一系列的梦。[13]

在其中一个梦里，她看到有个东西被包在一块破布里，挂在一根节木花椒的树枝上。有个声音告诉她这是《圣经》，但是它已腐烂。当她向耶稣提出要一个碎片以证明她之所见，却遭到了拒绝。“我们已将《圣经》交给人们，”耶稣说道，“但是他们并不当
223 回事。”她还被告知，有些人的孩子正在金矿中死去，因为他们不再祷告。她接到指示，去找那些大酋长，问问他们是否已作好得到解放的准备，并齐心协力主宰自己。她向这些人布道，劝说他们照看好自己的生活，不要再因遭受的苦难而去指责欧洲人。

一个声音又告诉她，人类会因其罪恶而接受上帝降下的惩罚，而“乌姆巴萨拉拉”只是一个小小的预演。审判日已然来到。“我抬头仰望天空，发现它们正颤抖如一张残忍的面孔。当太阳从东方升上地平线，那赤红好似燃烧的炭火，里面似有一个人在挥舞拳头。天空合拢在一起，吓得我大哭起来。有一个声音对我说，不要哭泣，而应祈祷。”她要担负起的责任就是引领同胞走出旧社会的废墟，迈入一个崭新的社会。

南特萨生病时只有 40 多岁。这位 10 个孩子的寡母生活在小镇库利勒（Khulile）上一块曾属于她先人的土地上。整个 19 世纪，科萨人一直在与荷兰和英国殖民者作战。虽然也曾取得一些引人注目的胜利，但到了 20 世纪初，他们还是因为最终的战败而付出了高昂的代价。《1913 年土地法案》（Land Act of 1913）[①] 荒唐地规定，南非黑人拥有的土地最多不得超过全部国土面积的 7.3%。在由大凯河（Great Kei River）分隔开的西斯凯和特兰斯凯的保留

① 即《1913 年原住民土地法案》（Natives Land Act，1913），后来更名为《1913 年班图土地法案》和《1913 年黑人土地法案》。

地里，拥挤居住在一起的很多科萨人发现，他们再也不能仅靠土地的出产维持生活。男人不得不外出寻找工作。一年里有 6~9 个月只能留下女人独自看家并照顾家人。南特萨的丈夫邦古·诺昆夸（Bungu Nkwenkwe）起初是在金伯利的钻石矿上打工，后来去了萨尔达尼亚湾（Saldanha Bay），即开普敦北面的一个工业区，最后死在了那里。

南特萨虽然不识字，却在社群中得到尊重，被当作“伊克斯维尔（ixhwele）”，就是懂得植物的药用特性的人。“伊克斯维尔”
的部分职能是对已发生的事进行诠释，特别是痛苦不幸的事，而 224
这类事件在此前的一个世纪里发生了很多次。西斯凯见证了战争、饥荒、洪水，甚至还有蝗灾，很多都还历历在目。1918 年下半年，这里正遭遇着一次严重的旱灾。恰在此时，沿着火车的铁轨，逃离矿区的惊恐人群将“乌姆巴萨拉拉”带到这里。在南特萨所在的地区，大约 10% 的人死于流感，总数超过了 10000 人。几乎每个家庭都有人因流感死去，南特萨就失去了自己的一个孩子。

按照亲历者的描述，死者的尸体遍布树丛和道路两边，就留在他们倒下的地方。大地笼罩在一片诡异的宁静中。一个传教士在报告中称：“无人放牧的牛、绵羊和山羊四处游荡，不安的奶牛急需挤奶，可是根本没有人照料它们。”病倒的人太多了，庄稼既无人播种，也无人收割，这进一步加剧了饥荒。在这种情况下，南特萨复述着自己的梦境，人们都在聆听。有些听众讥笑她，但是另一些则认真地对待。“我们应该明白，科萨人是非常重视梦的，”科萨诗人詹姆斯·约洛贝（James Jolobe）于 1959 年在自己的诗作《大屠杀》（*Ingqawule*）中写道，“梦，意味着调解，在现世与来生间。”那些听过她讲述的人，过后还会再来。逐渐的，南特萨拥有了一批追随者，进而成了一名先知。

她在户外祷告，身穿白色长袍，戴着白色头巾，握着一根“乌姆卡伊（umnqayi）”，就是老年已婚妇女手持的一种仪式性的黑色手杖。对于科萨人来说，白色象征着治愈、向基督徒的转变，以及纯洁。南特萨的神示不仅涉及《圣经》，还包含科萨人的印迹，并将二者进行了结合。譬如说，科萨人认为节木花椒树含有某种特殊物质，可以用来刮擦哺乳期妇女的乳头，以吸引婴儿吮吸。在南特萨的梦中，她看到《圣经》被挂在这种树上，隐喻着那些背弃了上帝的人会被它吸引回来，重新皈依。她自己总是将传统服饰和西式服装混搭穿着。虽然她并不属于任何教派，但她所有的孩子都接受过卫理公会（Methodist Church）的洗礼，她也非常尊重教会的教育。

225 南特萨并非那个时代涌现出来的唯一的先知，虽然她与政治组织没有任何关联，但其他很多人却保有这种联系。他们回应了听众中存在的深深的不安全感，以及那种普遍的对更美好世界的向往。1917~1920 年，兰德发生了一系列的罢工，矿工们纷纷投入工会运动，并加入一个新生的组织“非洲人国民大会（African National Congress）”，简称“非国大（ANC）”。大流行期间，一名祖鲁人（Zulu）妇女约瑟菲娜（Josephina）开始发出预言。到了 1923 年，她在兰德登上非国大的讲坛，预言在将要发生的一场蝗灾中，蝗虫会长着人的头颅和蝎子的尾巴。

阿非利卡人（Afrikaners）[①] 也有自身的不安全感。他们在这个国家的白人人口占比中超过一半。但是，其余讲英语的少数白人却控制着工业、军事、艺术等南非社会生活中的大部分领域，

① 系南非和纳米比亚的白人移民后裔，说南非语，旧称“布尔人（Boer）”。

这种状况令他们愤愤不平。发生在 19、20 世纪之交的英布战争（Anglo-Boer war，即第二次布尔战争）造成了 26000 名阿非利卡人死亡，1914 年反抗英国人的起义也惨遭失败，这些都让他们耿耿于怀。1916 年，一名阿非利卡妇女约翰娜·布兰特（Johanna Brandt）预言了一场大瘟疫，它将会造就一个更新更好的社会。两年后，她的预言果然成真了。虽然阿非利卡人在流感中的损失要远远小于黑人，但他们还是更深地感受到自己的民族陷入了危险的境地。

1922 年，南特萨的行为开始受到政府的注意。她所传递的很多神示，例如对巫术和酒精危害的警告，原本对他们颇有吸引力，他们也愿意倾听。但是，官方当时非常担心出现新的宗教运动，或者是被他们认作乔装为宗教运动的政治运动。数年之前，在距离库利勒不到 200 公里的布尔霍克（Bulhoek），一场被称为"以色列人（Israelites）"的基督教运动的几千名信徒聚在一起等待世界末日的到来。当这个预言并未实现时，他们依旧在那里等待。大概是试图驱散他们的努力遭到了失败，警察最后诉诸了武力，造成 160 多名"以色列人"信徒死于随后发生的屠杀中。官 226
方从布尔霍克事件的角度透视南特萨，认为她是危险分子且反白人，这就足以将她拘捕了。政府宣布南特萨因精神不正常而不适于接受审判，把她关进了距离库利勒 80 公里远的博福特堡（Fort Beaufort）的一座精神病院中。

入院之后，南特萨被诊断为早发性痴呆并迅速遭到释放，但前提条件是禁止她再进行布道。地方行政长官要求科萨人的长老必须执行禁令，但这些人做不到，部分原因是南特萨的女性追随者们拒不服从。南特萨继续布道，她的信徒也仍旧前来听讲。再一次，她被拘捕并被关进了博福特堡，但这并没有让她的追随者气馁。他们对院方非常不满，几乎是持续不断地聚集在那里。所以在 1924 年，南特萨被转移到比勒陀利亚（Pretoria）臭名昭著的韦斯科皮斯疯人院（Weskoppies Lunatic Asylum），距离她的家乡有 1000 公里之遥。在那里，她亲眼见到了“流动劳工制（migrant labour system）”的黑暗一面，因为韦斯科皮斯可以说是一座心智溃乱的矿工们的拘留营——这些人原本是来矿山谋生的。

南特萨发现自己陷入了一种无法忍受的境地。每当她坚持说自己是得到了上帝的启迪，医生们就认为这恰好确证了对她的诊断，并以此作为不能将她释放的理由。而她的追随者并没有将她忘记，也不认为她是真的疯了。1927 年，一群人步行了两个月来到比勒陀利亚，他们提出的将她释放的要求遭到拒绝，只得到了探视的许可。后来，这次“朝圣之旅”只好无功而返。自此，南特萨再也没有离开过医院，直到 1935 年死于癌症。这种彻底与社群割裂开来的状态，或许加剧了她临终的痛苦。她被埋葬在一处没有标记的坟墓中，政府则拒绝将遗物交给她的信徒。

1948 年，右翼的南非国民党开始掌权并在全国推行种族隔离政策（该党也着力于促进阿非利卡文化发展和改善阿非利卡人的健康）。1960 年，非国大遭到取缔，直到 1990 年这一禁令才被解
227 除。在取消种族隔离后的南非，一位美国历史学家罗伯特·埃德加（Robert Edgar）终于得以展开此前受阻的调查，以确定南特萨·诺昆夸的埋骨地。他追踪到比勒陀利亚的一处贫民坟墓，发现她与一个无名男子合葬在一起。那个男子被安放在棺木中，虽然那只是一个粗糙的箱子，而她就连这也没有。所以，男子的棺木腐烂后，两人的遗骨就混杂在一起了。当她被取出来之后，首先要做的就是把这两个可能素昧平生的陌生人区分开。尔后，才

能将她送回库利勒，在她的家人和信徒的见证下重新入土。1998 年 10 月 25 日，有数千人出席了她的葬礼，那一天正是“黑色十月（Black October）”[①] 的 80 周年纪念日。

① 指 1918 年 10 月西班牙流感第二波次对南非的侵袭。

第 17 章　被替换的历史

228 “痛苦的改变、道德的败坏、法律的缺失，对于一个从瘟疫的打击中复苏过来的社会，这些都是令人熟悉的症状。”[1] 当历史学家菲利普·齐格勒（Philip Ziegler）写下这些文字时，他是在描绘黑死病的余波，但是它们同样也适用于西班牙流感。地球上三分之一的人染病，其中的十分之一，甚至可能是多达五分之一的人死去。如果人类展露了迅速恢复的能力，那么其迹象也只能来自远方，即从所谓的人口层面观察。一旦走近一些，能够清楚分辨每一个个体，你就不可能不惊叹于人类为这种恢复所付出的巨大代价。

很多家庭不得不重新进行组合。相隔了 100 年的时间，所有已经发生的事似乎都是本该发生的，而我们之所以能活在今天，其实只缘于当时那场被迫进行的抢椅子游戏。人们可以从自身一直向上追溯那些幸存下来的先人。但是，他们当年展望未来时，所想到的可能是另一番光景、另一个家庭。安德斯·哈尔贝格（Anders Hallberg）是生活在瑞典松兹瓦尔（Sundsvall）的一个农民。他所住的房子里已经住过家族中的好几代人，当他在 1982 年重新粉饰装修时，意外找到了砌在墙里的一包信。打开包裹后，他发现这些信是祖父尼尔斯（Nils）和第一任妻子克拉拉（Clara）之间的情书。在村子里，她被称作“漂亮的克拉拉”，尼尔斯喜欢为她弹奏钢琴。在 1918 年 1 月 17 日的信中，克拉拉写道：“我亲爱的尼尔斯……我想拥你入怀中，倾诉对你的无限思念。我将乘火车于周六早上 5 点到达。我要送给你 1000 个温暖的问候和亲吻。

你的克拉拉。又及：我今天见到了英格拉（Engla），她让我转致问候。”[2] 尼尔斯和克拉拉是在 1918 年 8 月刚刚成婚的，而克拉拉 229
死于第二年的 4 月。几年后，尼尔斯又娶了英格拉，并在 1924 年生下一个儿子，就是安德斯的父亲。但是，尼尔斯再也没有碰过钢琴。显然，他也一直舍不得毁掉这些情书。

“费拉（Fela）应该是其中最标致的那个”，雅罗斯拉夫·伊瓦什凯维奇（Jaroslaw Iwaszkiewicz）在《威克的女孩》（*The Maids of Wilko*）中这样写道。1979 年，这个故事被波兰导演安杰依·瓦伊达（Andrzej Wajda）拍成了电影，剧中的费拉死于西班牙流感，给她那五个幸存的姐妹留下了深深的困扰。在此后的几十年中，人们对可能发生的事情一直有种挥之不去的想法——那是“被替换的历史（alternate histories）”。有那么多人死去，而这些死亡似乎都是随机发生的。如果死去的是另外一个人呢？这是幸存者无法摆脱的问题，有时甚至成了一种负罪感。正如人们所预料的，那些痛失成年子女的年迈父母默默忍受着这种内疚的煎熬，这也正是席勒的那幅《家》所表现的。席勒死后，他的母亲玛丽（Marie）又活了 17 年。可是，我们对这位母亲心中的悲伤根本无法体会。

在这场如同重新洗牌的全球性重组中，一些人从缝隙中跌落出去：长期残障人士，包括无法继续工作的忧郁症患者；被误以为患上“佛兰德蓝调（Flanders blues）”① 的一战老兵（其中被误诊的人数可能比真正患这种病的还要多）；没有可能再找一个丈夫的寡妇；无人收留的孤儿。因为流感的目标是 20~40 岁的人群，很

① 即战争精神病或战斗疲劳症，一战时的另外一个称呼是“弹震症（shell shock）”，后被正式命名为“创伤后应激障碍（post-traumatic stress disorder，PTSD）”。

多被抚养和赡养的人发现他们失去了赖以养家糊口的人。一些人被困在一个非常脆弱且破旧的安全网里。有些幸运儿是人寿保险单的受益人：针对大流行后出现的索赔，美国人寿保险行业总计支出了将近 1 亿美元，相当于现在的 200 亿美元。还有一些人的名字被列入遗嘱中。举例来说，一个从德国移居到美国的人，在因流感而病故后，他的遗孀和儿子得到了一笔钱，并将这笔钱投入了房地产业。今天，这个移民的孙子是一个据传身家几十亿的地产大亨，他的名字就是唐纳德·特朗普（Donald Trump）。然而，大多数人却不能期盼如此灿烂的前景。瑞典的一项研究表明，每一个死于流感的病例，就会对应四个人堕入济贫院。[3] 当时，瑞
230 典的公立济贫院所接纳的人可以得到食物、衣服、医疗和丧葬服务，但是这些人会被宣布为法律上的无行为能力者。

这样的研究并不多见。留存下来的有关这些受难者的信息多数只是传闻，即便在那时，也只有一些微弱的声音。孤儿的困境十分恼人，甚至并没有准确的数字，而且战争期间出生的婴儿要少于和平时期。可是，流感针对的是正当壮年的人，包括年轻的父母，这个事实让我们想到它很可能造就了大量的孤儿。当时，对孤儿的收养并未如今天这样组织有序，他们中的很多人或是被远房亲戚收留，或是被置于政府的监护之下。安特·弗朗西塞维奇（Ante Franicevic）出生在克罗地亚内雷特瓦河（Neretva River）附近的一个小村庄。他们兄弟四人的父母和祖父母在几天内相继死于流感，随后，他们被一连串冷漠无情的亲戚抚养长大。安特成年以后，他和一个朋友决定一起离开克罗地亚到非洲去开创新生活。当他们到达北罗得西亚（Northern Rhodesia），即今赞比亚时，英美矿业公司（Anglo American Mining Company）刚刚进驻开发铜带省（Copperbelt Province）的矿山。他们发现自己所在的

地区几乎无人居住，起初，只能在毒蛇出没的丛林中支起帐篷，但是后来却随着矿业公司一起发了财，尤其是对铜的需求在第二次世界大战的助力下大幅增加。安特为英美矿业公司工作了 25 年，婚后供养了一个家庭，在退休后移居到南非安享晚年。

一旦没有人愿意收留他们，这些孤儿实际上就基本没有指望了。1970 年代，一位德国老妇人保莉妮·哈默尔（Pauline Hammer）写信告诉理查德·科利尔，她在 1919 年的流感中失去了双亲，18 岁的哥哥试图维持家庭的完整，除了 8 岁的保莉妮，家里还有两个孩子和一个寄养过来的兄弟。"但是差不多过了九个月，我们不得不分开。"她没有解释到底发生了什么，只是说失去父母这件事给自己的一生都留下了阴影。某些政府的良心会被刺痛吗？可能会的。但是很难证明，是否流感孤儿的存在促使法国
在 1923 年将领养未成年人合法化，并使得英国在三年后也实现了 231
领养的合法化——此前人们已经为此奋斗了 100 多年。这些法律造福了成千上万的孩子，但对于那些西班牙流感带来的孤儿，它们的帮助终究还是来得太晚了。

艾滋病造成了数百万孤儿，埃博拉疫情中也有几千名。福利机构的报告显示，这些孤儿更容易辍学、营养不良，或是流落街头，也更容易受到成年人的剥削，沦为妓女或罪犯。今天的情况尚且如此，1918 年的情势当然也没什么不同。仅在南非，"黑色十月"期间估计就有约 50 万儿童沦为孤儿。南非政府联合了警察、邮政、铁路系统和一些宗教团体，共同发起了一项大规模的孤儿院建设计划，但是这只面向白人少数群体。对于几十万黑人和有色人种的孤儿，官方几乎没有采取任何措施。这些人无处收容，往往最后成为契约劳工，做佣人或雇农，甚至沦为流浪的乞讨者。

1919 年，一个有色人种的"流感幸存者"被指控为小偷，开

普敦的一位检察官为他的被告描绘了一幅生动的肖像："他没有家，也不知道自己的父母怎么样了。他说不出来自己的确切年龄和真实名字，甚至据其所知，他连姓氏也没有。他和其他人一起睡在码头下面或铁路车厢里，如果有机会，当然是争取睡在头等车厢中。他看起来处于半饥饿状态，从垃圾堆里找到什么就吃什么。当然他也从来没有上过学。"他是"游荡在城市中随处安身的几十个男孩子中的一员"。主审法官裁定该男孩有罪，并将其送入少年教养院服刑四年。

因此，当社会在走向复苏时，这些麻烦的因素要被推到一边。新生儿降生的最高纪录出现在 1920 年，人口实现了自我补充。至少在一部分国家，同时也呈现了经济的反弹。在美国，工业生产和商业活动在 1918 年因流感而遭到沉重打击（只有涉及医疗保健产品的商业活动属于例外）。但是，当经济学家伊丽莎白 · 布雷内
232 德（Elizabeth Brainerd）和马克 · 西格勒（Mark Siegler）逐个观察各州的流感死亡率，并与其后十年的预期个人收入相对比，他们从中发现了惊人的相关性：死亡率越高的地方，1920 年代的人均收入增长率也越高。这并非一次新的经济繁荣，只是标识了一个社会在经历了沉重打击之后的复原能力。[4]

可并非所有的社群都得以恢复。在今日的岛国瓦努阿图（Vanuatu），除英语和法语外，还存在着 130 种本地语言，其官方语言为比斯拉马语（Bislama）。这种情况使得瓦努阿图成了世界上语言最为复杂的国家（平均每一种语言的使用人口为 1000~2000 人）。瓦努阿图群岛的部分地区在西班牙流感中的死亡率达到了 90%，这场流行病与 1900 年代初席卷该群岛的天花和麻风病一起，造成了 20 种本地语言的灭绝。人口还可以从毁灭性的破坏中恢复，而这 20 种语言，还有与其相关的文化却永远地消失了。[5]

有些人将困扰如今许多小型社会的弊病归咎于包括西班牙流感在内的流行病（尽管除了带来新的疾病，与外来者的接触在许多方面改变了他们的生活）。当约翰·胡尔廷于 1997 年回到布瑞维格米申，再次挖开埋葬那些死于流感的村民的集体坟墓，他目睹了一个悲伤且无可救药的地方，与 1951 年的所见大不相同。当地人在四十多年前还在从事捕鲸和狩猎，过着自给自足的生活；现在，他们却要依靠福利救济金过活。[6] 当然，捕鲸和狩猎是危险的事业，胡尔廷的印象也可能是错的——精明的村民不得不选择接受政府提供的一切金钱，以便把时间投入不那么危险的但有成就感的活动。然而，阿拉斯加原住民委员会（Alaska Natives Commission）发表于三年前的一份报告得出了相反的结论：阿拉斯加人变成了依靠他人供养、教育和指导的人，“在文化和精神上都出现了缺陷”。[7]

委员会将一部分问题归咎于流行病，因为它造成了萨满和长 233
老的死亡。这些人在阿拉斯加原住民文化中是知识和传统的传承者。同时，流行病也产生了大批的孤儿。19 世纪初，通常的做法是把这些孤儿带离他们原来所在的社区，并安置在集中的机构里。其出发点是这种做法可以鼓励他们融入一个更大的、更多元化的社群，从而开阔他们的眼界。而这份报告却称，这使得他们呈现了“长期的文化缺失”。与外来者在获取自然资源和在地方产业中为了工作而展开的竞争进一步加剧了这些问题，最终结果就是，“原住民的社会和心理状态变化与旨在帮助他们的政府计划的增长成反比”。换句话说，政府投入的钱越多，阿拉斯加的酗酒、犯罪和自杀的比例反而越高。

一位尤皮克长老哈罗德·拿破仑（Harold Napoleon）为这份 1994 年的报告提供了帮助。因为醉酒后杀死自己的幼子，他正在费尔班克斯矫正中心（Fairbanks Correctional Center）服刑。两年后，拿破仑写了一篇以“Yuuyaraq”为题的文章。这个词的字面意思是“做人的方式”，它是传说中尤皮克人所栖居的世界的名字，里面充斥着动物和人的灵魂。拿破仑的文章是为那个失去的世界所作的一首挽歌，它试图去理解同胞们出了什么问题。基于自身和同狱犯人的经历，他的观点是，在将近200年的时间里，给他们带来连续打击的流行病破坏了他们的文化，给他们造成了精神上的创伤，这种创伤是如此严重，以至于他们都无法谈及。“直到现在，‘奈伦奎克（nallunguaq）’①仍然是尤皮克人对付生活中发生的问题或不愉快事件的一种方式，”他写道，“老人告诫年轻人要‘奈伦奎克鲁库（nallunguarluku）’，就是假装它从没有发生过。他们有太多的事情要假装不知道。毕竟，他们不仅失去了挚爱之人，连整个世界都在眼前坍塌了。”[8]

---

① 尤皮克人内部的一种习俗，为了减轻痛苦的心理负担，人们绝口不提过去的惨痛经历，就如同从未发生过一样。

第 18 章　科学与反科学

1901 年，当古斯塔夫·克里姆特（Gustav Klimt）将自己 234
的画作《医学》（*Medicine*）公之于众时，整个维也纳都被震动了。这是他接受委托，为装饰维也纳大学大礼堂天花板而创作的一系列作品中的一幅。该系列作品的主题是光明战胜黑暗，但是克里姆特在象征生命之河的一连串裸体中插入了用骷髅指代的死亡。他的用意相当明显：当涉及治愈的艺术，黑暗持续地战胜光明。教育部拒绝将这幅画安装到天花板上，克里姆特便辞去了委托，并称想要自行保存这幅作品。因为担心克里姆特要把它送到国外展出，教育部声称《医学》属于国家财产，并派人要把它夺走，克里姆特用一支猎枪吓唬他们，来人只好空手而回。[1]

这位艺术家目睹了自己的父亲、一个兄弟和一个姐妹的死亡，又眼看着母亲和另一个姐妹精神失常。像许多有名的男人和女人，更像许许多多默默无闻的人一样，疾病摧毁了他的生活。20 世纪初，并非只有他一个人对骄傲自大的医疗人员提出了警告。1906 年，萧伯纳（George Bernard Shaw）写下了《医生的困境》（*The Doctor's Dilemma*），剧中的知名医生科伦索·里奇恩爵士（Sir Colenso Ridgeon）像上帝一般操弄病人的命运（据说，这个角色的原型阿尔姆罗思·赖特爵士在观看演出时愤而离场）。但是在欧洲，这个微生物理论的发源地，这些人是在逆潮流而行。直到西班牙流感暴发，他们才开始反击。1918 年 10 月 28 日，伦敦《泰晤士报》对视若无睹和缺乏远见发出抱怨，试

235 图让“某些人对国家的卫生状况负责”。地球上最热衷于科学研究的国家之一出版发行的报纸，即《纽约时报》承认道：“科学未能保护我们。”[2]西方医学的对手们甚嚣尘上地叫嚷：“不要再吃毒药了！”

至少是在已完成工业化的国家，医疗界的骄傲自大受到了惩罚。非普通医生都宣称自己比普通医生取得了更高的治愈率，其支持者大增。在此后的二十年，当科学家为了西班牙流感的起因而争论不休时，非普通医学获得了长足的发展，赢得了更高的声望，并开始被称作“替代疗法（alternative medicine）”[①]。1920年代，在一些美国城市，去看常规医生的病人中，有三分之一的人也同时去看替代疗法医师。在那个年代的初期，整骨疗法传入欧洲大陆。此后十年，它又传播到除南极洲以外的所有大陆。在顺势疗法方面，于大流行期间掌管纽约人健康的罗亚尔·S. 科普兰就既是一位眼外科医生，又是一位顺势医疗论者。在纽约州参议员的任期中，他确保了顺势疗法的药典得到1938年《联邦食品、药品和化妆品法案》（Federal Food, Drug, and Cosmetic Act）的认可，实现了顺势疗法的合法化。

非普通医学与埃黎耶·梅契尼可夫在健康的概念上有着本质区别。对于巴斯德的团队来说，自然在本质上是不和谐的，是需要帮助的，尤其是以免疫接种的方式诱使它达到健康状态。而

---

① 即西方国家的常规西医治疗以外的补充疗法，包括冥想疗法、催眠疗法、顺势疗法、整骨疗法、香味疗法、维生素疗法等，传统的草药和针灸也被归入其中。以现代的观点来看，这些只是在“常规疗法（conventional medicine）”之外的另一种选择，并不能替代常规疗法，所以被称为“补充疗法（complementary medicine）”似乎更准确。

非普通医学认为，疾病是自然和谐状态遭到破坏的结果，免疫接种也同样是一种破坏，所以他们予以坚决反对。“自然疗法之父”宾尼迪·鲁斯特（Benedict Lust）称微生物理论为“当代最大的骗局”。[3] 随着非普通医学的地位得到提高，他们的一些思想渗透进大众的意识，甚至也得到了常规疗法的一定认同。这其中最重要的是强调预防，而不仅仅是卫生、运动、身体意识和饮食。在社会精英的支持和鼓励下，这些思想走进了大众视野，他们认为这是一种简便的方法，可以使下层阶级远离共产主义的危险诱惑。于是，西班牙国王阿方索十三世（Alfonso XIII，King of
Spain）——就是他这个著名的流感病例促成了对这场大流行的命 236
名——在 1920 年向马德里足球俱乐部颁发了王室许可，缔造了皇家马德里足球俱乐部，使足球成为一项全国性的娱乐活动。

发轫于 19 世纪的“回到自然（back-to-nature）”运动是对工业化进程的一种矫正，但这是相当精英化的一类行为。1920 年代，一系列运动，比如德国的宣扬素食主义、裸体和顺势疗法的“生活改革（Lebensreform / life reform）”运动拓宽了它的影响范围，并且吸引了在西班牙流感中遭受最大损失的那部分人群。1918 年，纽约的意大利裔美国人和敖德萨的犹太人一样，将窗户紧紧关闭，因为他们相信幽灵或肮脏的空气会导致疾病。现在，阳光和新鲜空气已成为健康的代名词。到了 1930 年代，自然和清洁的观念已根植于人们的内心深处。有违直觉的是，一度活跃的禁烟运动在一战后却销声匿迹。作为那些更严重的恶行的一种最不坏的替代行为，吸烟在军队中受到鼓励，同时它还作为预防西班牙流感的一种方式得到推广。现在，与一些积极的属性建立联系之后，吸烟成为一种时尚。女人们也开始吸烟了。

在常规疗法的反对者当中，最充满敌意的是基督教科学派

(Christian Science)①信徒，这些人几乎放弃了所有的医学介入手段。全球大流行结束以后，他们声称单单是自己的祷告就比一切常规治疗方法都更有优势。此时，不仅在其发源地美国，也包括海外，他们的信徒大幅增加。一种新的“信仰治愈（faith-healing）”运动诞生了。费城的流感疫情十分严重，1918年10月，就在《纽约时报》宣告“科学未能保护我们”的同时，立基于费城的信幕会（Faith Tabernacle）的喉舌刊物《圣灵之剑》(*Sword of the Spirit*)，在大字标题“上帝见证神圣治愈”下宣告西班牙流感“已被治愈”。那一年，信幕会刚成立于“黄金海岸”（今加纳）——那里也是大流行中的反面典型，在六个月的时间里损失了10万人口——并迅速传播到多哥和科特迪瓦。至1920年代末，信幕会虽在西非逐渐式微，但是又继续存在于非洲“五旬节运动
237 (Pentecostal Movement)”②中，以其对神圣治愈的强调和“说方言(speaking in tongues)”③的布道为特色。

---

① 1879年由玛丽·贝克·艾迪（Mary Baker Eddy）创立，也称“基督科学教会”或“基督教科学会”，其教义主要来自艾迪所著的《科学与健康暨解经之钥》(*Science and Health with Key to the Scriptures*)。她宣称，既然上帝是绝对的善与完美，那么罪、疾病和死亡都与上帝无关，因此都不是真实的。这个物质世界是虚幻的，真正的真理和存在都是在精神层面上，所以所有的物质上的“错误”都可以靠更高层次的灵修来解决。

② 系20世纪初兴起的基督新教运动，特别强调要领受圣灵的首个外显的凭据。另，五旬节即圣灵降临节。

③ 系基督新教“灵恩派（Charismatic Christianity）”宗教活动的特色之一。此处的“方言”并非一种语言，而是“舌音”显映的暂时性精神状态，即流畅地说类似话语般的声音，但这种声音一般无法被人们理解。

许多非洲人在 1918 年都经历了一场认知危机。无论是与西医紧密联系在一起的基督教传教士，还是他们自己的传统治疗师，在这场巨灾面前都束手无策。[4] 新一代的先知涌现出来，提供了一种不同的世界观。南非的南特萨 · 诺昆夸就是其中之一，她的故事在一场与西医的冲突中悲剧性地收尾。但并非只有非洲人经历了思想危机。“维多利亚时代的科学让这个世界变得坚硬、干净、裸露，如同一幅月球表面的风景画。” 亚瑟 · 柯南 · 道尔爵士（Sir Arthur Conan Doyle）在 1921 年写道，“但是这种科学其实只是黑暗中的一道微光，除了那些有限的确定的知识，我们还看到各种各样不可思议的神奇的可能性在身边若隐若现，它们不断地以这种方式将我们的意识包围，以至于我们很难将其忽视。” [5]

柯南 · 道尔，作为塑造了最具有科学性的侦探“夏洛克 · 福尔摩斯”的英国小说家，却因儿子在 1918 年死于西班牙流感而停止了创作，转而全身心地投入了通灵术，相信活人可以与亡者进行沟通。通灵术在 19 世纪曾一度流行，后在 1918 年后再度复兴，部分缘于阿尔伯特 · 爱因斯坦（Albert Einstein）将时间作为第四维的描述（如果存在第四维，为什么不会有更多的维度，以至其中一些是不安灵魂的栖息之所？）。1926 年，柯南 · 道尔受邀在剑桥大学向科学协会会员发表演讲。对于他将“外质（ectoplasm）”① 定义为所有精神现象的物质基础，这些听众满腹狐疑，却还是礼貌地听着。[6]

总体而言，1920 年代是一个思想开放的时代，知识的边界不断

① 在生物学上指细胞的外胚层质，此处指通灵者身上渗出的物质，可令亡者成形。

受到试探和检验。随着广义相对论在 1915 年发表，爱因斯坦引入了观察者的主体性这一观念。在暴发了西班牙流感的那个年代，尼尔斯·玻尔（Niels Bohr）[①] 和沃纳·海森堡（Werner Heisenberg）[②] 认为具有确定性的知识是不存在的。经历了全球大流行的任何科学家，
238 特别是如果还记得埃米尔·鲁对那种“理论上的存在”（只能根据其作用反推其存在的有机体）的颇具洞察力的思考，他们就会认识到，成功的科学研究需要开放的思想、严谨的实验和一种有益的谦逊。

如果说这些理念在当时有所传播，一部分功劳要归于教宗。在一战前蓬勃发展的国际科学界到了 1919 年则几已不存。如果在那一年组织一次国际学术会议，德国人和奥地利人会被排除在外。1914 年，梵蒂冈宣布中立，交战双方都很恼怒。1921 年，寄望于双方重建和平，也为了满足自己的愿望，教宗本笃十五世（Pope Benedict XV）[③] 重启了濒临关闭的猞猁科学院（Lincean Academy），即宗座科学院（Pontifical Academy of Sciences）的前身。他将恢复国际科学关系的任务赋予该组织，以追求公正无私的真理作为对话的完美工具，但是在学科的选择上却过于挑剔。只有那些“纯粹的”或者以实验为基础的学科才符合标准，包括物理学、化学和生理学。在本笃十五世的眼中，那些致力于解决人类问题的应用科学是主观的，很容易再次带来当初导致战争的紧张局势。[7]

最终，所有科学门类都被惠及。到了 1930 年代，医学在一定

---

① 丹麦物理学家，哥本哈根学派的创始人之一，对量子力学作出了贡献，1922 年获诺贝尔奖物理学奖。

② 德国著名物理学家，量子力学的主要创始人，哥本哈根学派代表人物，1932 年获诺贝尔奖物理学奖。

③ 1914~1922 年在位，初任教宗即逢一战爆发，他支持教廷严守中立政策，痛斥交战国发动毒气战，后在 1917 年提出七点和平计划，战争结束后则致力于国际和解。

程度上也实现了自我救赎。病毒学作为一个学科被建立起来，第一支流感疫苗正呼之欲出。弗莱明试图在培养皿中培养费佛氏杆菌，在一次次的失败中，他发现了青霉素。然而，到那时为止，因成功出版了自然疗法的刊物，美国的自然疗法医师和摔跤运动员杰西·默瑟·格曼（Jesse Mercer Gehman）所积累的财富甚至超过了传媒大亨威廉·伦道夫·赫斯特（William Randolph Hearst）［他的母亲菲比（Phoebe）就死于西班牙流感］。而在德国掌权的纳粹党，则把清洁自然的理念用于合法化纯化德国人口，这一计划最终导致了第二次世界大战的爆发。纳粹党卫军（Schutzstaffel，SS）在战争末期撤退时，在奥地利放火烧毁了存有维也纳美景宫博物馆（Belvedere Museum）藏品的一座城堡，其中就有克里姆 239
特的《医学》。今天，有关这幅作品就只剩下几幅草图和一些效果不佳的照片。画家本人并不知晓它的命运，因为他早在 1918 年 2 月即已死去。他中风并在住院期间感染了肺炎。有些人认为他也属于西班牙流感的早期病例。

第 19 章　全民医疗保健

240 如果卫生部门从全球大流行中得到了什么教训的话，那就是再也没有理由因为感染了某种传染性疾病而去责怪一个人，也不应当把他或她隔绝起来。1920 年代，很多国家的政府认同了社会化医疗的理念——为所有人提供免费的医疗保健。

全面的医疗保健制度不可能一蹴而就，它需要时间来发展完善，才能真正迈向全民普适。第一步，也是最重要的一步，就是要决定如何支付这笔费用。德国在这件事上走在了前列。铁血宰相奥托·冯·俾斯麦（Otto von Bismarck）在 1883 年制订了一项国家医疗保险计划。在这个国家出资、集中管理的方案之下，德国人可以得到多达 13 个星期的治疗及病假津贴，这种方式是始终贯穿于这个国家的现代医疗保健制度的精髓。1910 年代，英国和俄国也建立了保险制度，但是直到 1920 年代，西欧和中欧的大多数国家才纷纷效仿。

当资金到位以后，下一步就是重新规划提供医疗保健服务的方式。在西班牙流感期间，德国的医疗保健服务是碎片化的，还没有全国范围内的统一医疗政策，虽然早在 1914 年就有人提出过这一问题。医生们要么独立工作，要么由慈善机构或宗教组织提供资金，所有的工业化国家莫不如此。1920 年，巴登的一位社会卫生学者恩斯特·昆茨（Ernst Künz）倡议进行一场彻底的改革，由政府负责训练各地区的医师并向他们拨款，在全国各级行政区
241 选举卫生委员会。[1] 昆茨的建议无人理睬，也许其他人已经提过同样的建议。如果德国医师能够意识到改革的必要性，也就会承认

他们在应对西班牙流感上的失败。然而他们尚未准备好这么做。

如此一来，在 1920 年，是苏俄率先实施了集中的、完全的公共医疗保健制度。它并非全民普适的，因为没有覆盖农村人口（1969 年，农村人口才最终得到全面覆盖），但它无疑是一个巨大的成就，其背后的推手就是列宁。虽然革命已经成功，但所付出的代价却是工人阶级在饥荒、疫病和内战中遭到了几近毁灭性的打击，列宁对此十分担心。医生群体害怕新政权施加的迫害（知识分子不受待见），却惊喜地发现列宁允许他们参与各级新政府卫生行政部门的工作，特别是在早期，在抗击流行病和饥荒的过程中，这一政策受到特别的重视。

对于医生的未来，苏联的官方态度在 1924 年清楚地表露出来。当时，政府号召医学院校在培养医生各方面才能的同时，重视“研究导致疾病的职业和社会状况的能力，不仅能治愈疾病，而且能提出预防办法”。[2] 列宁认识到，医学不仅跟生物和实验有关，同时也具有社会属性。大约在同一时期，作为公共卫生的基石，以研究疾病的模式、成因及影响为己任的流行病学作为一门学科得到了广泛的认可。

流行病学以数据为基础，在大流行之后的几年里，健康数据的报备更加规范。到了 1925 年，美国各州都加入了一个全国性的患病率报告系统。1918 年，流行病早期预警系统的缺失令人遗憾，现在它已初具规模。公共卫生官员开始对某一人群的健康“基线”感兴趣。作为一个“恐怖的例证”，在对入伍新兵的大规模体检中，曾发现各种可预防或可治愈的疾病和缺陷的比例高得惊人。18 年后，美国在 1935 年进行了第一次全国范围的健康普查。 242

政府强化了应对大流行的准备工作，中国在这方面的成绩超过了其他任何地方。1911 年东北地区暴发鼠疫之后，伍连德几乎凭借一己之力创建了一套现代化的卫生体系。1912 年，他建立了北满防疫处[①]。第二年，解剖在医学院开始合法化。1915 年，成立了以伍连德为首任会长的中华医学会，进而推动了西医在中国的发展。袁世凯从各地军阀手里夺取权力后，北洋政府将健康数据的收集工作集中起来。1930 年，伍连德任处长的全国海港检疫管理处设立，该机构负责监督全国主要港口的检疫隔离工作，并向日内瓦的国际联盟（League of Nations）定期发送流行病学报告。与此同时，在自我加冕为波斯国王后两年，虽然经过了一番斗争，礼萨·汗将军还是从英国人手中夺回了设立于波斯湾的检疫隔离机构。1923~1936 年，礼萨·汗政府在国家卫生基础设施上的财政拨款达到了此前的 25 倍。[3]

当更多的疾病数据触手可及，当更多的人受到全民医疗保健这张大网的保护，流行病学的研究范围也就得到了进一步的拓展。起初，它只局限于传染性疾病，但很快就囊括了非传染性疾病或慢性疾病。到了 1970 年，流行病学家对任何与健康有关的结果都感兴趣，甚至是蓄意谋杀。这个演变同时反映了科学的进步和人口统计学上的变化。心脏病和癌症——还有最近的痴呆症——都超越了传染病，成为最厉害的人类杀手。

1948 年，当英国建立起自己的国家医疗服务体系（National Health Service，NHS）时，肺炎、肺结核、脊髓灰质炎和性病是多数人的死亡原因，有 5% 的儿童在 1 岁前死去（这相当于今天的 20 倍）。当时，医学还并不是它如今的样子，但是无论如何，相
243 比 1918 年，它已取得了长足的进展：有了现代的抗生素，1955 年还有了脊髓灰质炎疫苗。这就是为什么国家医疗服务体系和类似

① 1916 年更名为东三省防疫事务总处。

的制度如此具有变革能力。从前根本享受不到任何医疗服务的穷人，只能自生自灭，他们有时只能指望危险的民间土法，或是倚靠医生的慈悲心，现在，他们的许多疾病都可以治愈了。老年人体会到的变化最大，因为从前很多老人不得不在疏于照料的社区病房或济贫院中了却残生。英国的国家医疗服务体系引领了老年医学的发展。

今天，我们很多人都以为免费医疗是理所应当的，也就很容易忽视在 1940 年代，这一理念在很多地方并未得到广泛认可。在国家医疗服务体系诞生之前，医生们用了两年时间试图加以阻止，以为这一体系会威胁到他们的收入和独立性。它被认为是社会主义的同义词，一个“社会主义的阴谋”，这成为保守党的温斯顿·丘吉尔（Winston Churchill）在下议院对工党卫生部部长安奈林·贝文（Aneurin Bevan）发起攻击的一个理由，他被斥作“对他的国家的诅咒”。实际上，对这个“社会主义的阴谋”的担忧也是美国至今没有实行全民普适的医疗保健制度的原因。作为替代品，从 1930 年代开始，雇主保险制度在美国大量涌现。

1920 年代，很多国家组建或是重组了卫生部。这是全球大流行的一个直接后果。大流行期间，公共卫生事业的领导者要么被完全排除在内阁会议之外，要么只能低三下四地向其他部门乞求资金和权力。现在，他们也在权力的高桌旁占据了一席之地。渐渐的，公共卫生变成国家的一项责任。同时，政治家也意识到公共卫生措施可以成为增强对民众的影响力的一种手段。由此，卫生保健具有了政治性，德国就是典型例证。

尽管恩斯特·昆茨的改革计划没有受到重视，德国医疗保健的重心在魏玛共和国时期（1919~1933）还是逐渐从私人执业转向
公共卫生。待到纳粹党上台执政时，德国医生已经习惯于在提供 244

医疗服务上与政府进行合作。当然，优生学还远未成为一种强大的思潮，但是在纳粹的宣扬下，优生学理论在 1930 年代的德国还是逐渐成为医学实践的主流。

纳粹颁布的第一项法律就是 1933 年的《预防遗传性疾病扩散法》(Law for the Prevention of Offspring with Hereditary Diseases)，也被称作《绝育法》，其目的是禁止被定义为具有劣等基因的人进行生育。“遗传健康法庭”由法官和医生共同组成，其中医生充当“国家律师”的角色。该法庭对于是否给这类人群进行强制绝育作出决定。它开庭的时候禁止公众参与，有时候只用短短的几分钟就作出判决。随后，该项法律的扩充规定进一步允许在妇女怀孕达到六个月之前下令其堕胎。[4]

一个国家的医疗卫生状况成为反映其现代化和文明程度的标志。当疾病检测水平提高，非洲和亚洲的殖民地国家的医疗问题便日趋明显，这令各宗主国甚为尴尬。同时，这也使得殖民地的原住民对自身状况愈加不满，因而怨恨宗主国没有提供足够的医疗保健服务。他们热切地期盼在苏俄实行的普遍覆盖的医疗保健制度。西方的资本主义者必须提出己方的解决方案，而这些方案经常是由洛克菲勒基金会 (Rockefeller Foundation) 提供的。

洛克菲勒基金会是“标准石油 (Standard Oil)”的慈善分支机构，于 1913 年 5 月成立于纽约。发起者是这家公司的所有者约翰 · D. 洛克菲勒 (John D. Rockefeller) 和他的慈善顾问弗雷德里克 · 泰勒 · 盖茨 (Frederick Taylor Gates)，以及他的儿子小约翰 · D. 洛克菲勒 (John D. Rockefeller Jr)。基金会成立六周后即设立的国际健康分部于两次世界大战期间在国际公共健康领域发挥了重要作用，不仅在许多殖民地，也在许多西欧国家为对抗疾病提供了帮助。例如在 1922 年，它与西班牙政府达成一项合作，

为这个国家的现代卫生系统奠定了基础。通过它出资创办的北京 245
协和医院，洛克菲勒基金会在帮助伍连德全面改革中国医学教育的过程中也贡献了很大力量。

并不只有洛克菲勒，巴斯德研究所在那些年里也大展宏图。1922 年，经埃米尔·鲁和参加巴黎和会的波斯代表团的磋商，它建立了德黑兰分所。当时，西班牙流感给这个国家造成了巨大的破坏。战争甫一结束，欧洲马上就遭受了流行病的打击，不仅是流感，还有斑疹伤寒和肺结核。在疾病波及的地区，宗教团体组织了人道主义救援。1919 年成立的救助儿童会基金会（Save the Children Fund），旨在援助那些骨瘦如柴且疾病缠身的德国和奥地利儿童，他们是战争和协约国封锁的受害者。

这些行动都出自良好的愿望，却缺乏整体的协调。在这种背景下，就有了成立一个新型国际卫生组织的需求。总部设在巴黎的国际公共卫生办公室（International Office of Public Hygiene）成立于 1907 年，得到了 23 个欧洲国家的支持，但是它的职能主要是收集和发布有关传染性疾病的信息，而非贯彻执行公共卫生项目。随后，还需要一些更加积极的行动。1919 年，在位于日内瓦的红十字国际委员会的支持下，一个以抗击流行病为明确使命的国际机构成立了。

就在此处，在国与国的层面上，对公共卫生产生影响的两种互相对抗的势力——社会化和政治化——发生了碰撞。这个防疫机构甫一设立，各国就开始为是否应将战败国包括在内而争吵不休，反犹分子开始游说将犹太难民隔离在东欧的集中营。[当时，“集中营（concentration camp）”已然不是一个新的概念。早在二十年前第二次布尔战争期间，它就被用来称呼英国人为收容布尔人妇女儿童而建立的营地；虽然其初衷是提供人道主义庇护，

246 但很快便促使疾病泛滥。］对于仍滞留在俄国的德军战俘，也出现了问题：如果其中有布尔什维克鼓动者，那么是否应允许他们回家呢？

救助儿童会基金会的英国创始人埃格兰泰恩·杰布（Eglantyne Jebb）在这场争论中强调自己对包容性的坚持，也包括对布尔什维克的包容。不只是这个防疫机构被政治目的所绑架，或者是被认为遭到了这种绑架。洛克菲勒也被一些人怀疑是在慈善的伪装下实践新殖民主义。该基金会认为自身的使命是将美国式的启蒙带给“落后的和被忽视的种族”，而且它在那些接受启蒙运动的国家里与商人和传教士维系着紧密的联系（后来，对纳粹优生学计划的参与玷污了该基金会的名誉）。

1920年代初建立的国际联盟卫生组织与上述防疫机构、更早前的泛美卫生组织（Pan Amerian Health Organization），以及巴黎的国际公共卫生办公室，共同组成了今日的世界卫生组织（World Health Organization，WHO）的前身。1939年，当第二次世界大战爆发时，国际联盟和它的卫生组织一同垮台，这给未来的世界卫生组织传递了一个明确的信息：这个新组织不应当将自身的存续寄托于它的母体，即联合国。于是，当世界卫生组织在1946年正式成立时，它就是一个独立的机构。彼时，优生学已然失宠，一种彻底的平等对待健康的方式被庄严地载入《世界卫生组织宪章》（The Charter of the World Health Organization）。它曾宣示，而且至今仍然在宣示：“享受最高而能获致之健康标准，为人人基本权利之一，不因种族、宗教、政治信仰、经济或社会状况情境各异而分轩轾。”

第20章　战争与和平

率领德军作战的埃里希·冯·鲁登道夫将军（General Erich 247
von Ludendorff）认为，是西班牙流感偷走了本该属于自己的胜利。有关第一次世界大战，有太多的“如果怎么样，那么会怎么样？”的推测。1914年，赫伯特·阿斯奎斯（Herbert Asquith）的自由党政府曾努力让英国置身战争事外，也几乎真的成功。如果他做到了，结果会如何呢？如果美国没有在三年后参战呢？如果弗里茨·哈伯（Fritz Haber）没有发现以氮气和氢气制造合成氨的方法，使得德国人可以继续制造炸药，那么在协约国的海军封锁阻断其硝酸钾供应的情况下，德国该怎么办呢？因为很多复杂的相互作用的因素，事情的发生总有其特有的方式，而试图从中单独抽离出某个因素就很可能得出错误的结论。尽管如此，鲁登道夫的说法还是值得进一步研究，哪怕只因并非只有他一人这么认为。将近一个世纪以来，这种观点被许多以研究战争为业的学者一再重复。

当同盟国在1918年3月发动春季攻势时，它们是手握优势的。东线战场的崩溃使得大量身经百战的同盟国部队得以解脱，并得到现代战术的再训练，包括如何渗透敌军防线（这就是机动灵活的突击队）。虽然在封锁之下，不论是后方的家里还是前线的战壕，食物都很匮乏，部队的斗志却依然高昂。另外一方，协约国部队的士气则很低落。他们在人力上左绌右支，对几年来一次次的徒劳进攻心生厌倦。1917年秋，埃塔普勒发生的兵变遭到了残酷的镇压。

248 第一阶段进攻获得了成功，到了 4 月初，德军已将协约国防线推后超过 60 公里。4 月 9 日，他们又发动了第二阶段进攻——格尔奥格蒂行动（Operation Georgette）——并取得了更大的战果。意志坚定的英军总司令道格拉斯·黑格爵士（Sir Douglas Haig）命令他的部队"奋战到底"。但是，彼时的格尔奥格蒂行动已如强弩之末，最终于 4 月底被取消。5 月 27 日，第三阶段进攻，即布吕歇尔行动（Operation Blücher）开始，但是到了 6 月初它就停滞不前了。7 月，法军的一次成功反击粉碎了德军的"皇帝会战"。8 月，协约国发动了一系列的进攻，将同盟国部队赶出了法国，直至最终结束了战争。

6 月，同盟国的后勤补给已不堪重负，部队也筋疲力尽。但时间线表明，问题其实早已出现——流感最早在 4 月中旬前后就出现在战壕里。交战双方都因流感而大量减员。但恩斯特·荣格尔（Ernst Jünger）认为己方受到的损失更大。他当时是一名突击队员，随连队被派去防守阿拉斯（Arras）以南 20 公里处的一片小树林。英国人将那里称为"夜莺树林（Rossignol Wood）"，德国人则称其为"125 号矮林（Copse 125）"。荣格尔后来回忆，每天身边都有好几个人生病，应该来增援的一个营的兵力几乎被流感"一网打尽"。"我们知道，这场疾病同样也在敌人那边散播；尽管如此，我方的配给很差，这使我们更容易生病。尤其是年轻人，有时竟会在一夜之间死去。我们一天到晚都要处于战备状态，就像黑色的烟尘持续不断地笼罩在 125 号矮林的上方，到处都是一片混乱。"[1]

多数历史学家虽然认可流感加速了敌意的消除，但是都不愿承认是流感决定了这场战争的胜败。然而，其中有两人破了这个例，他们认为流感对同盟国的"惩罚"比对协约国要更严厉，进而对最终的结局产生了影响。历史学家戴维·扎贝基（David

Zabecki）同意荣格尔的观点，德军官兵中的营养不良加剧了流感的肆虐。[2] 同时，科学家安德鲁·普赖斯－史密斯（Andrew Price- 249
Smith）认为，可怕的大流感秋季波次是压垮摇摇欲坠的奥匈帝国的最后一根稻草。[3] 鲁登道夫可能已经感受到了有关德国的不详预兆：快到 9 月底的时候，他出现了类似神经失常的症状，下属为他请来了精神科医生。

1918 年秋，中欧的情况已非常糟糕。然而直到战争结束以后，这种局势的严重性才为外界所知。停战协定签订后的几个月，作家斯蒂芬·茨威格（Stefan Zweig）在返回祖国奥地利的途中就早早有了体验。火车停在了瑞士边境，他被要求离开“整洁干净的”瑞士车厢以换乘奥地利车厢。

> 一进入车厢，我们就明白了这个国家到底发生了什么。为我们指引座位的警卫面容憔悴、饥肠辘辘、衣衫褴褛。他们缓慢地挪动着脚步，破烂的制服松垮地挂在佝偻的肩膀上。开关车窗用的皮带都被切了下去，因为所有这类材料都十分宝贵。掠夺者的匕首或刺刀也盯上了这里的座椅，所有的皮面都被那些需要修理鞋子的人粗暴地割走，几乎所有地方的皮革他们都没有放过。同样，烟灰缸也都不见了，仅仅因为那么一点点镍或铜就被偷走了。[4]

英国经济学家约翰·梅纳德·凯恩斯（John Maynard Keynes）在 1919 年所著的《〈凡尔赛和约〉的经济后果》（*The Economic Consequences of the Peace*）中对战败国的严峻局面发出了警告。“过去几个月以来，关于同盟国的健康形势的报告如此严峻，已经超乎

了想象，甚至引述这些报告都会让人产生心理上的负罪感。”他写下这些以后又引用了维也纳的一份报纸的内容：“在战争的最后几
250 年，仅在奥地利就有35000人死于结核病，其中维也纳有12000人。现在，我们估计应该有35万～40万结核病患者需要治疗……整整一代人在营养不良的状态下成长，面色苍白、肌肉无力、关节不良，大脑也发育不全。”我们知道，结核病人易患流感。如果瑞士和法国遭遇的第二波次，如一些资料所说，果真是来自东方，那么奥匈帝国暴露在这波疫情中的时间就比这些国家还要长，所遭受的损失也就更严重。因此，似乎至少有一定的可能性，即鲁登道夫所称的有其正确之处，流感的暴发帮了协约国的忙。

那么和平又如何呢？流感对它也产生了影响吗？一些历史学家认为：是的。恰在和平进程中，第三波次袭击了巴黎。参与每一个层面的艰难而冗长的谈判的各国代表团都直接或间接地受到了流感的影响。中国代表团的顾维钧为中国收回在山东的权益而抗争，最大限度地维护了中国的尊严。与此同时，他却在流感中失去了妻子①。费萨尔王子，即后来的伊拉克国王费萨尔一世（King Faisal I of Iraq）率领阿拉伯代表团参会，T. E. 劳伦斯［T. E. Lawrence，即“阿拉伯的劳伦斯（Lawrence of Arabia）”］随行其中。当他听说自己的父亲因流感而病危，便暂时请假回了英国。在他抵达前两个小时，老劳伦斯就过世了，于是他立即动身折返巴黎。针对不久前还属于奥斯曼帝国的大片阿拉伯领土的未来正在讨论，他不愿缺席太久。[5]大卫·劳合·乔治（David Lloyd George）已从上一年秋季波次的流感中康复，但是法国总理乔

① 顾维钧的第二任夫人，即民国首任总理唐绍仪之女唐宝玥，于1918年在美国病逝于西班牙流感。

治·克里孟梭（Georges Clemenceau）在整个 3 月和 4 月都饱受“感冒”的折磨。之前的 2 月，克里孟梭刚在一次暗杀中逃过一劫，所以这有可能是嵌在他肩胛骨中的弹头所带来的后果。当然，那也可能就是西班牙流感。

然而，1919 年春，巴黎最著名的流感患者或许是美国总统伍德罗·威尔逊（Woodrow Wilson）。他勉力坚持，但是旁观者仍 251
注意到，这位通常平静而从容的绅士在某些情况下变得健忘、易怒且匆匆忙忙就作出结论［不幸的是，作为他最亲密的顾问，爱德华·豪斯（Edward House）的病情也很严重］。威尔逊患有潜在的神经衰弱，而且多年来可能一直都有“短暂性脑缺血发作（transient ischaemic attack）”，即俗称的“小中风”。[6] 当代的神经病学家研究了他的病情后认为，那年春季的流感进一步引发了他的小中风（另一些人则不这样认为，回溯性诊断是一件非常复杂的事）。果真如此的话，这些人的病情是否影响了谈判的结果？

威尔逊无疑是这些谈判中的关键角色。带着他的“十四点计划（Fourteen Points）”，为了争取稳健的和平并建立国际联盟，他常常是孤军奋战，对付那些更具有复仇意愿的欧洲谈判对手。但是，其最近的一个传记作家小约翰·米尔顿·库珀（John Milton Cooper Jr）并不认为那年春季威尔逊不确定的健康状况真的具有持久的影响。中国的山东是一个重要的例外，作为加入国际联盟的保证，它被授予日本，却激怒了中国人，同时也令威尔逊十分懊恼。库珀说，除此之外，威尔逊的巴黎之行基本上达成了所有目标。当涉及战败国应支付的赔偿时，可以说这是和平进程中最具破坏性的议题，因为它给德国带来了耻辱和苦难，所以代表们只是在原则上达成了一致，并没有确定具体金额。这个问题会在将来由批准该条约的所有国家的代表共同商定。结果是，美国并没有被包括在批准这项条约的国家中。[7]

但是，即使专家们对威尔逊在 1919 年春的神经状况不能取得一致，他们至少在当年的 10 月，即他发生的严重中风上取得了一致。他们认为，之前所患的流感对这次中风有所影响。按照库珀的观点，这次中风既给威尔逊留下了永久的印记（使他左半边身体瘫痪），也对国际政治产生了深远的影响，因为这导致他未能说服美国政府批准《凡尔赛和约》并加入国际联盟。德国被迫支付
252 了惩罚性的赔款，进而点燃了民众的怒火。如果美国在其中发挥了作用，本可以避免这种情况的发生。西班牙流感使威尔逊本人成为实现其自身目标的最大障碍，就这样，它对第二次世界大战的爆发也产生了间接的影响。

除了和平进程，流感也影响了别的政治事件。1919 年 3 月，全俄中央执行委员会（All-Russian Central Executive Committee）主席雅可夫·斯维尔德洛夫（Yakov Sverdlov）染上流感并在一周内去世。他是个小个子，态度专横、声音严厉，喜欢从头到脚穿一身黑皮衣。自列宁在前一年 8 月的暗杀中受到枪击重伤后，斯维尔德洛夫就充当了他的左膀右臂。列夫·托洛茨基（Leon Trotsky）说，列宁在革命军事委员会听说斯氏的死讯后给他打了电话："'他走了，他走了，他走了！'好一会儿，我们俩都手握着听筒，每个人都能感觉到另一端的沉默。然后，我们挂上了电话。没有什么其他可说的了。"[8] 斯维尔德洛夫被葬在红场上，这是布尔什维克举行的第一次大型国葬。他的继任者来来去去，却没有一个拥有他那种令人敬畏的威慑力，也都无力承担在废墟上建设一个共产主义国家的重任。直到 1922 年，约瑟夫·斯大林（Joseph Stalin）登上了舞台。

1918 年 5 月，在他生病之前两个月，西班牙国王阿方索十三世险些未能躲过一场政变。从病床上爬起来以后，他想方设法地

恳请反对派坐到谈判桌上，甚至以逊位相胁迫，这才胡乱拼凑出
一届新的联合政府。这是他为了维护“和平转向（turno pacifico）”
原则的最后一着。根据该原则，通过确保自由党和保守党轮流在
由他任命的政府中执政，19 世纪的混乱才得以结束。一些人认
为，如果国王未能康复，或是他的康复期用时更长，西班牙就
会比实际情况提前几年变成独裁国家。事实上，米各尔·普里
莫·德·里维拉将军（General Miguel Primo de Rivera）在 1923 年
领导的一场政变才开始了一段独裁时期。而早在 1918 年呼吁“公
共卫生专政”之时，西班牙人就已经表现了对独裁统治的偏好。
他们迫切需要一位强有力的掌舵人，由他引领西班牙驶出这潭死 253
水，重新汇入欧洲的主流。[9]

1918 年秋，世界各地出现一波工人罢工和抗议帝国主义的浪潮。在 1917 年俄国革命爆发以前，种种不满就开始在人们心中不断郁积，流感使早就糟糕至极的物资供应形势更趋恶化，社会不公愈加凸显，愤怒之火终于升腾起来。它像一道闪电划过整个世界，照亮了殖民主义，有时还包括资本主义的不公正。持优生学观点的人看到了底层民众所遭受的苦难，却宁愿将此归咎于他们卑贱的出身。底层民众也看到了这种差距，但他们将其解读为自己在富人手中受到剥削的明证。例如，在法属殖民地塞内加尔，医生给欧洲人开出的处方是香槟酒，而给当地人的却是葡萄酒，这种现象并非没有引起人们的注意。[10] 1918 年德国发生了十一月革命，时间恰逢流感的秋季波次。而在一贯秩序井然的瑞士，当左翼团体将军队中高企的流感死亡人数指为政府和军事指挥的责任时，也险些爆发内战。

西萨摩亚的流感相关死亡率是全世界最高的。在发生了疫情的新西兰轮船**杜兰号**于 1918 年 11 月停靠在首府阿皮亚（Apia）

之后，这个国家丧失了其全部人口的五分之一。这场灾难加剧了本来就存在的对统治该群岛的新西兰当局的仇恨。1920 年代，这里的“毛乌（Mau）”①运动复兴，它作为一场非暴力抗议运动，曾被用来反抗此前占据该群岛的德国人（第一次世界大战爆发后，新西兰从德国手中夺取了该群岛）。1929 年，在阿皮亚举行的一次和平示威中，警察试图拘捕毛乌运动的领袖最高酋长图普阿·塔马塞塞·利洛菲（Tupua Tamasese Lealofi）。由此引发了一场冲突，警察向人群开枪，打死了塔马塞塞和另外 10 个人。这却使毛乌运动此后更加风起云涌，经过一次次斗争和失败，西萨摩亚（即今天的萨摩亚独立国）终于在 1962 年获得了独立。临近的美属萨摩亚至今仍是美国的领地。

254 在朝鲜，如前所述，本国人口死于西班牙流感的比例相当于其宗主国日本人口的 2 倍。同样，埃及的流感相关死亡率也几乎是英国的 2 倍。1919 年 3 月，朝鲜人民为争取独立而发动的起义很快就被镇压下去（朝鲜最终在二战结束后获得独立）。也是在这个月，埃及和苏丹人民掀起了反抗沦为英国“保护国”的起义，这次革命使得埃及在 1922 年获得独立。与此同时，在很大程度上也是拜流感所赐，截至 1919 年 3 月，印度的紧张形势已经达到临界点。在这个国家里，又过了一个月，局势才发展到高潮。

甘地与草根

1918 年，“圣雄甘地”整个夏天都在忙于为英国的战事招募印度军队。到了秋季，他疲惫不堪，病倒于艾哈迈达巴德

---

① “mau”在萨摩亚语里意为“坚定不移”。

（Ahmedabad）郊外的静修所中，而他却以为只是轻微的痢疾。甘地决心要把来自外界的敌人饿死，但是忍不住诱惑，喝下了妻子卡斯图巴（Kasturba）为他熬的一碗甜麦片。“这就足够引来死亡天使了，”他后来写道，“不到一个小时，痢疾就恶化了。”[11]

这不是痢疾，而是西班牙流感——它在甘地身上以胃肠型变种的形式出现。在印度争取独立的一个关键时刻，它使甘地丧失了正常的活动能力。1918 年，他已经 48 岁。在南非用了二十年时间掌握了民权运动的精要以后，他于三年前回到祖先曾居住过的这片故土。自此，他有了双重的目标：为英国的战事招募士兵，并以非暴力抗议的方式，即以“坚持真理（satyagraha）”来动员印度人民。独立运动中的一些人认为这两个目标是相互排斥的，甘地却不以为然。对他来讲，印度对协约国战事的贡献是一个可以用来交换的筹码。一旦战争取得胜利，便可以换取某种程度的自 255
治，至少是换取自治领的地位。如果说这是胡萝卜，那么“坚持真理”的非暴力不合作就是与它配合的大棒，用来提醒英国人，印度人已经作好了准备，要为他们应得的权利而进行和平的斗争。

甘地在印度国内组织的最初两次非暴力不合作运动都发生在古吉拉特。他就出生在这里，从南非回国以后他也是在这里建立了自己的静修所。第一次非暴力不合作运动发生在 1918 年 2 月，参加者是古吉拉特最大城市艾哈迈达巴德的纺织工人，目的是抗议过低的报酬。几个月后，在他的劝说下，被反常的季风推到饥饿边缘的科达县（Kheda District）农民奋起抗议政府让他们照常缴纳土地税的要求。

在两次非暴力不合作运动中，即便未能达成全部目标，至少抗议者的部分要求得到了满足。到甘地生病时，他已被知识分子视作国家未来的一位领导者。问题在于，他还缺乏基层群众的支持。科达县被动员起来的农民只有几千人，而不是几十万人。甘地把这视作古吉拉特农民政治觉醒的一个开端。但是他还没有取得很多成就，就又折返家乡。同年 6 月，他回到科达县，敦促这里的农民应召入伍，却遭到了拒绝。“您信仰‘非暴力（ahimsa / non-violence）’，”他们指出，“怎么可以要求我们拿起武器呢？”

西班牙流感的第二波次于 9 月暴发，同时又得到旱灾的助力。那个干热的秋天极其缺水。“人们为了水而乞讨，”一个美国传教士报告说，“为了得到水，他们互相争斗；他们甚至还去偷水。”[12] 在农村，奶牛因为缺乏饲料而饿死，阉牛则一定要小心看管，以免它们追逐潮湿的气味而掉到水井里。当年的第一季庄稼该收割了，第二季庄稼也该播种了，但是半数人口都在生病，没有足够的人手完成这些活计。在古吉拉特所属的孟买管辖区（Bombay Presidency），主要食品的价格已经上涨了 1 倍。政府只是在 10 月叫停了小麦出口，但那已是流行病的高峰时段。那段时间里，人
256 们跳上行驶中的货运列车偷取谷物，饥饿的难民潮水般地涌进孟买城，而霍乱正在那里虎视眈眈地等候着猎物。因为没有足够的木材将死者火化，河道都被尸体堵塞了。

殖民政府长期以来忽视本地人的健康状况，他们对这场灾难根本毫无准备，因而不得不付出了代价。这个管辖区的公共卫生部门只能顾及城市，而且因为很多医生都去参战，他们的力量也严重不足。护理工作在当时的印度还处于初创期，唯一一批经过培训的护士在孟买城里工作。所以，城市里的垂死病人比农村要多，也只有城市里的病人才能得到帮助。而乡村和偏远的社区在很大程度上就只能自寻生路了。

政府发出求助的呼声，而帮助真的来了，其中大多数来自与独立运动紧密相关的组织。它们中有很多都热衷于社会改革，有能力

随时动员几十个地方种姓和社区组织。它们筹集资金，组织援助中心，发放药品、牛奶和毯子。总体来讲，这些组织的努力仍然主要局限于城市地区，只有古吉拉特是个例外。那个地方有时被视作自由印度的摇篮，不只是因为甘地出生在那里，还因为它有着反抗殖民统治的悠久历史，所以那里发生了不同寻常的事情。

当艾哈迈达巴德市政当局拒不同意将一所学校改作医院（尽管如当地媒体很快指出的，该市卫生官员的工资已因增加的一项税收而有所提高），曾经组织了科达县非暴力不合作运动的一个主张自治的组织“古吉拉特萨卜赫（Gujarat Sabha）”[①]建立了流感救济委员会，以应对来自艾哈迈达巴德偏远村庄的迫切需求。安巴拉勒·萨拉拜（Ambalal Sarabhai）是一个磨坊主，他曾在 2 月拒绝了甘地代表纺织工人提出的募捐请求，但这一次他也捐款了。

而在南方几百公里以外的苏拉特县（Surat District），“自由斗士（freedom fighter）”[②]的行动也取得了突出的成绩。这是三个理想主义的年轻人，其中两个是亲兄弟，卡拉扬吉·梅塔（Kalyanji Mehta）和昆瓦吉·梅塔（Kunvarji Mehta），另一个名叫达亚吉·德赛（Dayalji Desai）。他们是独立运动首任领袖巴尔·甘格达尔·提拉克（Bal Gangadhar Tilak）的追随者。如果对实现自治有所帮助，提拉克并不反对使用暴力（昆瓦吉·梅塔甚至自制了一枚炸弹，只是并未将其引爆）。然而，随着时间的推移，他们逐渐被甘地的更加和平的方式所打动。这三人同属于古吉拉特的本地种姓，梅塔兄弟是中种姓的“帕蒂达（Patidar）”，德赛则是高 257

① 1884 年建立于艾哈迈达巴德的公共政治组织，甘地在 1918~1919 年任主席。1920 年，“古吉拉特萨卜赫”被并入国大党，进而组成了古吉拉特邦议会委员会。

② 一种受印度官方承认的对参加过独立运动者的正式称谓。

种姓的“阿纳维尔婆罗门（Anavil Brahmin）”。1910年代，他们都放弃了公职，回到苏拉特开办静修所。他们的目标是教育各自种姓的少年儿童，讲授印度争取自由的斗争和社会改革，特别是改革种姓制度的必要性。

当时，梅塔和德赛开办的这两处静修所为全县范围的流感救济行动提供了人手。在主张独立的全国性组织的资金支持下，梅塔兄弟设立了一个免费药房，由他们的学生负责送货；卡拉扬吉自己也骑着自行车挨家挨户地走访。他们还将尸体运走火化。当提拉克组织的“自治同盟（Home Rule League）”[1]苏拉特支部发起一项免疫接种计划时，两处静修所又一次派出了志愿者。他们的这些努力得到了苏拉特市政专员的有力支持。此人比艾哈迈达巴德的专员还要积极，他设置了两个流动药房，并在一家本地医院内建立了传染病房。

无从知晓这些学生志愿者为人们接种的是什么疫苗。那年秋季，两家政府实验室分别制备了不同的疫苗，但是只在很小的范围内供应。直到12月才出现了一种大规模免费接种的新疫苗，而那时，疫情的最严重阶段已经过去。这些学生们分发的药品很可能是印度草药。1918年的印度，西医还没有被广泛接受，大多数人在生病时还是要靠“阿育吠陀疗法（Ayurveda）”。和那些疫苗
258 一样，这些草药的功效尚且存疑。但这些学生将它们送到苏拉特县最偏远的村庄里，就使得他们得以接触所谓“落后的”社会群体，而其中首次包括了“阿迪瓦西”。

“阿迪瓦西”［后来改称“表列部落（scheduled tribes）”］心怀

---

① 系印度民族主义者争取实现地方自治的政治团体，同名的组织有二，此处是提拉克于1916年4月在浦那成立的组织。

疑虑地迎来了这些学生，很多人并没有接受他们带来的药品，因为这些外来者属于那些一直以来对他们进行剥削的种姓。有些人质疑阿育吠陀的功效，另外一些人则主张应对疾病的唯一办法是尝试平复显然是由他们激起的神灵的愤怒。卡拉扬吉的耐心和务实态度赢得了人们的支持，很多人最终接受了药物（后来，他的兄弟因努力改善这些人的生活而获得了“奇迹创造者”的美誉）。保守估计，苏拉特县的援助行动至少惠及了 10000 人，包括印度教徒、穆斯林、基督徒、部落民和贱民。苏拉特、艾哈迈达巴德和孟买这些城市里的居民在报纸上了解到这几个年轻的自由斗士的卓越行为，因而对他们敬重有加。[13]

与此同时，在甘地的静修所，独立运动的几位杰出代表在那个秋季都因流感而纷纷病倒，其中包括那位强悍的寡妇甘加本·马穆达尔（Gangabehn Majmundar），甘地曾将印度在纺织品上自给自足的希望寄托在这位纺织老师身上；还有他的朋友，安立甘教会（Anglican Church）牧师查尔斯·安德鲁斯（Charles Andrews）和尚卡拉·帕里克（Shankarlal Parikh），后者在科达县的斗争中扮演了关键角色。甘地因高烧而难以说话，也不能读书；他无法挥去死亡的感觉：“对生活的一切兴趣都消失了。”

医生们向他提出建议，但其中的多数他都没有接受。很多人不赞同他拒喝牛奶的誓言。这是因为他厌恶名为“弗卡（phooka）”的做法——将空气强行吹进奶牛的阴道，以促进奶牛分泌乳汁。在卡斯图巴的支持下，一位医生提出，基于这个原因，他应当不反对喝羊奶，因为“弗卡”并没有被用在羊的身上。甘地让步了，但是他后来十分后悔。对他来讲，为了得到生活中的 259
益处而背弃指引自己人生的哲学是不可接受的：“第一次患上持续这么长时间的疾病，给我提供了一个独特的机会，让我可以检视自己的原则并进行验证。”很难说清楚，但他的恢复可能非常缓慢，因为他并发了肺炎。关于甘地患病的消息，以及他的顽强精神，很快就传播开来。“古吉拉特萨卜赫”的喉舌《人民之友周报》（*Praja Bandhu*）对他提出了严厉的批评：“甘地先生的生命不属于他个人，而是属于整个印度。”

到了 11 月，甘地的身体状况依然不是很好。这时，他听到了德国战败的消息。想到终于可以放下招募新兵的工作，他如释重负。但还未等到开始康复，他就在报纸上看到了《罗拉特报告》（Rowlatt Report）。这是一份煽动性的文件，总督立法会的西德尼·罗拉特法官（Justice Sidney Rowlatt）在报告中提议，和平时期的印度将继续执行《戒严法》。战争期间，公民自由被这项法律暂时剥夺，这意味着可以不经起诉和法官审判就将印度人逮捕。罗拉特认为，煽动言论和恐怖行为的严重程度说明有必要继续维持这种状态。印度人期盼着更多的自由：但他们只是遭到了更沉重的压迫。

罗拉特的草案在 1919 年 2 月通过后成为法律，从而引发了一系列的动荡。甘地的身体依然虚弱。“那个时候，我还不能在会议上提高音量。无法在集会中发表讲话的情况还在持续。我的整个身体都会颤抖，如果尝试长时间站立讲话就会出现剧烈的疼痛。”毫无疑问，他没有起身面对这一局面。针对这种他所谓的“黑暗行为”，为了唤起人们的觉醒，他号召开展非暴力不合作运动。达亚吉·德赛和卡拉扬吉·梅塔在苏拉特作出了响应。在俗称“达鲁卡鲁（Dalu-Kalu）”的争取自治的斗争中，原本应该被种姓制度相互隔离的两个人团结在了一起。

反对《罗拉特法案》（Rowlatt Act）的非暴力不合作运动以发生在 1919 年 4 月 13 日的悲惨事件而告终。当天，雷吉纳德·戴尔准将（Brigadier Reginald Dyer）下令军队向阿姆利则（Amritsar）手无寸铁的人群开枪，根据官方的说法，有近 400 人丧生（其他统 260
计数据的死亡人数则超过了 1000 人）。英国历史学家 A. J. P. 泰勒（A. J. P. Taylor）认为，西班牙流感加剧了这个国家的紧张局势，从而直接导致了这一事件的发生。它标志着“印度人民挣脱英国殖民统治的决定性时刻”。[14] 十天之后，支持独立的《青年印度周报》（*Young India*）发表的一篇社论反映了弥漫全国的沉重心情。这篇以“公共卫生”为题的社论传达了孟买街头的感觉，一个允许 600 万人死于流感（这是目前印度死亡人数的估算数据）的政府——人们“就像孤立无援的老鼠”——是不会在意是否有几个人被子弹夺去了生命。5 月，就在宣布放弃骑士封号以抗议阿姆利则大屠杀之前，诗人罗宾德拉纳特·泰戈尔（Rabindranath Tagore）写信对一位朋友说，英国人是有罪的，他们“所表现的对永恒法则的无视，就像原始人在寻找所谓的女巫时，将自身的疾病归咎于她，但其实他们自己的血液中正携带着病菌”。[15]

1920 年，印度国民大会党（Indian National Congress）在加尔各答召开了一次特别会议。在甘地所乘的从孟买开出的一趟特别列车上，梅塔兄弟也坐在随行者中间。当甘地承诺，如果大会支持他在全国范围进行非暴力不合作运动的号召，自治将在一年内实现，卡拉扬吉·梅塔受到了极大的鼓舞。回到古吉拉特以后，他带领五个城镇融入了这项事业。1921 年，有大约 50 万工人举行了罢工，此后几年里还有更多。结果证明，甘地的承诺还不够成熟；艰苦的独立斗争一直持续到 1947 年。但是在 1921 年，很大程度上要感谢西班牙流感，甘地成了独立运动毫无争议的领袖，并获得了基层群众的支持。

第 21 章　忧郁的缪斯

261 那些思考西班牙流感的人常常想知道，当它在世界上的几乎每一个墓地都留下一堆墓碑时，为什么并没有在那个时代的艺术创作中留下类似的脉络。令人不安的是，很少有艺术家试图去描绘西班牙流感，用长如列车般的一长串零来表现人类的苦难。为什么呢？这个问题在过去极少得到关注，现在，研究它的时机终于成熟了。我们现在能做的，就是勾勒出轮廓并提出一些假设。

首先要说的是，流感之后的艺术与之前大不相同了。艺术之河并非总是平缓地流动，它会出现陡然的断流，宛如被劈开的红海。1920 年代，整个艺术领域都希望切断与浪漫主义的联系，剥离、削弱并摆脱受到误导的前一个时代的欣欣向荣。画家和雕塑家重拾了古典主义的旋律。建筑师摈弃了装饰，只设计功能性的建筑。时尚界也发生了类似的变化，放弃了颜色和曲线的应用。同时，音乐经历了与此相应的革命。奥地利作曲家阿诺尔德·勋伯格（Arnold Schönberg）创造了一种全新的音乐系统“十二音技法（dodecaphony）”。出生于俄国的作曲家伊戈尔·斯特拉文斯基（Igor Stravinsky）在爵士乐的影响下开始以节奏取代感觉。

在长达十年的时间里，艺术世界背离了科学与进步。在此期间，艺术家声称：我们毕竟对古人一无所知。这种新出现的悲观主义通常被归咎于战争。我们了解到，这是对难以想象的大规模死亡的源自人性的反应。但是，还有另外一场更大规模的屠杀，

在它面前，科学的全部成就均无济于事，那就是西班牙流感。那 262
些活下来的人们的心灵是不可能对流感和战争的影响真正作出区分的，或许也没有必要进行区分。更容易接受的挑战是去证明西班牙流感促成了这种心理上的转变。

最使人迷惑的沉默可能存在于文学中。譬如，阿尔弗雷德·克罗斯比（Alfred Crosby）在对美国的流感进行研究的过程中注意到，当时并没有任何“所谓高度敏感的”作家对流感表露过关注。F. 斯科特·菲茨杰拉德（F. Scott Fitzgerald）没有［只是当第一部小说《人间天堂》(*This Side of Paraside*）正要完成时，他的确被流感最后波次的尾巴所击中］，欧内斯特·海明威（Ernest Hemingway）没有［他的女友阿格尼丝·冯·库罗夫斯基（Agnes von Kurowsky）当时正在意大利护理罹患流感的士兵］，约翰·多斯·帕索斯（John Dos Passos）没有（即使他在横渡大西洋的军用运输船上确实感染了流感），威廉·卡洛斯·威廉斯（William Carlos Williams）也没有（虽然他在流感的高峰期每天要接诊 60 名患者）。为什么这些作家都对流感视而不见呢?

还是要再次引用莫洛亚的那句话，“不同世代的人类心灵是难以相互理解的，就像莱布尼茨的‘单子’，一个紧挨一个却又互不相干”。只是，有两件事情需要注意。第一，在 1918 年已经成年的作家中，凡是人们能说出名字的，都直接或间接地受到这场严重疫情的影响。菲茨杰拉德和安娜·阿赫玛托娃（Anna Akhmatova），还有凯瑟琳·曼斯菲尔德（Katherine Mansfield）都患有肺结核；赫尔曼·黑塞（Hermann Hesse）在 1914 年被拒绝入伍，这是他可以与海明威分享的一项并不光彩的荣誉；泰戈尔在流感中失去了妻子和几个孩子；路伊吉·皮兰德娄（Luigi Pirandello）和 T. S. 艾略特（T. S. Eliot）的妻子都被认为患有精神失常。当克里姆特对着上门抢夺那幅《医学》的人挥舞着猎枪时，可以说他在为所有这些人“发声”。

第二，1918 年时已成年的作家是在浪漫主义的传统中成长的，这一传统集中体现在托马斯·曼（Thomas Mann）的《魔山》（*The Magic Mountain*）中。他从 1912 年开始创作这部小说，却到 1924 年方才出版。书中折磨着阿尔卑斯山疗养院居民的那场疾病，代表着第一次世界大战前夕欧洲的道德衰败。对于浪漫主义者来说，疾病具有象征意义，它隐喻着灵魂的不健康。而疾病本身则
263 对他们没有丝毫的吸引力，或许是缘于他们正身处其中。对他们来讲，因为离得太近，以至于看不到疾病。然而，事情发生了变化。《魔山》出版一年后，长期患病的英国作家弗吉尼亚·伍尔芙（Virginia Woolf）写了一篇文章《论生病》（*On Being Ill*）。她在文中发出疑问，为什么文学没有去探寻疾病这一广阔的领域：“想一想疾病是多么普遍，它所带来的精神上的变化又是多么巨大，当健康之光熄灭，呈现于眼前的那片未曾留意过的荒野又多么令人吃惊……在文学的所有主题中，疾病尚未像爱情、斗争和嫉妒一样取得一席之地，这真是太奇怪了。”

现在，我们不必再提出与伍尔芙相同的问题了，因为从 1920 年代开始，疾病已经占据了文学舞台的中心，并且不再（或不仅仅）是一种象征，而是处于它所有的耻辱、平庸和可怕的现实中。伍尔芙对这种转变作出了贡献，她在《达洛维夫人》（*Mrs Dalloway*，1925）中探讨了精神疾病。《尤利西斯》（*Ulysses*，1922）中掺杂着对身体机能和机能失常的影射，而尤金·奥尼尔（Eugene O'Neill）的剧作《救命草》（*The Straw*，1919）的灵感则来自于他在肺结核疗养院中的经历，剧中的疾病代表着地狱——它**就是**地狱。“他看到了生命的不安和黑暗”，一位剧评家

在 1921 年如此评论奥尼尔。[1]

是什么带来了这种转变呢？是那种在 1918 年肆虐全球的病毒吗？它将传染病强加入人类的意识，凸显了医学的傲慢自大和现实的惨淡凄凉间的巨大反差。在那个年代，制造悲剧的并非只有流感病毒，还有其他各种致病微生物，其中最突出的是肺结核和性病这对孪生的诅咒，此类疾病难以治愈，如同缓慢燃烧的闷火，而不像流感，在即来即走中掀起了一场交织着倦怠和绝望的海啸。

有人曾经认为，1890 年代俄国流感的全球大流行，造成了一种玩世不恭和百无聊赖的世纪末心态。[2] 那次流感杀死了 100 万人，而西班牙流感的死亡人数是它的 50 倍之多。我们不知道究竟有多少人罹患"病毒感染后疲劳综合征"，但肯定为数众多。这些人绝不会忘记流感来袭时那令人费解的随机性——一场攸关生死的碰 264
运气。针对人们面对随机性恐怖事件的心态，精神病学家有一个专门的表达方式：习得性无助（learned helplessness）。他们认为这会导致抑郁症。

如果人们认真观察，就会在经历过西班牙流感之人的作品中发现蛛丝马迹，可能那就是变革的先兆。疾病导致 D. H. 劳伦斯（D. H. Lawrence）的心肺功能衰弱，这一特点被他安在了《查泰莱夫人的情人》（*Lady Chatterley's Lover*，1928）中的猎场看守人梅勒斯（Mellors）身上。时年 28 岁的凯瑟琳·安·波特（Katherine Anne Porter）在科罗拉多的丹佛患上流感后，写出了《灰色马，灰色的骑手》（*Pale Horse, Pale Rider*，1939，她的黑发脱落，再长出来的却是白发）。在世界的另一端，日本先锋派的"白桦派"作家武者小路实笃写了一部小说，讲述了一个青年在得知女友死于流感后从欧洲回到家乡的故事。这部至今还在流行的小说就是《爱与死》(*Love and Death*，1939)[1]，它描绘了一个充满欢乐与光明的世界，却在陡然间陷入黑暗。

1918 年 9 月，T. S. 艾略特发表了一首名为《斯威尼在夜莺之间》(*Sweeney among the Nightingales*)的诗作，其中可能提及了西班牙流感。

> 阴郁的猎户星和大狗星
> 暗淡了，吓静了退缩的大海；
> 穿着西班牙斗篷的人
> 想坐上斯威尼的膝盖。[2]

11 月，流感已经打断了英国每一个城镇和村庄的正常生活，艾略特和妻子薇薇安（Vivian）都病了。这明显使得薇薇安的神经状况恶化，以至于她发现自己无法入睡。她住在伦敦郊外的马洛（Marlow），而艾略特独自待在城里，书写着那座将变成《荒原》（*The Waste Land*，1922）的一片荒凉鬼魅的城市。他在当时所感受到的诡异气氛可能对这首长诗产生了影响。

265 有趣的是，"病毒感染后疲劳综合征"比流感本身留下的痕迹还要多，就好像作家误以为这个疾病是种隐喻，因而受到它的欺骗而采取了适当的治疗。迈克尔·阿伦（Michael Arlen）的《绿色的帽子》(*The Green Hat*，1924）是 1920 年代欧洲最畅销的小说之一，它抓住了一代人的想象力。小说的主人公艾瑞斯·斯托姆（Iris Storm）是一个肆意妄为的享乐主义者，怪异地超脱于外

---

① 国人非常熟知这部小说的电影改编作品，即 1970 年代末引进的由栗原小卷主演的《生死恋》。

② 本段诗文摘自赵毅衡先生翻译的版本。

部世界。她代表了许多现代的主题：相互疏离、过度敏感、自我怀疑。该角色的原型是南希·库纳德（Nancy Cunard）[①]。这位女继承人在 1919 年初感染了流感，后又发展成肺炎，并在漫长的康复期中饱受抑郁症的折磨。正是在此期间，阿伦与她相识。

另一个超脱于那个时代的孤独者是达希尔·哈米特（Dashiell Hammett）的《马耳他之鹰》（*The Maltese Falcon*，1924）中的私家侦探山姆·斯佩德（Sam Spade）。作为后世许多小说中的侦探所仿效的对象，斯佩德最早出现在一部很少有人知道的短篇小说《假日》（*Holiday*，1923）中。哈米特本人也曾患上流感，在经过一段漫长而艰难的康复期之后，他写出了这个短篇。它讲述了一名患有肺结核的士兵从军队医院出院的故事，他是一个孤独的人，只能活在当下。在《马耳他之鹰》中，斯佩德讲述了弗利特克拉夫特（Flitcraft）的故事。这个人险被一根坠落的横梁砸死，幸免于难后完全换了个活法："那时，他明白了，一个人可能就是这样随随便便地死掉，而幸存下来则纯属偶然。"

出现于一战前的现代主义为艺术家和思想家提供了一种语言，使他们可以探索伍尔芙所描绘的那片无尽荒野。他们从现实主义中解脱出来，不再以旁观者的角度窥视。此间，他们受到精神分析理论的影响，这一理论对梦境赋予了重要的意义。或许正

---

① 她不仅是英国船运豪门的女继承人，还是作家、时尚领袖和激进的社会活动家，一生中的大部分时间都致力于反对种族主义和法西斯主义。后来成为 20 世纪一些最杰出的作家和艺术家的缪斯女神，包括温德汉姆·刘易斯（Wyndham Lewis）、阿道斯·赫胥黎（Aldous Huxley）、特里斯唐·查拉（Tristan Tzara）、路易·阿拉贡（Louis Aragon）、詹姆斯·乔伊斯（James Joyce）、康斯坦丁·布朗库西（Constantin Brâncuşi）、朗斯顿·休斯（Langston Hughes）以及曼·雷（Man Ray）等。

是有关狂热梦境的挥之不去的记忆促成了这种对潜意识的新迷恋。1918 年秋，正在黑海之滨一处度假地的波兰作曲家卡罗尔·席曼诺夫斯基（Karol Szymanowski）感染了西班牙流感，他从中获得灵感创作了歌剧《罗杰王》（*King Roger*）。他称之为“西西里戏剧”的创意，“在一个不眠的西班牙之夜，突然闯进了我的脑海”，此前，他刚刚和侄子以及歌词作者雅罗斯拉夫·伊瓦什凯维奇一
266 起漫步在蔚蓝的大海边。“于我而言，”伊瓦什凯维奇后来写道，“就好像这永恒的大海中同样捉摸不定的东西，平静的同时又令人不安，被融入了此后创作的音乐中。”[3]“没有光了，或许再也不会有光了，能与之相比的光一定是在天堂中，她在平静地荡漾于岸边的蔚蓝大海上所看到的光”，波特在《灰色马，灰色的骑手》中这样写道。“总会有更好的梦”则成为艾瑞斯·斯托姆的咒语。

但是，在流感和战争之后的年代，探索潜意识的过程中出现了一道新的黑色缝隙。精神分析学之父西格蒙德·弗洛伊德（Sigmund Freud）在 1920 年写了一篇题为《超越快乐原则》（*Beyond the Pleasure Principle*）的论文，他在其中介绍了“死亡本能（Todestrieb / death drive）”和“性本能（libido / sex drive）”的概念。他挚爱的女儿索菲（Sophie），在怀着第三个孩子时因西班牙流感而病故。当时，弗洛伊德否认这件事对自己的研究成果产生了影响，但是他后来承认，这可能起到了一定的作用。在失去女儿的那段时间，他写信给朋友欧内斯特·琼斯（Ernest Jones），“你能否记起还有哪段时间像现在这样发生了如此多的死亡？”同时，他在给丧妻的女婿的信中也表达了和山姆·斯佩德同样的想法，他提到“命运做出的一种无端且残暴的行为”。[4]对性和死亡的精神分析主题渗入了 1920 年代拍摄的第一部恐怖电影。《诺斯费拉图》（*Nosferatu*，1922）由德国的 F. W. 茂瑙（F. W. Murnau）

导演，改编自德古拉的传说，但在情节上增加了涉及瘟疫的一条副线。吸血鬼离开他在黑海之滨的特兰西瓦尼亚的家乡前往德意志，在路途中散布瘟疫（颇有讽刺意味的是，西班牙流感实际上是由回国的战俘从德国带到黑海地区的）。

在皮兰德娄等作家的笔下，比如他的《六个寻找剧作家的角色》（*Six Characters in Search of an Author*，1921），以及之后塞缪尔·贝克特（Samuel Beckett）的《莫菲》（*Murphy*，1938）中，讽刺取代了哀伤，进而坠入荒诞。卡夫卡早已观察到这种随机和无意义，对他来说，西班牙流感就是一个非常好的例子。“开始发烧时还是一个哈布斯堡君主制的臣民，康复后就变成了一个捷克民主政府的公民，这实在太诡异了，虽然也同时包含着些许喜剧 267
色彩。”[5] 他的传记作家这样写道。从流感中复原后，卡夫卡走上布拉格的街头，发现到处都是不久之前还是敌人的法国人、意大利人和俄国人。火车站不再以“弗朗茨·约瑟夫（Franz Joseph）”① 命名，而是更名为“威尔逊火车站（Nádraži Wilsonovo / Wilson Train Station）”。但是有了“10 月 28 日大街”，以纪念捷克斯洛伐克的诞生。除了他，还有许多人感觉像是突然间消失在兔子洞里。古斯塔夫·兰道尔（Gustav Landauer）——渴望参与德国爆发的革命的一位社会主义者——和临时宰相马克斯·冯·巴登（Max von Baden）都在各自的生病发热过程中发现自己错过了十一月革命。当时，巴勒斯坦刚从奥斯曼帝国控制下被转予英国，关于这块土地能否成为他们梦寐以求的家园，欧洲的犹太人正要向哲学家和犹太复国主义领袖马丁·布伯（Martin Buber）寻求指导，而他恰在此时病倒了。

---

① 指奥匈帝国皇帝弗朗茨·约瑟夫一世。

西班牙的作家和思想家，再次如其所愿地将自己的身份与流感纠缠在一起，他们以自己特有的乖僻方式对它作出了反应。当流感的春季波次来袭时，由于马德里正在上演一部轻歌剧，加之对国家形势的深深焦虑，在西班牙人心中，它被与唐璜紧密地联系起来。这个无可救药的放荡公子的坚强和软弱，在某种程度上恰似西班牙人的写照。传统上，西班牙人总是在万圣节上演一部唐璜的传说故事《唐璜·特诺里奥》（*Don Juan Tenorio*）以示庆祝。可是，1918 年 10 月，西班牙人却无心于此。“这一年的唐璜来得不合时宜，”评论家何塞·埃斯科费特（José Escofet）说，“我们无法去观看演出。”[6]

大流行之后，一些西班牙作家开始模仿唐璜，或者对其进行分析和改造。米格尔·德·乌纳穆诺（Miguel de Unamuno）便是其中之一，还有他的好朋友格雷戈里奥·马拉尼翁（Gregorio Marañón），一位亲身参与抗击疫情的杰出医生和知识分子。与同时代的许多优生学家一样，马拉尼翁认为西班牙人在种族上虽充
268 满活力，但是受其环境的负面影响，特别是妇女儿童所遭受的不幸，而处于不利位置。他建议，为了充分发挥西班牙人在出身上的优势，应当摧毁对唐璜式生活态度的膜拜，以及对男性有权进行滥交的默认。1924 年，针对那个缺乏子嗣的放荡男子，马拉尼翁写了一篇文章，认为他可能是没有生育能力，甚至就是个女里女气的娘娘腔。这可以算是对 19 世纪一位伟大的浪漫主义英雄的最恶毒的诋毁。

在欧洲，死于战争的人要多于死于流感的人，但在其他几块大陆上，则完全相反。如果说大流行促成了欧洲文化在精神上的转变，那么人们可以说它在其他更广大的范围中也起到了同样的作用。在巴西，西班牙流感的暴发标志着一个转折点。自奥斯瓦

尔多·克鲁兹（Oswaldo Cruz）在 1904 年实施天花疫苗接种计划以来，医生在这个国家中就很不受欢迎。但是，当里约热内卢人目睹流感在城市中到处肆虐，他们则将希望寄托在另一位知名的卫生学家，被视为克鲁兹的精神继承者的卡洛斯·查加斯（Carlos Chagas）身上。十分偶然的是，一俟查加斯接手，大流行就开始消退，因此，巴西人在看待医生时也就平添了更多的尊敬。[7]

自 1889 年摆脱了先前的宗主国获得独立后，巴西一直在寻找国家认同，现在，医生带来了一种认同。他们说，可以用疾病来定义一个巴西人。[8]的确，是疾病，而非种族和气候将巴西社会的各阶层凝聚到一处。他们谈论传染病带来的“巴西化（brazilianisation）”，提到巴西就如同一座巨大的医院，这些观念渗透至文学层面。1919 年，狂欢节游行中的流感主题强化了这些观念，一个个方阵自称“午夜茶”和“圣家”，唱着关于“西班牙女郎（Spanish lady）”[①]的下流歌曲。

1928 年，作家马里奥·德·安德拉德（Mário de Andrade）出版了《马库纳伊玛》（*Macunaíma*）。这是一则寓言，讲述了一个出生在巴西雨林中拥有神奇力量的年轻人的故事。与作品同名的主人公马库纳伊玛皮肤黝黑、生性顽皮、注重享乐而又诡计多端，他代表了巴西人的特点，嘴里总是重复着一句口头禅：“太少的健康，太多的蚂蚁，这就是巴西的祸根。”然而，有些作家怀疑占有主导地位的白人医生，认为“传染病带来的巴西化”仅 269
仅是一种不加掩饰的优生学说法。如果你说巴西人有病，他们就会机敏地回答，那是因为根植于巴西社会中的不平等。这样就出现了一股文学逆流，将注意力集中于这些不平等。阿方索·恩

① 西班牙流感的一种别称。

里克斯·德·利马·巴雷托（Afonso Henriques de Lima Barreto）是一位对此作出贡献的混血作家，他的中篇小说《活人公墓》（*Cemetery of the Living*，1956）将故事所发生的精神病院比作坟墓或地狱。

西班牙流感传到中国时，正值新文化运动向中国传统价值观发起挑战。很难将一次流行性疾病与这个国家当时所遭受的一系列打击割裂开来，但是总体来看，我们可以认为这些打击推动了中国的现代化进程。新文化运动蔑视中国传统医学，认为它是中国社会所有弊病的一个象征，同时迫切要求掌权者接受西方的科学理念。作为一位鲜为人知的作家，鲁迅是这场运动的领袖之一。他的成长过程中有一位体弱多病却嗜酒成瘾的父亲，所以他本人在与中医打交道的过程中留下了痛苦的创痕。每次去请医生，都要花上一大笔钱，还要派鲁迅出去照方抓药。医生在药方里特意强调“蟋蟀一对”，旁注小字道：“要原配，即本在一窠中者。”而父亲的病日重一日，终于死去，留下 14 岁的儿子支撑起这个家。[9]

鲁迅在日本学习西医，但是后来决定弃医从文。1919 年，他发表了短篇小说《药》。故事中，一对老夫妇的儿子得了肺病，他们相信人血馒头可以救儿子的命，就拿出全部家当买了一个浸满刚刚被行刑的罪犯的鲜血的馒头——可儿子最后还是死了：“‘喂！一手交钱，一手交货！’一个浑身黑色的人，站在老栓面前，眼光正像两把刀，刺得老栓缩小了一半。那人一只大手，向他摊着；
270 一只手却撮着一个鲜红的馒头，那红的还是一点一点地往下滴。”[10]
现在，鲁迅已被视为中国现代文学之父。

最后是印度。鉴于这个国家死于流感的人口数字非常惊人，可以说它在西班牙流感的袭击下承受了最严重的损失。1920 年代，在这个国家涌现的文学作品中，疾病占据了最重要的关注点，这也正契合了改变种姓制度并摆脱英国统治的枷锁的想法。在中国，现代主义者为了以“白话”替代“文言”而斗争——这就相当于在欧洲文艺复兴时期以英语或法语取代拉丁语——以使普通人也可以接触中国文化。在印度，也发生了类似的情况。新一代作家在描写农民生活的严酷现实中，开始第一次使用农民可以听得懂的语言。其中最重要的一位作家是普列姆昌德（Munshi Premchand）。不同于获得了诺贝尔奖的泰戈尔，普列姆昌德在国际舞台上并不为人熟知，但可以说他在国内更受偏爱。例如，在《牛奶王子》（*The Prince of Milk*，1934）中，他讲述了一个关于贱民孤儿曼加尔（Mangal）的故事。父亲死于瘟疫，母亲被毒蛇咬死，曼加尔住在地主家门前的一棵树下。地主的老婆因害怕被弄脏而拒绝接触他，即便曼加尔的母亲曾是她儿子的奶妈。这种歧视是不需要解释的，如一位神父所言，这是因为“王公贵族想吃什么就吃什么……规矩和限制是为普通人设立的”。

1918 年前后，普列姆昌德成为自诩的“村庄生活的编年史作家”，当时他正生活在联合省［United Province，即今北方邦（Uttar Pradesh）］，西班牙流感在那里造成了两三百万人死亡。同一时期也住在那里的还有诗人尼拉腊（Nirala），“这个奇怪之人”在流感中失去了妻子和多位家庭成员。他后来回忆说，看到恒河“吞噬着死者的躯体”，“这是我一生中最奇怪的时刻，我的家庭在眨眼之间就没了”。[11]

这些事情的发生，给当时年仅 22 岁的尼拉腊留下了深刻的 271
印象。作为印度现代主义运动的领军者，对于那种把痛苦归结于前世的因果报应的宗教解释，他无心理会。他觉得世界是如此残酷，根本容不得多愁善感。1921 年，他写了一首诗，名为《乞丐》

（*Beggar*）。可以说这首诗不但抓住了当时的印度作家，而且抓住了全世界作家的心境。其中有几句这样写道：

> 当他们的双唇因饥饿而干枯
> 能有什么补偿
> 来自慷慨的命运之主？
> 好吧，他们可以尝尝自己的泪珠。

第八部分　罗斯科的遗赠

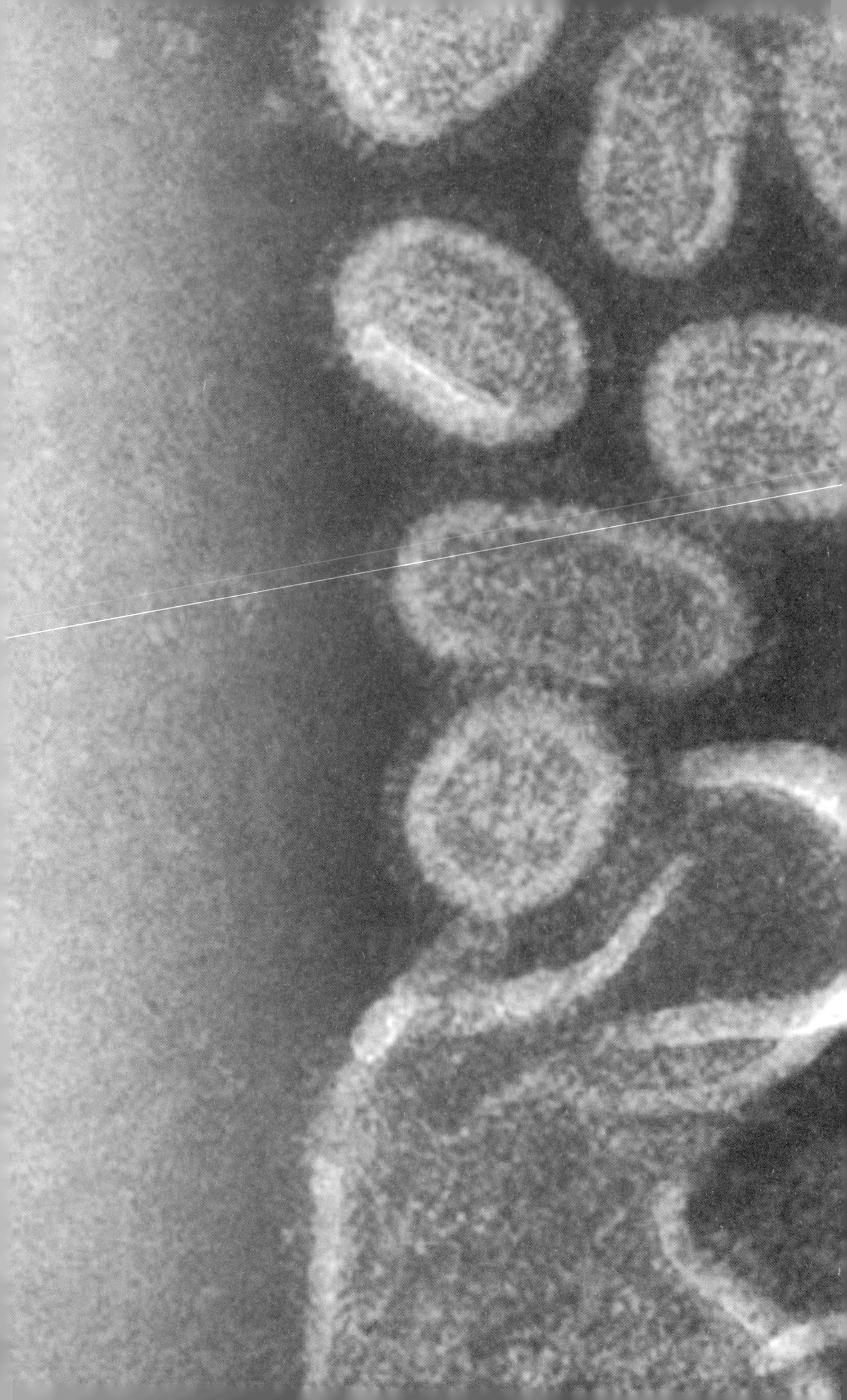

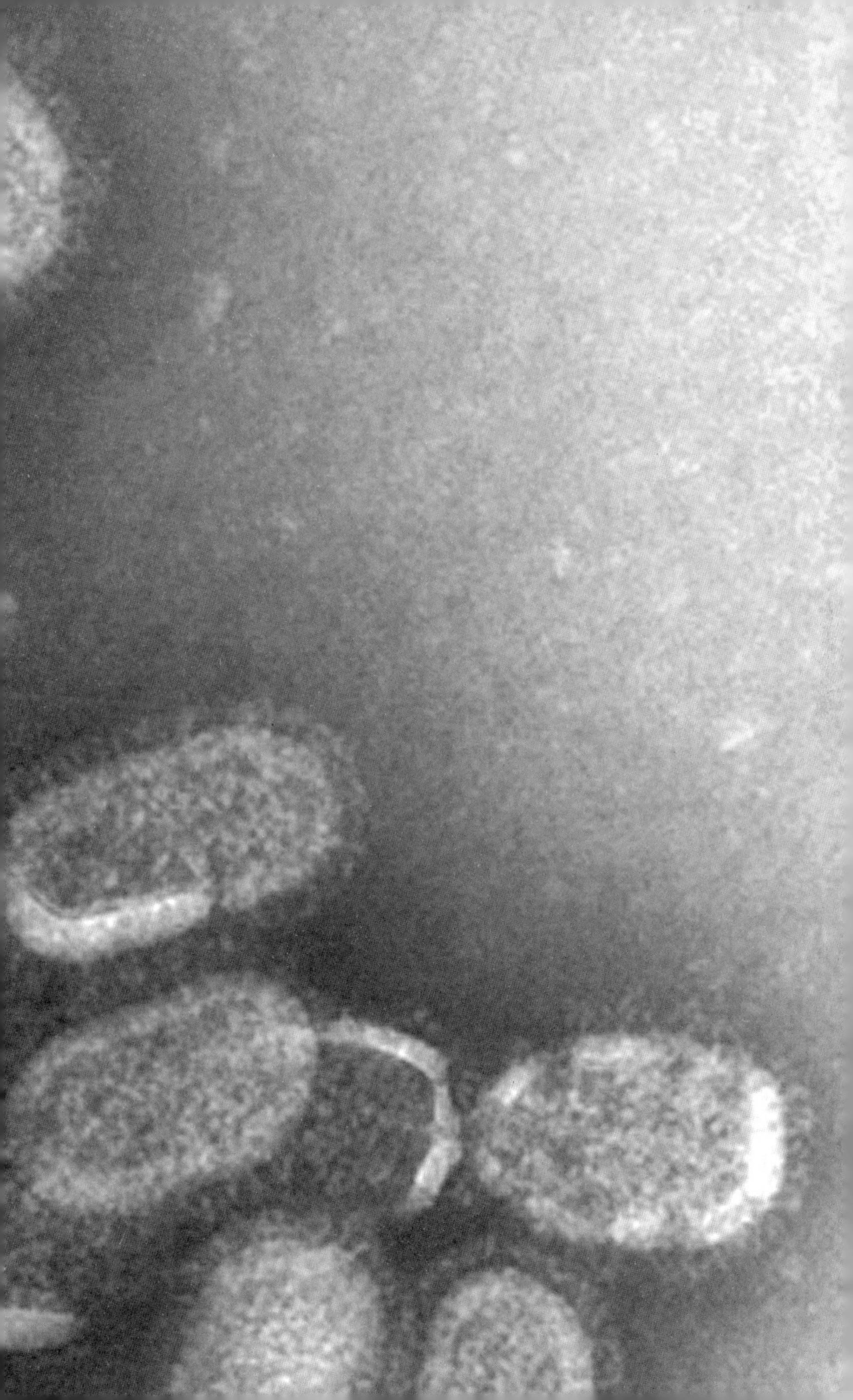

再造的 1918 年流感病毒的电子显微照片。

1995 年的电影《极度恐慌》(*Outbreak*)讲了一个有关虚构的病毒暴发的故事。这种被称为“莫塔巴(Motaba)”的病毒首先在扎伊尔(Zaire，今刚果民主共和国)出现，然后在美国的一座小镇上暴发。该病毒类似于现实中的埃博拉病毒，会造成致死性出血热，而且至少在初始阶段都是通过体液传播的。然而，在其后的某一时间点，该病毒变异为像流感一样可以通过空气传播。受到感染的小镇被封锁起来，为了阻止病毒蔓延出去，美国总统同意了对小镇进行轰炸。幸好，计划最后被终止了。

这恐怖的剧情并未实际发生。埃博拉病毒会杀死一半左右的感染者，但它并非由空气传染，所以它远远不及流感病毒那样容易传播。另外，有记录的最凶猛的流感，即西班牙流感也只杀死了百分之几的感染者。尽管如此,《极度恐慌》的科学顾问坚持认为电影中的剧情是有可能发生的。其中一位顾问是流行病学家戴维·莫伦斯，他与杰弗里·陶本伯格一起将西班牙流感称为“所有大流行之母”。他甚至表达了一种观点，即《极度恐慌》的编剧还可以更进一步:“我并不认为他们为耸人听闻而故意夸大了事实，如果说有些情节与事实不符，他们也是将其低调处理。”[1]

“未来全球健康风险框架委员会(Commission on a Global Health Risk Framework for the Future，GHRF Commission)”是由美国国家医学院(National Academy of Medicine)召集的一群专家组成的独立国际机构。它在 2016 年发表的一份报告预测，在此后的 100 年间，有 20% 的可能性会暴发 4 次以上的全球大流行，而且其中很有可能至少有一次是流感。[2] 大多数专家都认可，流感大流行再度暴发实属必然，问题只在于何时发生、规模有多大，以及我们能作何准备。从西班牙流感中得到的教训可以帮助我们回答这三个问题。

首先，让我们来谈谈暴发时间的问题。西班牙流感的发生是因为致命的流感毒株先是获得了感染人类的能力，继而又具备了
276 人际的高度可传播能力。正是这后一种能力引发了严重的秋季波次。目前，科学家正在监测流行中的毒株，以期对它们什么时候能获得这种能力作出预判。他们所应用的一项技术又是基于分子钟原理。它的理念非常简单：突变会随着时间而积累，相比于其他毒株，某些突变可能使特定的毒株更适合或更不适合生存。这些适应性上的变化能够从流感系谱图的形状和分支上得到反映。因为毒株的适应性越强，它的后代就越多。于是，理论上就有可能预测某个特定毒株在何时可以获得一定程度的适应性，从而使自己具备造成大流行的潜力。

事实上，具备此能力的毒株可能已经出现。它们属于甲型流感的 H5N1 亚型，1997 年，就是它在香港使得患儿死亡。迄今为止，几乎全部 H5N1 亚型的人类患者都是直接从禽类感染的，只有个别几例是通过人际传染的，可有些人担心，这种病毒具备人际的高度可传播能力只是时间问题（另外一种亚型毒株 H7N9 也因同样的原因而受到密切监测）。但这毕竟还没有发生，而且可能永远也不会发生，但是鉴于 H5N1 亚型已致使 60% 的感染者死亡，它目前仍被视为世界上最大的全球大流行威胁。

外部条件也会影响大流行发生的时间，最显著的就是气候。例如，2013 年发表的一份报告指出，在西班牙流感及此后的三次流感大流行之前，太平洋上的温度周期正处于“拉尼娜

（La Niña）”阶段。[3]作为“厄尔尼诺—南方涛动现象（El Nino-Southern Oscillation，ENSO）”①的“冷”阶段，在拉尼娜现象期间，南北回归线间的太平洋海域会变冷；而在与之相反的厄尔尼诺现象期间，这片海域会变暖。海洋和大气环流相互关联，二者都参与地球表面的热量再分配，因而这对全球的天气模式产生了连锁反应，所以气象学家才会密切追踪厄尔尼诺—南方涛动现象。（人们在西班牙流感之前看到的那些预兆，如玫瑰凋谢和猫头鹰搬家，277
是否人们对现实中的大气现象有了更高的认识？）

厄尔尼诺现象（在西班牙语中意为“小男孩”）的发生是不规律的，但是平均间隔期限为2~7年。有的时候——并非总是如此——紧接着就会发生拉尼娜现象（在西班牙语中意为“小女孩”）。一般情况下，拉尼娜比厄尔尼诺持续的时间更长，在1~3年之间，而厄尔尼诺只会持续不到1年时间。而且，二者都倾向于发生在北半球的冬季。还没有人知道为什么拉尼娜现象更容易带来全球大流行，可能和大气环流的改变对候鸟的迁徙路线的影响具有某种关联，因为在这种情况下，候鸟所接触到的家禽种群也发生了变化。

预见到全球将进入拉尼娜阶段，就像2016年那样，可以帮助我们预测下一次大流行，虽然这只是一幅更大、更复杂的拼图的一部分。然而，如果我们理解了鸟类迁徙路线同流感的关系，我们也就可以确定燃烧化石燃料将如何影响未来发生的任何大流行在时间和地理上的起源。毕竟，我们已经进入以人类对地

① 指发生于赤道东太平洋地区的风场和海面温度震荡，是一种低纬度的海气相互作用现象，在海洋方面表现为“厄尔尼诺—拉尼娜”转变，在大气方面表现为“南方涛动”。

球的影响来定义的“人类世（Anthropocene）”[①]，这些影响，包括我们的汽车行驶轨迹、核武器，还有我们丢弃的鸡骨头，都留在了地球上。之前的“全新世（Holocene）”自上一个冰河时代以来已延续了12000年，巧合的是，也是在那个时候，农业革命标志着流感开始成为一种人类疾病。在人类世时期，我们已然进入了未知领域。如古气候学家威廉·拉迪曼（William Ruddiman）所言：“我们人类现在已经结束了北半球275万年的冰河周期的历史，而未来的一段时间将是超乎想象的。2014年，美国奥杜邦学会（National Audubon Society）发现，由于气候变暖，鸟类迁徙在过去的48年中平均向北延伸了64公里。[4]全球变暖甚至对流感病毒也造成了影响——我们虽然不知道具体影响是什么，但现有
278 迹象表明，确有其事。寒冷、干燥的条件往往对病毒有利，但现在流行的一些毒株看起来好像已经适应了更加温暖的世界。譬如说，亚洲就曾在夏季暴发过H5N1流感。

针对发生的时间说了这么多，那么它的规模会有多大呢？这是一个价值64000美元的困难问题，[②]有太多的不同因素能够影响

① 又称“人新世”，是一个尚未被正式认可的地质概念，用以描述地球最晚近的地质年代。人类世并没有准确的开始年份，可能是由18世纪末人类活动对气候及生态系统造成全球性影响开始……人类世工作组则建议将1945年7月16日的首次原子弹测试时间定为人类世的开始。

② 在1940年美国哥伦比亚广播公司（CBS）的一档“接受或放弃”的知识问答节目中，参赛者在遇到难以回答的问题时，可以选择就此放弃比赛并拿走一个较小的奖项，也可以冒险继续作答，答对了便可获得更大的奖项，答错了就终止比赛且得不到任何奖金，而节目中的最高奖是64000美元。所以，人们后来用这个习语形容非常难以回答的问题。

一场流感全球大流行的规模。如果造成西班牙流感的毒株今天再次出现，它可能只会引发一场轻微的疾病，因为我们的免疫系统或多或少已经适应了它。危险的是一个新毒株出现在我们中间，而没有一个活着的人曾暴露在它面前。即便如此，鉴于人类自1918年以来取得的进步，也很难预测大流行会以何种形式出现。西线战场上普遍存在的恶劣条件，以及第一次世界大战引发的大规模人口流动，都已不太可能重演。另外，相较以前，世界连接得更加紧密。人和感染人的致病微生物的传输速度都更快了，而我们所拥有的，以地理隔绝为表现形式的天然防疫封锁线则变少了。我们的疾病监控能力增强了，也有了一些疗效更好的药物，还包括疫苗，但世界人口却更加老龄化了。虽然免疫系统会随着年龄的增长而削弱，但老年人也对更多的流感变种拥有了免疫“记忆”。目前，还不清楚这两方面因素的作用会如何相互抵消。

2013年，一家专注于“巨灾建模（catastrophe modelling）”的公司“AIR环球（AIR Worldwide）”曾尝试将所有这些因素纳入全盘考量，并得出了一项预测：如果再次暴发1918年那样的严重流感疫情，全球将会有2100万～3300万人死亡。相较于1918年，世界人口大约翻了两番，所以上述预测结果远远小于西班牙流感的人口死亡规模，当然这还是一波令人难以置信的死亡大潮。与之前几年提出的其他一些预测相比，这一数字处于一个较低的水平，那些预测的死亡规模从接近100万到高达1亿。如此巨大的差别反映了有人认为未来的大流行并没什么可怕的，而其他人则哀叹我们的准备是多么不充分。前者指责后者危言耸听，而后者批评前者逃避现实。他们之间的分歧恰好说明针对一般性的大流行， 279
以及具体到流感的全球大流行，人类还有很多东西需要了解。

虽然有着如此多的不确定性，我们依然可以作些准备。在

2016 年的报告中，未来全球健康风险框架委员会号召各国政府、私人和慈善机构，每年共同出资 40 亿美元用于针对大流行的准备工作，并建议将资金投入四个主要领域：训练有素且积极主动的公共卫生工作者队伍，坚强有力的疾病监测系统，高效的实验室网络，以及社区的积极参与。

西班牙流感及随后的几次大流行已然表明，在适当的激励和培训下，卫生工作者会坚守岗位并履行治疗职责，而这往往会给他们的人身安全带来极大的风险。因此，我们需要尽一切可能支持这些卫生工作者，一旦他们患病必须给予悉心照料。支持他们的最好方法是用高效的疾病监测和预防手段武装他们，并确保公众的知情和遵守。所有这三个方面，自 1918 年以来已取得了长足的进步，但依然存有继续改进的余地。

现在，像美国疾病控制与预防中心和世界卫生组织这样的疾病监测机构，对于大流行的预警数据需要长达一周的时间才能作出反应。2009 年，两位美国研究人员，尼古拉斯·克里斯塔基斯（Nicholas Christakis）和詹姆斯·福勒（James Fowler）开始尝试是否可以做得更好。他们的办法是找出那些在流感大流行中最先受到感染，因而成为疾病传播的“传感器”的人。作为对罗纳德·罗斯的“事件发生的理论”的回应，他们发现，任何具有传染性的事物在人群中的传播，无论是病毒还是“模因（meme）”[1]，都依赖于人类的社会网络结构。

---

① 俗称“米姆”，该词最初源自英国著名科学家理查德·道金斯（Richard Dawkins）所著的《自私的基因》（*The Selfish Gene*）。在书中，其含义是指：“在诸如语言、观念、信仰、行为方式等的传递过程中与基因在生物进化过程中所起的作用相类似的那个东西。”

他们这一方法的关键是所谓的“友谊悖论（friendship paradox）”，即平均来说，你的朋友比你有更多的朋友。而这种观点的产生是缘于我们在计算自己有多少朋友时所固有的偏见（基本上，那些受欢迎的人比不受欢迎的人更容易被别人算作朋友，因为他们出现在更多人的社交圈子里，所以他们夸大了每一个人与他们相比的平均值）。实际上，“友谊悖论”意味着如果你随机 280
挑选一个人，让他说出一个朋友的名字，那么这个被提名的朋友可能比提出他名字的人拥有更好的社交联系。在 2009 年猪流感暴发期间，克里斯塔基斯和福勒在两组人群中追踪感染情况。其中一组是随机挑选的哈佛大学本科生，另一组是被第一组作为朋友而提出来的人。他们发现，第二组中的这些朋友生病的时间平均要比第一组中随机挑选的同伴早**两个星期**，因为他们更容易接触到病毒携带者。[5]

如果能够捕捉到最早的流感病例，并且在比目前可能的情况下更早地实施长达两周的隔离措施，就有机会更多地挽救一大批生命。在这两周的时间内，可以为众多易感染者注射疫苗。此外，这些“传感器”还能通过其他方式帮助我们降低一场大流行的影响，甚至可以将它彻底避免。如果在大流行之前，全部人口中有足够高比例的人得到免疫接种，这些人就可以为其余的人带来所谓的“群体免疫”。这是因为他们阻断了病毒的传播，如此一来，即使人群中并非每一个人都具有免疫力，整个人群还是得到了保护。克里斯塔基斯和福勒的研究表明，可以通过为作为“传感器”的少数人进行疫苗接种而实现群体免疫，这些人的数量远远少于那些社交联系较少的人。个中原因，当然还是这些人更容易遇到病毒携带者。

那么，预防又怎么样呢？每年的流感疫苗都不断得到改进，但是它仍然需要年年进行更新。从 1973 年开始，根据监测机构观察到的正在人类社会中流行的毒株，世界卫生组织会发布建议，声明下一年将要流行的毒株。然而，制造一种新的流感疫苗需要时间，所以疫苗的成分往往要在 2 月前后作出最终决定，因为疫苗接种期会从 10 月开始。于是，这里面就存在一个问题：如果一种新型毒株在 2~10 月间出现，疫苗最多也就只能起到部分作用。
281 分子钟或许可被用来防止这种情况出现，它使人们能够识别出那些适应度不断提高的毒株，尽管它们还没有被视作威胁。

同时，对于一种所谓“通用”疫苗的研究工作仍在继续，这种疫苗不必每年更新就可以保护人类抵御流感。一段时间以来，制造疫苗并非利用完整的流感病毒，因为暴露在这种形式的疫苗下会引起一定的副作用，有时甚至比流感本身还要严重。为了激发人体免疫系统的反应，现代疫苗仅仅带有 H 抗原那圆形、盘绕的头部结构域。不幸的是，正是病毒的这个部位每年都在变化，所以陶本伯格等人致力于寻求一种替代方法。

在对西班牙流感的研究中，他发现 H 抗原的另一个部分，即茎结构域并不是每年都发生变化。因为它必须对头部结构域进行固定，也就是说它会受到一定的机械式约束。陶本伯格的团队，同时还有其他团队，目前正聚焦于病毒身上这个基本的但是变化相当小的组成部分，以期开发出一种疫苗，不仅能对付以前曾导致过大流行的流感毒株，而且还具有应对导致未来大流行的毒株的潜力。

在未来的流感大流行中，卫生部门会采用的控制手段包括检疫隔离、关闭学校和禁止大规模聚集。这些都是出于我们的集体利益，所以该如何保证每个人都能遵守呢？假设群体免疫是我们应对一次流感大流行的最佳手段，又该怎么劝说人们每年接种疫苗呢？经验告诉我们，人们对于强制性的卫生措施的容忍度是很低的，而当这些措施属于自愿性质时，它们的效果才会达到最佳，因为它们尊重并依赖于个人的选择，而无需动用警察的力量。针对如何保证公共卫生措施在大流行中得到最大限度的遵守，美国疾病控制与预防中心于 2007 年发布了一套指南。其中部分是基于 1918 年的教训，这套指南强调，只有在某种疾病的死亡率达到 1% 以上时才能执行强制措施（不要忘了，在西班牙流感中，这一比 282
例至少达到了 2.5%）。以 2016 年的数据为例，这意味着只有因流感而死亡的美国人超过 300 万时，美国疾病控制与预防中心才会建议这么做——由此可见，该组织认为强制措施的反作用有多么严重。

如果只有当人们可以自由选择是否遵守时，控制手段才能发挥最好的效果，那么就必须让人们充分了解疾病的本质及其带来的风险。之所以讲述西班牙流感的故事很重要，这也是原因之一。它同样也可以证明《极度恐慌》这类电影的正面意义。这类电影的支持者认为，将最坏的场景予以呈现是最好的一种办法，可以劝说人们接受免疫接种，并认可他们付出的税收和私人捐赠投入相关的科学研究。可是，这是一种存在争议的策略，不仅因为这类电影可能引发“末世疲劳（apocalypse fatigue）”，还因为科学家预测最坏情况的能力取决于他们对所讨论现象的理解程度。H5N1 亚型可能果真如虚构的“莫塔巴”病毒一样危险，对此我们只能拭目以待。但是在 20 世纪早期，受到优生学影响的电影使观众惊慌失措，他们所表现的是人们不明智的生育选择对社会的影响——在这种影响下，“有缺陷者”大量出现。而自那以后，优生学开始名誉扫地。

无论这种“威吓战术”正确与否，在未来的大流行中，媒体显然将扮演一个重要的角色。在这方面，1918 年流感给我们留下了一个宝贵的教训：新闻审查制度和将危险淡化是没有用的；而以客观和及时的方式传递准确的信息才是有用的。然而，知悉和参与并不一样。即使当人们获知了控制疾病的必要信息，他们也不一定采取任何行动。几年前，当欧盟委员会（European Commission）下令砍伐意大利普利亚大区（Puglia）的橄榄树，以阻止一种危险的植物病原体传播时，当地民众在法庭上对这一决定提出了抗议和质疑。在意大利，橄榄树具有很深的情感意义，
283 众多家庭种植它以纪念后代的出生。欧盟委员会在审议过程中没有让橄榄树的所有者参与讨论，因而这些所有者拒绝接受它提出的所谓科学论点。[6] 双方之间的信任崩溃了，或者说根本就没有建立信任。而信任并非一种可以迅速建立的东西。当一场大流行到来时，如果不存在信任，那么无论信息的传播多么顺畅，它也不会引起人们的注意。

1918 年还告诉我们，人们有时对劝告置之不理的原因深藏于他们过往的经历中。南非总统塔博·姆贝基（Thabo Mbeki）在 2000 年代曾否认艾滋病是由病毒引起的，并任命了一位主张用大蒜、甜菜根和柠檬汁治疗艾滋病的卫生部部长。很快，因为得不到有效的治疗，艾滋病人开始纷纷倒毙在医院前的草坪上。姆贝基的行为看似不可理解，除非你把它放在白人长期以来将该国的疾病归咎于黑人的历史背景中观察。就如同 1918 年一样，这种指责的后果对南非黑人来说往往是残酷和持久的。当时的大流行迫使人们对一个已经讨论了十年的问题采取行动：按照肤色的不同对城镇进行划分。《原住民法》[Native（Urban Areas）Act，也称《通行证法》] 在 1923 年获得通过，直到六十多年后才被废除。

凭借这些次生的悲剧，西班牙流感在人性上投下了一道长久

的阴影。即使有了良好的疾病监测系统和疫苗，其中某些悲剧依然要发生，而另一些则可以避免，如病毒后抑郁症的出现、大量孤儿的产生，以及孕育在子宫中的那代人的生命损失。现在，这些可被避免的损失宣示了一个事实，罗斯科·沃恩、那座阿拉斯加坟墓中的匿名女子，还有其他留下组织样本供陶本伯格和里德测定流感病毒基因组的人，他们没有白白失去自己的生命。但我们不能故步自封，因为故事并未就此终结。曾经，人们以为流感是由遥远星球的引力造成的。后来，人们又以为是一些非常小的东西侵入了体内，人才会生病。最终，我们才明白流感是宿主和病原体相互作用的产物。几个世纪以来，人类逐渐意识到流感恰似一种与魔鬼愈发亲密的舞蹈，即使人类的知识在不断丰富完善，人与微生物仍然会继续塑造着彼此。

后记 关于记忆

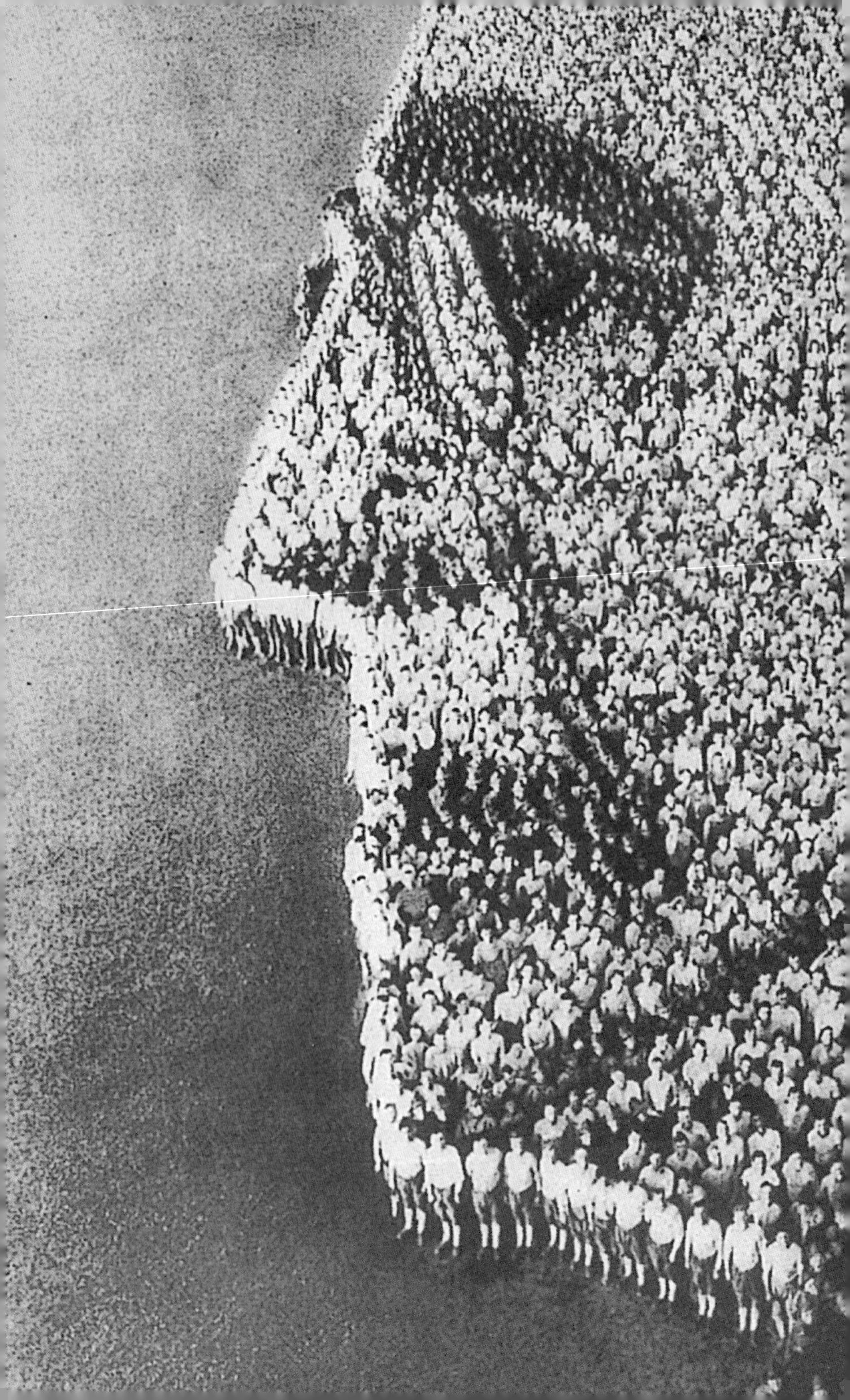

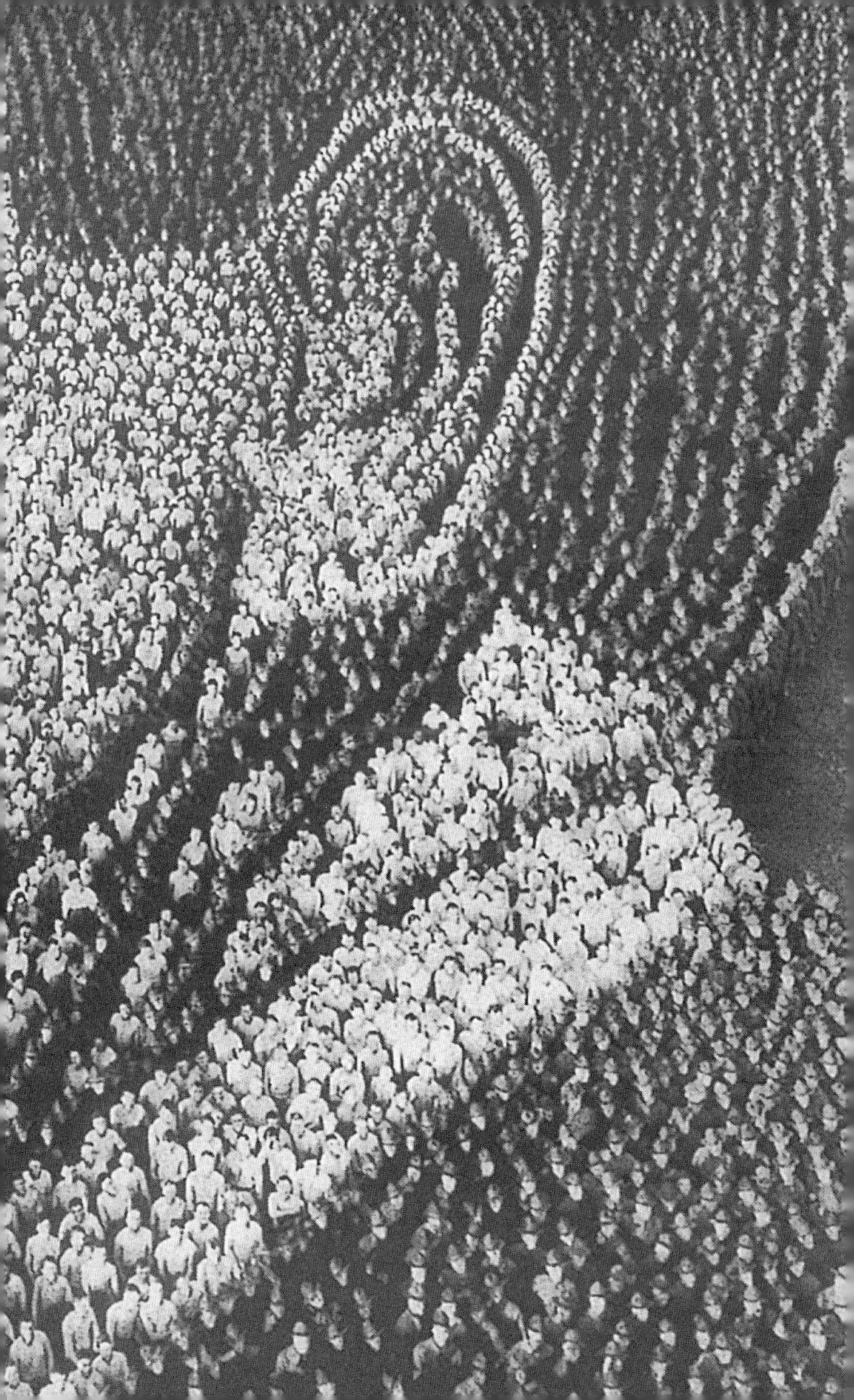

《致敬伍德罗·威尔逊》。1918 年，美军谢尔曼兵营阅兵场，亚瑟·摩尔设计肖像并拍摄了这一场景；其中的 21000 名士兵由助手约翰·托马斯负责排列。（**文化传播** / FOTOE）

无论何时，有人问起塞缪尔（Samuel）的父母，他都会说他们死于西班牙流感。当有人质疑说这根本不可能，因为西班牙流感是20世纪初在巴西流行的，他就回答："好吧，也许是亚洲流感；我可并没有要求看它的护照。"

——路易斯·费尔南多·维瑞西莫（Luis Fernando Verissimo），《天使俱乐部》（*The Club of Angels*）

亚瑟·摩尔（Arthur Mole）[①] 是一个具有超凡想象力的人。第一次世界大战期间，他仅凭手中的一面白旗和一个扩音器，就指挥着几万美国士兵完成了他所谓的"活生生的照片"。如果你从地面或者从正上方看，那只是一大群人而已。但是，当你登上竖立在一定距离之外的25米高的观景塔，你就会看到他们组成了一幅幅象征爱国主义的画像：自由女神、山姆大叔，或者是威尔逊总统的头像。

摩尔懂得距离产生意义。西班牙流感曾被人们称作"被遗忘的全球大流行"。其实它并没有被忘记，只是我们对它的集体记忆尚在逐步形成。100年过去了，人们距离它已有了一段距离，尽管摩尔可能会在放下他的观景塔前继续前进，直到到达某个点，

① 英裔美籍摄影家，1917年创造性地用大规模人群组合拍摄了各种爱国主义摄影作品，为当时美国摆脱孤立主义加入第一次世界大战进行宣传。后来，其作品结集出版，名为《活生生的照片》（*Living Photographs*）。

视线在那里穿过透镜汇聚在一起，形成了一幅清晰的图像。

但历史的透镜却永远不会真正地聚焦。所以，摩尔会一直向着他的永恒追求迈进，直到死亡。当我们转头回望，上溯近700
290 年的时光，黑死病便闯入了视野。14世纪中叶，人类历史上最严重的大流行病杀死了约5000万人。即使这个数字在统计学上比西班牙流感要粗略，但实际上真实数据可能还要高得多。黑死病肯定没有被我们忘记，在我们心中，它也没有被同时发生的那场英法百年战争所掩蔽，我们对它的集体记忆还需要花些时间去整合。1969年，在那本有关黑死病的优秀著作中，菲利普·齐格勒曾写道："把黑死病当作一个整体，或是把一个国家或几个国家的疫情当作一个整体进行的全面研究实在是少之又少。"一些资料已经散佚，在他认为最重要的留存下来的6部研究资料中，最早的出版于1853年——那已是事发之后500年了。甚至在16世纪以前，那场瘟疫都还没有一个我们所熟知的名字。在中世纪，它被称作"蓝死病（Blue Death）"。

人们对战争和瘟疫的记忆有所不同。对战争的集体记忆似乎是即时产生且完全成形的，然后被不断地修饰和润色，却随着时间的流逝而逐渐消散。对洪灾的次生瘟疫的记忆则形成得相对比较缓慢，其所造成的死亡规模可能使人们对它的记忆稳定在某一个平衡点，到达了这一点后，一般来讲，它就不再容易受到岁月的侵蚀了。相比于8世纪发生在中国的"安史之乱"，6世纪的查士丁尼瘟疫更为今人所熟知，然而据我们所知，二者造成的死亡人数基本相当。

就20世纪而言，我们在那条记忆—遗忘的变化曲线上处于一个有趣的位置。两次世界大战的记忆依然鲜活，我们总是沉湎于不断地回忆，并确信永远不会将其忘却。但是过往的经验告诉我们，这些记忆依然会在我们的心中逐渐褪色，要么就是被另一场战争覆盖。与此同时，西班牙流感却愈发深刻地侵入我们的历史意识，而它前面又缺少不了那个“被遗忘的”前缀。

作为全球最大的网络图书馆数据库，“世界猫（WorldCat）”最近列出了约 80000 本有关第一次世界大战的图书（超过 40 种语言），同时却只有约 400 本书籍（5 种语言）涉及西班牙流感。另 291
外，相比于二十年前针对同一主题的创作，这 400 本书已然呈现了指数级别的增长。今天，对西班牙流感显露兴趣的学科门类已越来越多，并且远不止于学术领域。疾病——就如同它需要得到治疗一样——作为应该予以关注的一个主题，与爱情、嫉妒和斗争一起，已被 21 世纪的作家们紧抓不放。于是，西班牙流感终于深入了流行文化，为小说、电影和电视剧提供着故事线索。[1] 譬如，在英剧《唐顿庄园》(*Downton Abbey*）中，三个主要角色都在 1919 年 4 月染上了西班牙流感，其中一人更因此而离世。美国社会学家詹姆斯·汤普森（James Thompson）曾用第一次世界大战来比照黑死病的余波。[2] 即便尚存争议，实际上，西班牙流感才是用于对照其他瘟疫的更自然的参考系。虽然大流行才仅仅过去两年，汤普森却并没有选用它。五十年后，当齐格勒引用汤普森的论文时，同样也没有考虑过西班牙流感。然而今天，再也不会出现这样的忽略了。

为什么对于一次大流行的记忆需要时间去发展呢？或许其中一个原因是不容易统计的死亡人数。这些死者没有身着制服，没有袒露的创伤，也不是躺倒在一座竞技场里。在较短的时间范围，同时又是广大的地域范围内，他们成批地死亡，况且很多人都被埋葬在了集体坟墓里。他们不但在疾病确诊前就已死去，而且在生前也从没有被列入过任何的统计数据。在 20 世纪的大部分时间里，人们认为西班牙流感只杀死了 2000 万人，而实际数字可能是它的 2 倍、3 倍甚至高达 5 倍。

而且，西班牙流感是很难被归类的一种记忆。它残酷地夺去了很多人的生命，其数目远超已知的其他任何一次流感。然而对于 90% 的感染者，他们的感受仅仅相当于一次普通的季节性流感，这就使得以前的人们不知道该如何看待它，现在也是如此。当时，很多人误以为它是肺鼠疫，那是一种在人与人之间传播的疾病，
292 在缺乏治疗的情况下几乎等同于被宣判死亡。今天，人们则把它与经空气传播的埃博拉病毒相提并论，并为这样的假设而惊恐不已。但一般来说，西班牙流感远比它们要温和。在特定地方形成受困心态之前，它一般很快就会自行消散。相反，腺鼠疫和艾滋病却要在一个地方迁延多年。

记忆是一种主动的过程，细节经过一遍遍重复才被铭记，可又有谁愿意去反复回忆一场瘟疫的细节呢？战争总会有一方获胜，且对于胜利的一方，破坏还能反转为繁荣，而在一场瘟疫中却只有败阵者。直到 19 世纪，瘟疫还被视作上帝所为，是人类必须接受的宿命。但是随着微生物理论的诞生，科学家意识到在理论上是可以防治大流行病的。但是他们在 1918 年所表现的无能令人汗颜，依然还像多少个世纪以来的那样，疫情总是不问缘由地倏忽而至，科学家们也还是根本无力抵挡。正如一位流行病学家所言："那仿佛是从前的灾难再次降临。"[3]

那么，至少还有一个因素，而且是一个强有力的因素，使得人们在一片沉默中无视了西班牙流感。哲学家瓦尔特·本雅明（Walter Benjamin）甚至认为这种公众的沉默有利于发展，因为它可以使我们将曾经的灾祸置诸脑后。于是，布里斯托湾的尤皮克人达成了一种被称为"奈伦奎克"的默契，绝口不再提起那场曾

摧残其历史文化的疫情。那些讲述西班牙流感故事的人，是那些曾经轻松摆脱了它的白人和富人。毫无例外，那些承受了致命打击的生活在贫民区或偏远地区的人，并不能说出自己的经历。譬如，一些少数族裔的语言都已经随同他们一道消散了，还何从谈起讲述呢？但受害者们或许仍能够发出自己的声音，毕竟他们还可以进行罢工、抗议和革命。

还有另外一个原因导致大流行的记忆需要时间来完善。2015年，位于密苏里州圣路易斯（St Louis）的华盛顿大学，两位心理学家亨利·罗迪格（Henry Roediger）和马格达莱娜·阿贝尔（Magdalena Abel）在简要概括一项有关集体记忆的研究时写道，其叙事方式“相当简单，只需有限的几个重要事件，涉及起始、 293
转折和终了”。[4] 他们又补充说，如果这些事件含有英雄主义或神话成分，那就更加有用。战争——包括宣战和停战——以及杰出的英雄事迹，很容易被嵌入这种体系。相反，一次流感疫情却并没有明确的开始和结束，也没有突出的英雄人物。在对抗疾病的斗争中，法国有几千平民和军人作出了贡献，以通过向他们颁发特别的“传染病勋章”的方式，法国战争部也曾试图创造出一些英雄，但实际上并没有起到任何效果。一个战争纪念网站曾指出：“令人奇怪的是，在有关那场斗争的所有重要纪念活动中，这枚特别的奖章竟完全无人知晓。”[5]

我们需要一种新的语言和一种不同的叙事结构。曾深感汗颜的科学家在不断为我们提出有关流感的新词汇，涉及的概念有“免疫记忆（immune memory）”、“遗传易感性（genetic susceptibility）”和“病毒感染后疲劳综合征（post-viral fatigue syndrome）”等。它们可能算不上诗意的语言，但可以让人们作出预测，并以历史记录进行检验。凭借这种新语言，一些毫无关系的事件产生了联系，而另一些曾经很明显的联系却减弱消失了（不，流感并非愤怒的上帝降下的惩罚；是的，它对其后发生的悲剧至少起到了推波助澜的作用）。因而，这场大流行呈现了一种能为我们今天所知所识的全新形态。

人们近二十年来对它的兴趣呈爆发式增长，证明这样的故事需要大约 100 年的时间来逐步发展，而一旦成形，它也会相应带来各种各样的困惑。在澳大利亚，西班牙流感在人们的心中是和 1900 年的腺鼠疫大暴发重叠在一起的，部分原因是它们在报纸上都被称为“瘟疫（plague）”；而在日本，它在另一场自然灾害面前相形见绌，那是 1923 年将东京夷为平地的关东大地震。很多人以为流感是生物战的产物，而它也的确以许多方式与战争混淆纠缠在一起。据维拉·布里顿所谓“失去的一代（lost generation）”，在英军中服役的上尉和中尉约死亡了 35000 人。[6] 但是死于流感的英国人则高达这一数字的 6 倍，而且其中一半属于尚处黄金年
294 龄的、前途无量的青年才俊。如此说来，这些人才更应该被称作“失去的一代”。同时，那些流感孤儿，也就是 1918 年秋尚在母亲腹中的孩子，出于不同的原因，也要来抢夺这一称呼。

埃德蒙·罗斯丹（Edmond Rostand）[①] 之死反映了富于想象力的战争与流感的结合。1918 年 10 月 10 日，罗斯丹正要从巴斯克地区的家中前往巴黎，去庆祝即将到来的停战协定。下午 5 点，要搭载他和妻子玛丽·马尔凯（Mary Marquet）去车站的汽车来了。行李已被装载上车，他们却还坐在火炉旁，望着渐渐熄灭的余烬，忧心忡忡。巴黎暴发了一种危险的疾病，整个世界都要出大事了。忽然间，传来一阵翅膀扇动窗户的声音，罗斯丹打开窗

① 法国 19 世纪末 20 世纪初著名戏剧家。

户，一只鸽子飞了进来，蹒跚着扑向火炉边。他弯下腰，用双手将鸽子捧起，却发现两只翅膀已松弛无力。“死了！”罗斯丹叫道。受惊的马尔凯喃喃地说，这是不祥之兆。三个星期后，这位《西哈诺·德·贝吉拉克》（*Cyrano de Bergerac*）① 的著名创作者因西班牙流感在巴黎辞世。[7] 对于那一年人类所面临的双重危险，再也找不到比这更恰当的象征了。

西班牙流感一直在努力从第一次世界大战的阴影中挣脱出来，基于人们现在对它的了解，它终将完全展现自己的真实一面。以当今流行的说法，西班牙流感就是一次所谓的“黑天鹅事件（black-swan event）”。1679 年，一位荷兰探险家在澳大利亚发现了第一只黑天鹅，此前欧洲人并不知道还有黑色的天鹅存在。这个发现马上让所有欧洲人都意识到，既然其他动物都是有不同颜色的，天鹅当然也会有黑色的。同理，虽然以前并不知道还有其他类似 1918 年这样的流感全球大流行，但是一旦它在 1918 年发生，科学家们就意识到它一定还会再次发生。因此，重组后的病毒被保存在高度封闭的设施内，供科学家对其进行研究以期研发出更好的疫苗；艺术历史学家们盯着那些从流感中幸存的名人的自画 295
像，试图找出“病毒感染后疲劳综合征”的蛛丝马迹；小说家们试图潜入别人的脑海，体验亲历者的恐惧。他们像工蜂一样勤勉地穿梭忙碌于条分缕析间，将独立存在的无数个人悲剧编织一处，形成集体的记忆，成就一幅西班牙流感的“活生生的照片”。西班牙流感就这样被牢固地镌刻于我们的记忆中，世代相传。

---

① 这部五幕剧及后世改编的电影作品有一个更为中国观众熟知的译名:《大鼻子情圣》。

致 谢

在本书的构思上，我要感谢理查德·弗拉科维亚克（Richard Frackowiak）。

另外，我还要感谢那些在研究和翻译上为我提供了宝贵帮助的人，他们是：罗伯特·亚历山大（Robert Alexander）、塞维琳·艾利曼（Séverine Allimann）、安德烈·阿宁（Andrey Anin）、皮埃尔·波德利克（Pierre Baudelicque）、安内特·贝克尔（Annette Becker）、查尔斯·莱纳斯·布莱克（Charles Linus Black）、伊丽莎白·布朗（Elizabeth Brown）、伊凡娜·布卡琳娜（Ivana Bucalina）、玛尔塔·塞雷佐·奎恩（Marta Cerezo Guin）、乌彭德拉·戴夫（Upendra Dave）、让－勒内·杜贾里克·德·拉·里维埃（Jean-René Dujarric de la Rivière）和弗朗索瓦·杜贾里克·德·拉·里维埃（François Dujarric de la Rivière）、马克·埃尔加（Mark Elgar）、托马斯·费舍尔（Thomas Fischer）、苏菲·弗拉科维亚克（Sofie Frackowiak）、保罗·弗伦奇（Paul French）、约翰·加思（John Garth）、道格拉斯·吉尔（Douglas Gill）、安德斯·哈尔贝格（Anders Hallberg）、克劳德·汉努纳（Claude Hannoun）、让－弗里德里克·亨乔兹（Jean-Frédéric Henchoz）、劳拉·贾姆布里纳（Laura Jambrina）、彼得·约翰逊（Peter Johnson）、安德里亚斯·荣格（Andreas Jung）、巴赫里·卡拉凯（Bahri Karacay）、安娜·莱亚尔（Ana Leal）、阿尼·利特基（Ahnie Litecky）、丹尼尔·梅丁（Daniel Medin）、尤尔根·穆勒（Jürgen Müller）、桑迪·里奇（Sandy Rich）、伊娜·瑞肯（Inna

Rikun）、尼尔·萨里（Nil Sari）、贾尼斯·沙尔（Janice Shull）、玛利亚·西斯特罗姆（Maria Sistrom）、斯特芬妮·索利纳斯（Stéphanie Solinas）、蒂姆·特罗尔（Tim Troll）、玛尔维娜·伏拉多娃（Malvina Vlodova）、利利娅·武科维奇（Liliya Vukovich）和敖德萨高尔基研究图书馆（Gorky Research Library）的全体员工，以及珍妮·瓦恩（Jeanine Wine）、奈格尔·雅哈吉（Negar Yahaghi）和穆罕默德·雅哈吉（Mohammad Yahaghi），还有帕特里克·齐尔伯曼（Patrick Zylberman）。

感谢下列各位的编辑建议，这使得《苍白的骑士》成了一本更好的作品，他们是：亚历克斯·鲍勒（Alex Bowler）、安娜·弗莱彻（Ana Fletcher）、珍妮特·利佐普（Janet Lizop）、米哈尔·沙维特（Michal Shavit）以及杰弗里·陶本伯格（Jeffery Taubenberger）。

感谢帕梅拉·伦奇（Pamela Lenzi）和吉安·路易吉·伦奇（Gian Luigi Lenzi）的热情好客。

感谢英国作家协会（Society of Authors）的K. 布伦戴尔信托（K. Blundell Trust）和作家基金会（Authors' Foundation），如果没有它们的资助，很多研究都不可能完成。

谨向刚刚辞世而未能见证本书出版的戴维·米勒（David Miller）致以衷心的敬意，感谢他的智慧、才思和友善。

图片版权说明

在本书的十个部分中，每一部分前的图片都得到了下列相应机构的复制使用许可。

注释

前言 房间里的大象

1 确切的引文为："1918 年 8~9 月，西班牙流感的急遽暴发给当时的医生带来了极大的挑战，在大流行结束之前，他们没有机会尝试不同的疗法或者从中获得对这种疾病的更多了解。它给后世的历史学家也同样造成了巨大的困扰。" T. Ranger，"A historian's foreword"，in H. Phillips and D. Killingray（eds.），*The Spanish Influenza Pandemic of 1918–19: New Perspectives*（New York：Routledge，2003），pp.xx–xxi. 这也是伦格关于需要一种新的叙述方式的意见来源。

2 J. Winter，*Sites of Memory, Sites of Mourning: The Great War in European Cultural History*（Cambridge：Cambridge University Press，1995），p.20.

3 Ranger，in Phillips and Killingray（eds.），pp.xx–xxi. 伦格特别想到了津巴布韦作家伊冯娜·薇拉（Yvonne Vera）小说中的女性角色。在她的国家中，"Vera" 是用来命名西班牙流感的几个名字之一。

4 L. Spinney，"History lessons"，*New Scientist*，15 October 2016，pp.38–41.

第一部分 不设防的城市

第 1 章 咳嗽与喷嚏

1 N. D. Wolfe，C. P. Dunavan and J. Diamond，"Origins of major human infectious diseases"，*Nature*，17 May 2007；447（7142）：279–83.

2 Epicurus，*Vatican Sayings*.

3 Book 25, *The Fall of Syracuse*.

4 W. H. McNeill, *Plagues and Peoples* (Garden City: Anchor Press/Doubleday, 1976), p.2.

5 D. Killingray, "A new 'Imperial Disease': the influenza pandemic of 1918–19 and its impact on the British Empire", paper for the annual conference of the Society for Social History of Medicine, Oxford, 1996.

6 W. F. Ruddiman, *Earth Transformed* (New York: W. H. Freeman, 2013), ch.21.

7 C. W. Potter, "A history of influenza", *Journal of Applied Microbiology* (2001), 91: 572–9.

8 *Quick Facts: Munch's The Scream* (Art Institute of Chicago, 2013), http://www.artic.edu/aic/collections/exhibitions/Munch/resource/171.

第 2 章　莱布尼茨的"单子"

1 P. de Kruif, *Microbe Hunters* (New York: Harcourt, Brace & Co., 1926), pp.232–3.

2 *Ulysses*, 2: 332–7.

3 Hippocrates. *Ancient Medicine*.

4 T. M. Daniel, "The history of tuberculosis", *Respiratory Medicine*, 2006; 100: 1862–70.

5 S. Otsubo and J. R. Bartholomew, "Eugenics in Japan: some ironies of modernity, 1883–1945", *Science in Context*, Autumn–Winter 1998; 11 (3–4): 545–65.

6 G. D. Shanks, M. Waller and M. Smallman-Raynor, "Spatiotemporal patterns of pandemic influenza-related deaths in Allied naval forces during 1918", *Epidemiology & Infection*, October 2013; 141 (10): 2205–12.

7 J. Black and D. Black, "Plague in East Suffolk 1906–1918", *Journal of the Royal Society of Medicine*, 2000; 93: 540–3.

8 A. D. Lanie et al., "Exploring the public understanding of basic genetic concepts", *Journal of Genetic Counseling*, August 2004; 13 (4): 305-320.

第二部分 对全球大流行的解析

第 3 章 池水微澜

1 B. Echeverri, "Spanish influenza seen from Spain", in Phillips and Killingray (eds.), p.173.

2 E. F. Willis, *Herbert Hoover And The Russian Prisoners Of World War I: A Study In Diplomacy And Relief, 1918-1919* (Whitefish: Literary Licensing, LLC, 2011), p.12.

3 D. K. Patterson and G. F. Pyle, "The geography and mortality of the 1918 influenza pandemic", *Bulletin of the History of Medicine*, Spring 1991; 65 (1): 4-21.

4 R. Hayman, *A Life of Jung* (London: Bloomsbury, 1999). 但是 R. 海曼（R. Hayman）没有说明这一故事的来源，并且根据 C. G. 荣格作品基金会主席托马斯·费舍尔（Thomas Fischer）的说法，这里并没有书面证据。

5 E. Favre, *L'Internement en Suisse des Prisonniers de Guerre Malades ou Blessés 1918-1919: Troisième Rapport* (Berne: Bureau du Service de l'Internement, 1919), p.146.

6 *My Life and Ethiopia's Progress, 1892-1937: The Autobiography of Emperor Haile Selassie I*, ed. E. Ullendorff (Oxford: Oxford University Press, 1976), p.59.

7 R. Buckle, *Diaghilev: biographie*, translated by Tony Mayer (Paris: J-C Lattès, 1980), p.411.

8 R. Stach, *Kafka: The Years of Insight*, translated by Shelley Frisch

（Princeton：Princeton University Press，2013），pp.252–5.

9 S. Słomczyński，"'There are sick people everywhere – in cities，towns and villages'：the course of the Spanish flu epidemic in Poland"，*Roczniki Dziejów Społecznych i Gospodarczych*，Tom LXXII – 2012，pp.73–93.

10 A. W. Crosby，*America's Forgotten Pandemic：The Influenza of 1918*（Cambridge：Cambridge University Press，1989），pp.145–50.

11 1918 年 12 月 6 日，法国总领事关于米兰的卫生条件的报告，Centre de documentation du Musée du Service de santé des armées，Carton 813。

12 R. F. Foster，*W. B. Yeats：A Life，Volume II：The Arch-Poet 1915–1939*（New York：Oxford University Press，2003），p.135.

13 W. Lanouette，*Genius in the Shadows：A Biography of Leo Szilard*（New York：Charles Scribner's Sons，1992），pp.41–2.

14 H. Carpenter，*A Serious Character：the Life of Ezra Pound*（London：Faber & Faber，1988），p.337.

15 G. Chowell et al.，"The 1918–1920 influenza pandemic in Peru"，*Vaccine*，22 July 2011；29（S2）：B21–6.

16 A. Hayami，*The Influenza Pandemic in Japan，1918–1920：The First World War between Humankind and a Virus*，translated by Lynne E. Riggs and Manabu Takechi（Kyoto：International Research Center for Japanese Studies，2015），p.175.

第 4 章　夜盗来袭

1 N. R. Grist，"Pandemic influenza 1918"，*British Medical Journal*，22–9 December 1979；2（6205）：1632–3.

2 N. P. A. S. Johnson，*Britain and the 1918–19 Influenza Pandemic：A Dark Epilogue*（London：Routledge，2006），pp.68–9.

3 L. Campa，*Guillaume Apollinaire*（Paris：Éditions Gallimard，2013），p.764.

4 1972年4月26日，玛格丽特·库恩（Margarethe Kühn）写给理查德·科利尔（Richard Collier）的信（未发表），伦敦帝国战争博物馆（Imperial War Museum）藏品。

5 J. T. Cushing and A. F. Stone (eds.), *Vermont in the world war: 1917–1919* (Burlington, VT: Free Press Printing Company, 1928), p.6.

6 C. Ammon, "Chroniques d'une épidémie: Grippe espagnole à Genève", PhD thesis (University of Geneva, 2000), p.37.

7 M. Honigsbaum, *Living with Enza: The Forgotten Story of Britain and the Great Flu Pandemic of 1918* (London: Macmillan, 2009), p.81.

8 本书书名源自波特的小说《灰色马，灰色的骑手》(*Pale Horse, Pale Rider*)，这个名字来自一首非裔美国人的"圣歌（spiritual）"，而这首圣歌又是取自《圣经·启示录》6：8："And there, as I looked, was another horse, sickly pale; and its rider's name was Death, and Hades came close behind. To him was given power over a quarter of the earth, with the right to kill by sword and by famine, by pestilence and wild beasts."

9 M. Ramanna, "Coping with the influenza pandemic: the Bombay experience", in Phillips and Killingray (eds.), p.88.

10 P. Nava, *Chão de ferro* (Rio de Janeiro: José Olympio, 1976), ch.2: "Rua Major Ávila".

11 S. C. Adamo, "The broken promise: race, health, and justice in Rio de Janeiro, 1890–1940", PhD thesis (University of New Mexico, 1983), p.iv.

12 H. C. Adams, "Rio de Janeiro – in the land of lure", *The National Geographic Magazine*, September 1920: 38 (3): 165–210.

13 T. Meade, *"Civilising" Rio: Reform and Resistance in a Brazilian City, 1889–1930* (University Park: Penn State University Press, 1996).

14 A. da C. Goulart, "Revisiting the Spanish flu: the 1918 influenza pandemic in Rio de Janeiro", *História, Ciências, Saúde – Manguinhos*, January–April 2005; 12 (1): 1–41.

15 Ibid.

16 R. A. dos Santos, "Carnival, the plague and the Spanish flu", *História, Ciências, Saúde – Manguinhos*, January–March 2006; 13（1）: 129–58.

第三部分 Manhu——疫病的命名

第 5 章 第 11 号病

1 "世界卫生组织新型人类传染病命名最佳实践"（Geneva：World Health Organization，May 2015），http：//apps.who.int/iris/bitstream/10665/163636/1/WHO_HSE_FOS_15.1_eng.pdf?ua=1。

2 R. A. Davis，*The Spanish Flu: Narrative and Cultural Identity in Spain, 1918*（New York：Palgrave Macmillan US，2013）.

3 J. D. Müller，"What's in a name：Spanish influenza in sub-Saharan Africa and what local names say about the perception of this pandemic"，paper presented at "The Spanish Flu 1918–1998：reflections on the influenza pandemic of 1918–1919 after 80 years"（international conference，Cape Town，12–15 September 1998）.

第 6 章 医生的困境

1 N. Yildirim，*A History of Healthcare in Istanbul*（Istanbul：Istanbul 2010 European Capital of Culture Agency and Istanbul University，2010），p.134.

2 Dr Marcou，"Report on the sanitary situation in Soviet Russia"，Correspondance politique et commerciale，série Z Europe，URSS（1918–1940），Cote 117CPCOM（Le centre des archives diplomatiques de la Courneuve，France）.

3 H. A. Maureira，"'Los culpables de la miseria'：poverty and public health during the Spanish influenza epidemic in Chile，1918–1920"，PhD thesis

(Georgetown University, 2012), p.237.

4 B. J. Andrews, "Tuberculosis and the Assimilation of Germ Theory in China, 1895–1937", *Journal of the History of Medicine and Allied Sciences*, January 1997; 52: 142.

5 D. G. Gillin, *Warlord: Yen Hsi-shan in Shansi Province 1911–1949* (Princeton: Princeton University Press, 1967), p.36.

6 P. T. Watson, "Some aspects of medical work", *Fenchow*, October 1919; 1 (2): 16.

7 N. M. Senger, "A Chinese Way to Cure an Epidemic", *The Missionary Visitor* (Elgin, IL: Brethren Publishing House, February 1919), p.50.

8 A. W. Hummel, "Governor Yen of Shansi", *Fenchow*, October 1919; 1 (2): 23.

第 7 章 上帝的愤怒

1 R. Collier, *The Plague of the Spanish Lady: October 1918–January 1919* (London: Macmillan, 1974), pp.30–1.

2 P. Ziegler, *The Black Death* (London: Penguin, 1969), p.14.

3 In Phillips and Killingray (eds.), "Introduction", p.6.

4 A. W. Crosby, p.47.

5 1972年5月16日，雷奥勒·加乌丹（Ferréol Gavaudan）写给理查德·科利尔的信（未发表），伦敦帝国战争博物馆藏品。

6 2007年由皮尤研究中心（Pew Research Center）发表的调查报告，http://www.pewresearch.org/daily-number/see-aids-as-gods-punishment-forimmorality。

7 J. de Marchi, *The True Story of Fátima* (St Paul: Catechetical Guild Educational Society, 1952), http://www.ewtn.com/library/MARY/tsfatima.htm.

8 *Boletín Oficial de la Diócesis de Zamora*, 8 December 1914.

9 J. Baxter, *Buñuel* (London: Fourth Estate, 1995), p.19.

10 J. G.-F. del Corral, *La epidemia de gripe de 1918 en al provincia de Zamora. Estudio estadistico y social* (Zamora: Instituto de Estudios Zamoranos "Florián de Ocampo", 1995).

11 *Bolet ín Oficial del Obispado de Zamora*, 15 November 1918.

第四部分　求生的本能

第 8 章　在门上画十字

1 V. A. Curtis, "Infection-avoidance behaviour in humans and other animals", *Trends in Immunology*, October 2014; 35 (10): 457–64.

2 C. Engel, *Wild Health: How Animals Keep Themselves Well and What We Can Learn From Them* (London: Phoenix, 2003), pp.215–17.

3 F. Gealogo, "The Philippines in the world of the influenza pandemic of 1918–1919", *Philippine Studies*, June 2009; 57 (2): 261–92.

4 "Ce que le docteur Roux de l'Institut Pasteur pense de la grippe", *Le Petit Journal*, 27 October 1918.

5 G. W. Rice, "Japan and New Zealand in the 1918 influenza pandemic", in Phillips and Killingray (eds.), p.81.

6 R. Chandavarkar, "Plague panic and epidemic politics in India, 1896–1914", in Terence Ranger and Paul Slack (eds.), *Epidemics & Ideas: Essays on the Historical Perception of Pestilence* (Cambridge: Cambridge University Press, 1992), pp.203–40.

7 Ibid., p.229. 源自一位孟买的卫生行政官员撰写的报告。

8 N. Tomes, "'Destroyer and teacher': managing the masses during the 1918–1919 influenza pandemic", *Public Health Reports*, 2010; 125 (S3): 48–62.

9 Ibid.

10 E. Tognotti, "Lessons from the history of quarantine, from plague to influenza A", *Emerging Infectious Diseases*, February 2013; 19(2): 254–9.

11 C. See, "Alternative menacing", *Washington Post*, 25 February 2005.

12 F. Aimone, "The 1918 influenza epidemic in New York City: a review of the public health response", *Public Health Reports*, 2010; 125(S3): 71–9.

13 A. M. Kraut, "Immigration, ethnicity, and the pandemic", *Public Health Reports*, 2010; 125(S3): 123–33.

14 L. M. DeBauche, *Reel Patriotism: The Movies and World War I* (Madison: University of Wisconsin Press, 1997), p.149.

15 J. Stella, *New York*, translated by Moyra Byrne (undated).

16 A. M. Kraut, *Silent Travelers: Germs, Genes, and the "Immigrant Menace"* (Baltimore: Johns Hopkins University Press, 1995), p.125.

17 波士顿和费城的"超额死亡率(excess mortality rate)"(指某一年份的死亡人数超出"正常"年份，即没有疫情年份的预期死亡人数的比例)比纽约要高出 40~55 百分点。

18 Olson D.R. et al. "Epidemiological evidence of an early wave of the 1918 influenza pandemic in New York City", *Proceedings of the National Academy of Sciences* 2005 Aug 2; 102(31): 11059–11063.

19 A. M. Kraut, "Immigration, ethnicity, and the pandemic", *Public Health Reports*, 2010; 125(S3): 123–33.

20 R. J. Potter, "Royal Samuel Copeland, 1868–1938: a physician in politics", PhD thesis (Western Reserve University, 1967).

21 Percy Cox to George N. Curzon, Tehran, 8 March 1920, insert # 1, Anthony R. Neligan to Percy Cox, FO 371/3892 (London: Public Records Office).

22 W. G. Grey, Meshed Diary No.30, for the week ending 27 July 1918. British Library, London: IOR/L/PS/10/211.

23 M. G. Majd, *The Great Famine and Genocide in Persia, 1917–1919* (Lanham: University Press of America, 2003).

24 The Meshed pilgrimage, P4002/1918, India Office Records (London: British Library).

25 W. Floor, "Hospitals in Safavid and Qajar Iran: an enquiry into their number, growth and importance", in F. Speziale (ed.), *Hospitals in Iran and India, 1500–1950s* (Leiden: Brill, 2012), p.83.

26 W. M. Miller, *My Persian Pilgrimage: An Autobiography* (Pasadena: William Carey Library, 1989), p.56.

27 R. E. Hoffman, "Pioneering in Meshed, The Holy City of Iran; Saga of a Medical Missionary", ch.4: "Meshed, the Holy City" (archives of the Presbyterian Historical Society, Philadelphia, undated manuscript).

28 L. I. Conrad, "Epidemic disease in early Islamic society", in Ranger and Slack (eds.), pp.97–9.

29 Document number 105122/3, Documentation Centre, Central Library of Astan Quds Razavi, Mashed.

30 W. M. Miller, p.61.

31 Hoffman, p.100.

第9章 安慰剂的作用

1 G. Heath and W. A. Colburn, "An evolution of drug development and clinical pharmacology during the twentieth century", *Journal of Clinical Pharmacology*, 2000; 40: 918–29.

2 A. Noymer, D. Carreon and N. Johnson, "Questioning the salicylates and influenza pandemic mortality hypothesis in 1918–1919", *Clinical Infectious Diseases*, 15 April 2010; 50 (8): 1203.

3 Nava, p.202.

4 B. Echeverri, in Phillips and Killingray (eds.), p.179.

5 1918年10月16日，北方地区第八军马西斯（Mathis）和斯皮尔曼（Spillmann）的报告；以及“奥地利治疗西班牙流感的良方（Une cure autrichienne de la grippe espagnole）”，memo dated 2 November 1918，Centre de documentation du Musée du Service de santé des armées，Carton 813。

6 P. Lemoine，*Le Mystère du placebo*（Paris：Odile Jacob，2006）.

7 V. A. Kuznetsov，“Professor Yakov Yulievich Bardakh（1857–1929）：pioneer of bacteriological research in Russia and Ukraine”，*Journal of Medical Biography*，August 2014；22（3）：136–44.

8 A. Rowley，*Open Letters：Russian Popular Culture and the Picture Postcard 1880–1922*（Toronto：University of Toronto Press，2013）.

9 *Odesskiye Novosti*（*Odessa News*），2 October 1918.

10 J. Tanny，*City of Rogues and Schnorrers：Russia's Jews and the Myth of Old Odessa*（Bloomington：Indiana University Press，2011），p.158.

11 V. Khazan，*Pinhas Rutenberg：From Terrorist to Zionist，Volume I：Russia，the First Emigration（1879–1919）*（in Russian）（Moscow：Мотыкултъуры，2008），p.113.

12 俄国在1919年初的日期经常被搞混。苏俄在1918年实行了“格里高利历（Gregorian calendar）”，但是在白军1919年的短暂掌权中，他们又恢复了旧式的“儒略历（Julian calendar）”。同维拉·霍洛德纳亚（Vera Kholodnaya）的生病和死亡有关的日期依据的是格里高利历，如果要换算成儒略历，则要将日期减去13天。

13 Kuznetsov.

第10章 慈善的撒玛利亚人

1 J. Drury，C. Cocking and S. Reicher，“Everyone for themselves? A comparative study of crowd solidarity among emergency survivors”，*British Journal of Social Psychology*，September 2009；48（3）：487–506.

2 D. Defoe, *Journal of the Plague Year*（1722）.

3 J. G. Ellison, "'A fierce hunger'：tracing impacts of the 1918–19 influenza epidemic in south-west Tanzania", in Phillips and Killingray（eds.）, p.225.

4 S. J. Huber and M. K. Wynia, "When pestilence prevails ... physician responsibilities in epidemics", *American Journal of Bioethics*, Winter 2004; 4（1）：W5–11.

5 W. C. Williams, *The Autobiography of William Carlos Williams*（New York：Random House, 1951）, pp.159–60.

6 M. Jacobs, *Reflections of a General Practitioner*（London：Johnson, 1965）, pp.81–3.

7 *La Croix-Rouge suisse pendant la mobilisation 1914–1919*（Berne：Imprimerie Coopérative Berne, 1920）, pp.62–3.

8 Dos Santos.

9 S. Caulfield, *In Defense of Honor: Sexual Morality, Modernity, and Nation in Early-Twentieth-Century Brazil*（Durham and London：Duke University Press, 2000）, p.2. 另见多斯·桑托斯（Dos Santos）的评论。

10 K. Miller, "Combating the 'Flu' at Bristol Bay", *The Link*（Seattle, WA：Alumni Association of Providence Hospital School of Nursing, 1921）, pp.64–66.

11 H. Stuck, *A Winter Circuit of Our Arctic Coast: A Narrative of a Journey with Dog-Sleds Around the Entire Arctic Coast of Alaska*（New York：Charles Scribner's Sons, 1920）, p.ix.

12 J. W. VanStone, *The Eskimos of the Nushagak River: An Ethnographic History*（Seattle and London：University of Washington Press, 1967）, pp.3–4.

13 M. Lantis, "The Religion of the Eskimos", in V. Ferm（ed.）, *Forgotten Religions*（New York：The Philosophical Library, 1950）, pp.309–39.

14 H. Napoleon, *Yuuyaraq: The Way of the Human Being*（Fairbanks：Alaska Native Knowledge Network, 1996）, p.5.

15 J. Branson and T. Troll (eds.), *Our Story: Readings from South-west Alaska* (Anchorage: Alaska Natural History Association, 2nd edition, 2006), p.129.

16 1912 年 4 月 8 日，内政部，L. H. 弗伦奇致 W. T. 洛普（W. T. Lopp）的报告。In Branson and Troll (eds.), p.124.

17 E. A. Coffin Diary, 1919–1924. Alaska State Library Historical Collections, MS 4–37–17.

18 J. B. McGillycuddy, *McGillycuddy, Agent: A Biography of Dr Valentine T. McGillycuddy* (Stanford: Stanford University Press, 1941), p.278.

19 Ibid., 再版名为: *Blood on the Moon: Valentine McGillyCuddy and the Sioux* (Lincoln and London: University of Nebraska Press, 1990), p.285。

20 K. Miller.

21 1919 年 11 月 26 日，西雅图，华盛顿州商务部渔业局，督查员 S. 贝克尔（S. Baker）写给渔业主管的信。National Archives, Washington DC. Record Group 22: US Fish and Wildlife Service. 引用来源同上一条注释。

22 Coffin.

23 A. B. Schwalbe, *Dayspring on the Kuskokwim* (Bethlehem, PA: Moravian Press, 1951), pp.84–85.

24 1920 年 5 月 10 日，D. 霍托维斯基（D. Hotovitzky）致阿留申群岛和北美大主教亚历山大·尼莫洛夫斯基阁下（His Eminence Alexander Nemolovsky, Archbishop of the Aleutian Island and North America）的报告。下一条注释的引用来源同本条。

25 "努沙加克 (Nushagak)" 是横跨从迪林厄姆 (Dillingham) 而来的努沙加克河的一个村庄。

26 阿拉斯加包装商协会负责人 C. H. 威廉姆斯（C. H. Williams）的报告，in Branson and Troll (eds.), pp.130–31。

27 VanStone.

28 K. Miller.

第五部分　事后的分析

第 11 章　追踪零号病人

1 E. N. LaMotte, *Peking Dust*（New York：The Century Company，1919），Appendix II.

2 A. Witchard, *England's Yellow Peril: Sinophobia and the Great War*（London：Penguin，China Penguin Special，2014）.

3 Y-l. Wu, *Memories of Dr Wu Lien-Teh, Plague Fighter*（Singapore：World Scientific，1995），pp.32–33.

4 L-t. Wu, "Autobiography", *Manchurian Plague Prevention Service Memorial Volume 1912–1932*（Shanghai：National Quarantine Service，1934），p.463.

5 作为该理论的一个阐释，参见：M. Humphries, "Paths of infection：the First World War and the origins of the 1918 influenza pandemic", *War in History*，2013；21（1）：55–81。

6 U. Close, *In the Land of the Laughing Buddha: the Adventures of an American Barbarian in China*（New York：G. P. Putnam's Sons，1924），pp.39–42. 厄普顿·克洛塞（Upton Close）是约瑟夫·华盛顿·霍尔（Josef Washington Hall）的笔名。

7 J. S. Oxford et al., "World War I may have allowed the emergence of 'Spanish' influenza", *Lancet Infectious Diseases*, February 2002；2：111–14.

8 J. Stallworthy, *Wilfred Owen*（London：Chatto & Windus，1974）.

9 J. A. B. Hammond，W. Rolland and T. H. G. Shore, "Purulent bronchitis：a study of cases occurring amongst the British troops at a base in France", *Lancet*，1917；193：41–4.

10 A. Abrahams et al., "Purulent bronchitis：its influenza and pneumococcal bacteriology", *Lancet*，1917；2：377–80.

11 与当地历史学家皮埃尔·波德利克（Pierre Baudelicque）的私人通信。

12 与道格拉斯·吉尔（Douglas Gill）的私人通信。

13 J. M. Barry, “The site of origin of the 1918 influenza pandemic and its public health implications”, *Journal of Translational Medicine*, 2004; 2: 3.

14 D. A. Pettit and J. Bailie, *A Cruel Wind: Pandemic Flu in America, 1918–1920*（Murfreesboro: Timberlane Books, 2008）, p.65.

第 12 章 统计死亡人数

1 Patterson and Pyle, pp.17–18.

2 2.5% 是经常被引用的西班牙流感的病死率。但是，请注意，它与戴维·帕特森（David Patterson）和杰拉尔德·派尔（Gerald Pyle），或是与尼尔·约翰逊（Niall Johnson）和尤尔根·穆勒（Jürgen Müller）的最新研究结果都不相符。一方面，如果全世界三分之一，也就是大约 5 亿人被感染，2.5% 这个比例就是正确的，也就是“只有”1250 万人死亡；另一方面，如果按照约翰逊和穆勒最保守的估计，即有 5000 万人死亡，那么全球平均的病死率就要接近 10% 了。

3 V. M. Zhdanov et al., *The Study of Influenza*（Reports on Public Health and Medical Subjects, Bethesda: National Institutes of Health, 1958）.

4 1919 年，E. 莱德雷（E. Léderrey）关于乌克兰卫生条件的报告，Centre des Archives Diplomatiques de la Courneuve: correspondance politique et commerciale, série Z Europe, URSS（1918–1940）。

5 W. Iijima, “Spanish influenza in China, 1918–1920: a preliminary probe”, in Phillips and Killingray（eds.）, pp.101–9.

6 Watson.

7 N. P. A. S. Johnson and J. Müller, “Updating the accounts: global mortality of the 1918–1920 ‘Spanish’ influenza pandemic”, *Bulletin of the History of Medicine*, Spring 2002; 76（1）: 105–15.

第六部分　科学的救赎

第 13 章　谜一样的流感

1 R. Dujarric de la Rivière, *Souvenirs*（Périgueux：Pierre Fanlac，1961），p.110.

2 Archives de l' Institut Pasteur，fonds Lacassagne（Antoine），Cote LAC.B1.

3 R. Dujarric de la Rivière，"La grippe est-elle une maladie à virus filtrant?"，Académie des sciences（France）. Comptes rendus hebdomadaires des séances de l' Académie des sciences. Séance du 21 octobre 1918，pp.606–7.

4 É. Roux，"Sur les microbes dits 'invisibles'"，*Bulletin de l' Institut Pasteur*，1903（1）：7.

第 14 章　小心农家场院

1 J. van Aken，"Is it wise to resurrect a deadly virus?"，*Heredity*，2007；98：1–2.

2 有趣的是，1977 年，H1N1 又重新在人类世界中现身。科学家分析了它的基因组，发现它"缺失了"几十年的进化，有如一部动画片被暂停在了某帧画面上。即使并没有实证，很多人还是怀疑这是冷冻在实验室中的某一类型病毒因事故而被泄露到人群之中。

3 R. D. Slemons et al.，"Type-A influenza viruses isolated from wild free-flying ducks in California"，*Avian Diseases*，1974；18：119–24.

4 C. Hannoun and J. M. Devaux，"Circulation of influenza viruses in the bay of the Somme River"，*Comparative Immunology，Microbiology & Infectious Diseases*，1980；3：177–83.

5 为了方便起见，讨论病毒在大流行期间的进化所涉及的季节都是北半球的季节。

6 D. S. Chertow et al.，"Influenza circulation in United States Army training

camps before and during the 1918 influenza pandemic: clues to early detection of pandemic viral emergence", *Open Forum Infectious Diseases*, Spring 2015; 2 (2): 1–9.

7 M. A. Beck, J. Handy and O. A. Levander, "Host nutritional status: the neglected virulence factor", *Trends in Microbiology*, September 2004; 12 (9): 417–23.

8 P. W. Ewald, "Transmission modes and the evolution of virulence, with special reference to cholera, influenza, and AIDS", *Human Nature*, 1991; 2 (1): 1–30.

9 M. Worobey, G.-Z. Hana and A. Rambaut, "Genesis and pathogenesis of the 1918 pandemic H1N1 influenza A virus", *Proceedings of the National Academy of Sciences*, 3 June 2014; 111 (22): 8107–12.

10 F. Haalboom, "'Spanish' flu and army horses: what historians and biologists can learn from a history of animals with flu during the 1918–1919 influenza pandemic", *Studium*, 2014; 7 (3): 124–39.

11 J. K. Taubenberger and D. M. Morens, "1918 influenza: the mother of all pandemics", *Emerging Infectious Diseases*, January 2006; 12 (1): 15–22.

第 15 章 人的因素

1 S.-E. Mamelund, "A socially neutral disease? Individual social class, household wealth and mortality from Spanish influenza in two socially contrasting parishes in Kristiania 1918–19", *Social Science & Medicine*, February 2006; 62 (4): 923–40.

2 C. E. A. Winslow and J. F. Rogers, "Statistics of the 1918 epidemic of influenza in Connecticut", *Journal of Infectious Diseases*, 1920; 26: 185–216.

3 C. J. L. Murray et al., "Estimation of potential global pandemic influenza mortality on the basis of vital registry data from the 1918–20 pandemic: a

quantitative analysis", *Lancet*, 2006; 368: 2211–18.

4 C. Lim, "The pandemic of the Spanish influenza in colonial Korea", *Korea Journal*, Winter 2011: 59–88.

5 D. Hardiman, "The influenza epidemic of 1918 and the Adivasis of Western India", *Social History of Medicine*, 2012; 25 (3): 644–64.

6 P. Zylberman, "A holocaust in a holocaust: the Great War and the 1918 Spanish influenza epidemic in France", in Phillips and Killingray (eds.), p.199.

7 V. N. Gamble, "'There wasn't a lot of comforts in those days': African Americans, public health, and the 1918 influenza epidemic", *Public Health Reports*, 2010; 125 (S3): 114–22.

8 G. D. Shanks, J. Brundage and J. Frean, "Why did many more diamond miners than gold miners die in South Africa during the 1918 influenza pandemic?", *International Health*, 2010; 2: 47–51.

9 M. C. J. Bootsma and N. M. Ferguson, "The effect of public health measures on the 1918 influenza pandemic in US cities", *Proceedings of the National Academy of Sciences*, 1 May 2007; 104 (18): 7588–93.

10 A. Afkhami, "Compromised constitutions: the Iranian experience with the 1918 influenza pandemic", *Bulletin of the History of Medicine*, Summer 2003; 77 (2): 367–92.

11 A. Noymer, "The 1918 influenza pandemic hastened the decline of tuberculosis in the United States: an age, period, cohort analysis", *Vaccine*, 22 July 2011; 29 (S2): B38–41.

12 C. V. Wiser, "The Foods of an Indian Village of North India", *Annals of the Missouri Botanical Garden*, November 1955; 42 (4): 303–412.

13 F. S. Albright et al., "Evidence for a heritable predisposition to death due to influenza (2008)", *Journal of Infectious Diseases*, 1 January 2008; 197 (1): 18–24.

14 M. J. Ciancanelli, "Infectious disease. Life-threatening influenza and impaired

interferon amplification in human IRF7 deficiency", *Science*, 24 April 2015; 348 (6233): 448–53.

第七部分 流感之后的世界

第16章 复苏的迹象

1 A. Ebey，截止于1920年2月29日的第35次弟兄会年报，p.16。

2 S. Chandra, G. Kuljanin and J. Wray, "Mortality from the influenza pandemic of 1918–1919: the case of India", *Demography*, 2012; 49: 857–65.

3 S.-E. Mamelund, "Can the Spanish Influenza pandemic of 1918 explain the baby-boom of 1920 in neutral Norway? ", Memorandum No.01/2003 (Oslo: Department of Economics, University of Oslo, 2003).

4 例如：H. Lubinski, "Statistische Betrachtungen zur Grippepandemie in Breslau 1918–22", *Zentralblatt für Bakteriologie, Parasitenkunde und Infektionskrankheiten*, 1923–4; 91: 372–83。

5 A. Noymer and M. Garenne, "The 1918 influenza epidemic's effects on sex differentials in mortality in the United States", *Population and Development Review*, September 2000; 26 (3): 565–81.

6 J. W. Harris, "Influenza occurring in pregnant women, a statistical study of thirteen hundred and fifty cases", *Journal of the American Medical Association*, 3 April 1919; 72: 978–80.

7 D. Almond, "Is the 1918 influenza pandemic over? Long-term effects of in utero influenza exposure in the post-1940 US population", *Journal of Political Economy*, 2006; 114 (4): 672–712.

8 与苏·普里多（Sue Prideaux）的私人通信。

9 K. A. Menninger, "Influenza and schizophrenia. An analysis of post-influenzal 'dementia precox,' as of 1918, and five years later further studies of the

psychiatric aspects of influenza", *American Journal of Psychiatry*, June 1994; (S6): 182–7. 1926.

10 Wellcome Film of the Month: *Acute Encephalitis Lethargica* (1925), http://blog.wellcome.ac.uk/2012/11/02/acute-encephalitis-lethargica-1925.

11 D. Tappe and D. E. Alquezar-Planas, "Medical and molecular perspectives into a forgotten epidemic: encephalitis lethargica, viruses, and high-throughput sequencing", *Journal of Clinical Virology*, 2014; 61: 189–95.

12 O. Sacks, *Awakenings* (London: Picador, 1983), pp.105–7.

13 R. R. Edgar and H. Sapire, *African Apocalypse: The Story of Nontetha Nkwenkwe, a Twentieth-Century South African Prophet* (Johannesburg: Witwatersrand University Press, 2000).

第 17 章　被替换的历史

1 Ziegler, p.199.

2 与苏菲·弗拉科维亚克（Sofie Frackowiak）的私人通信。

3 M. Karlsson, T. Nilsson and S. Pichler, "The impact of the 1918 Spanish flu epidemic on economic performance in Sweden: an investigation into the consequences of an extraordinary mortality shock", *Journal of Health Economics*, 2014; 36: 1–19.

4 E. Brainerd and M. V. Siegler, "The Economic Effects of the 1918 Influenza Epidemic", Discussion paper no.3791, February 2003 (London: Centre for Economic Policy Research).

5 S. A. Wurm, "The language situation and language endangerment in the Greater Pacific area", in M. Janse and S. Tol (eds.), *Language Death and Language Maintenance: Theoretical, Practical and Descriptive Approaches* (Amsterdam: John Benjamins Publishing Company, 2003).

6 G. Kolata, *Flu: The Story of the Great Influenza Pandemic of 1918 and the Search for the Virus That Caused It* (New York: Touchstone, 1999),

p.260.

7 1994年阿拉斯加原住民委员会报告，volume 1，http：//www.alaskool.org/resources/anc/ancoi.htm#undoing。

8 Napoleon，p.12.

第18章 科学与反科学

1 M. Bitsori and E. Galanakis，“Doctors versus artists：Gustav Klimt’s Medicine”，*British Medical Journal*，2002；325：1506–8.

2 *New York Times*，17 October 1918.

3 J. C. Whorton，*Nature Cures：The History of Alternative Medicine in America*（Oxford：Oxford University Press，2002），p.205.

4 T. Ranger，“The Influenza Pandemic in Southern Rhodesia：a crisis of comprehension”，in *Imperial Medicine and Indigenous Societies*（Manchester：Manchester University Press，1988）.

5 A. Conan Doyle，“The Evidence for Fairies”，*Strand Magazine*，1921.

6 M. Hurley，“Phantom Evidence”，*CAM*，Easter 2015；75：31.

7 M. Launay，*Benoît XV（1914–1922）：Un pape pour la paix*（Paris：Les Éditions du Cerf，2014），p.99.

第19章 全民医疗保健

1 W. Witte，“The plague that was not allowed to happen”，in Phillips and Killingray（eds.），p.57.

2 S. G. Solomon，“The expert and the state in Russian public health：continuities and changes across the revolutionary divide”，in D. Porter（ed.），*The History of Public Health and the Modern State*（Amsterdam：Editions Rodopi，1994）.

3 A. A. Afkhami，“Iran in the age of epidemics：nationalism and the struggle

for public health：1889–1926”，PhD thesis（Yale University，2003），p.462.

4 M. Micozzi，“National Health Care：Medicine in Germany，1918–1945”，1993，https：//fee.org/articles/national-health-care-medicine-in-germany–1918–1945.

第 20 章 战争与和平

1 E. Jünger，*Storm of Steel*，translated by Michael Hofmann（London：The Folio Society，2012），p.239.

2 D. T. Zabecki，*The German 1918 Offensives：A Case Study in The Operational Level of War*（New York：Routledge，2006）.

3 A. T. Price-Smith，*Contagion and Chaos：Disease，Ecology，and National Security in the Era of Globalization*（Cambridge，MA：The MIT Press，2009）.

4 S. Zweig，*The World of Yesterday*（New York：Viking Press，1943），p.285.

5 A. A. Allawi，*Faisal I of Iraq*（New Haven：Yale University Press，2014），p.223.

6 E. A. Weinstein，“Woodrow Wilson”，in *A medical and psychological biography*（Princeton：Princeton University Press，1981）.

7 与小约翰·米尔顿·库珀（John Milton Cooper Jr）的私人通信。

8 S. Kotkin，Stalin，*Volume 1：Paradoxes of Power，1878–1928*（London：Allen Lane，2014）.

9 Davis.

10 M. Echenberg，“‘The dog that did not bark’：memory and the 1918 influenza epidemic in Senegal”，in Phillips and Killingray（eds.），p.234.

11 M. K. Gandhi，*Autobiography：The Story of My Experiments with Truth*（CreateSpace Independent Publishing Platform，2012），p.379.

12 A. Ebey，截止于1920年2月29日的第35次弟兄会年报，p.17。

13 A. Bhatt，“Caste and political mobilisation in a Gujarat district”，in R. Kothari（ed.），*Caste in Indian Politics*（New Delhi：Orient Longman，1971），p.321.

14 A. J. P. Taylor，*English History 1914–1945*（Oxford：Oxford University Press，1965），pp.152–3.

15 1919年，罗宾德拉纳特·泰戈尔（Rabindranath Tagore）写给一位朋友的信，*Young India*，August 1919，volume 2。

第21章 忧郁的缪斯

1 W. L. Phelps，“Eugene O'Neill，Dramatist”，*New York Times*，19 June 1921.

2 F. B. Smith，“The Russian Influenza in the United Kingdom，1889–1894”，*Social History of Medicine*，1995；8（1）：55–73.

3 J. Iwaszkiewicz，“The History of ‘King Roger’”，*Muzyka*，1926，number 6，http：//drwilliamhughes.blogspot.fr/2012/05/jarosaw-iwaszkiewicz-history-of-king.html.

4 P. Gay，*Freud：A Life for our Time*（New York：W. W. Norton & Company，2006），p.392.

5 R. Stach，p.262.

6 Davis，p.109.

7 L. M. Bertucci，*Influenza，a medicina enferma：ciência e prácticas de cura na época da gripe espanhola em São Paulo*（Campinas：UNICAMP，2004），p.127.

8 A. Montague，“Contagious Identities：literary responses to the sanitarist and eugenics movement in Brazil”，PhD thesis（Brown University，2007）.

9 S.Wang，*Lu Xun：A Biography*（Beijing：Foreign Languages Press，1984），pp.27–9.

10 Andrews，pp.141–2.

11 S. T. Nirala, *A Life Misspent*, translated by Satti Khanna (Noida, UP: HarperCollins, 2016), pp.53–4.

第八部分 罗斯科的遗赠

1 D. A. Kirby, *Lab Coats in Hollywood: Science, Scientists, and Cinema* (Cambridge, MA: The MIT Press, 2010), location 1890 (Kindle version).

2 A. Gulland, "World invests too little and is underprepared for disease outbreaks, report warns", *British Medical Journal*, 2016; 352: i225.

3 J. Shaman and M. Lipsitch, "The El Niño–Southern Oscillation (ENSO) – pandemic influenza connection: coincident or causal?", *Proceedings of the National Academy of Sciences*, 26 February 2013; 110 (S1): 3689–91.

4 Audubon, *Birds and Climate Change Report*, 2014, http://climate.audubon.org.

5 N. A. Christakis and J. H. Fowler, "Social network sensors for early detection of contagious outbreaks", *PLOS One*, 15 September 2010; 5 (9): e12948.

6 R. P. P. Almeida, "Can Apulia's olive trees be saved?", *Science*, 22 July 2016; 353: 346–8.

后 记 关于记忆

1 H. Phillips, "The recent wave of 'Spanish' flu historiography", *Social History of Medicine*, 2014. doi: 10.1093/shm/hku066.

2 J. W. Thompson, "The aftermath of the Black Death and the aftermath of the Great War", *American Journal of Sociology*, 1921; 26 (5): 565–72.

3 G. D. Shanks, "Legacy of the 1914–18 war 1: How World War 1 changed global attitudes to war and infectious diseases", *Lancet*, 2014; 384: 1699–

707.

4 H. L. Roediger and M. Abel, "Collective memory: a new arena of cognitive study", *Trends in Cognitive Sciences*, 2015; 19 (7): 359–61.

5 http: //numismatics.free.fr/FIM/FIM%20–%20Medaille%20des%20EpidemiesV3.0.pdf.

6 D. Gill, "No compromise with truth: Vera Brittain in 1917", *War and Literature*, Yearbook V, 1999: 67–93.

7 M. Forrier, *Edmond Rostand dans la Grande Guerre 1914–1918* (Orthez, France: Editions Gascogne, 2014), p.414.

索 引

（索引中页码为英文版页码，即本书页边码）

图书在版编目（CIP）数据

苍白的骑士：西班牙流感如何改变了世界 / (英) 劳拉·斯宾尼 (Laura Spinney) 著；祁长保译. -- 北京：社会科学文献出版社, 2021.4（2024.5重印）

书名原文: Pale Rider: The Spanish Flu of 1918 and How It Changed the World

ISBN 978-7-5201-8101-3

Ⅰ. ①苍… Ⅱ. ①劳… ②祁… Ⅲ. ①世界史-现代史-1918-1920 Ⅳ. ①K15

中国版本图书馆CIP数据核字（2021）第047284号

苍白的骑士：西班牙流感如何改变了世界

著　　者 / ［英］劳拉·斯宾尼（Laura Spinney）
译　　者 / 祁长保

出 版 人 / 冀祥德
责任编辑 / 陈旭泽　仇　扬
责任印制 / 王京美

出　　版 / 社会科学文献出版社·联合出版中心（010）59367282
地址：北京市北三环中路甲29号院华龙大厦　邮编：100029
网址：www.ssap.com.cn
发　　行 / 社会科学文献出版社（010）59367028
印　　装 / 南京爱德印刷有限公司

规　　格 / 开　本：880mm×1230mm 1/32
印　张：12.375　字　数：298千字
版　　次 / 2021年4月第1版　2024年5月第2次印刷
书　　号 / ISBN 978-7-5201-8101-3
著作权合同登记号 / 图字01-2021-1507号
定　　价 / 89.00元

读者服务电话：4008918866